AF231599

L'INSTITUTEUR

PRIMAIRE

AVIS.

Tout exemplaire de cet ouvrage non revêtu de ma griffe sera réputé contrefait.

L. Hachette

Imprimerie de J. BELIN-LEPRIEUR FILS, rue de la Monnaie, 11.

L'INSTITUTEUR

PRIMAIRE

OU

CONSEILS ET DIRECTIONS

POUR PRÉPARER LES INSTITUTEURS PRIMAIRES A LEUR CARRIÈRE

ET LES DIRIGER DANS L'EXERCICE DE LEURS FONCTIONS

PAR M. MATTER

INSPECTEUR GÉNÉRAL DES ÉTUDES

Ouvrage autorisé par le Conseil royal de l'Instruction Publique

DEUXIÈME ÉDITION

PARIS

CHEZ L. HACHETTE

LIBRAIRE DE L'UNIVERSITÉ ROYALE DE FRANCE

Rue Pierre-Sarrazin, 12.

1843

PRÉFACE.

J'ai conservé dans cette nouvelle édition le cadre historique de la première. C'est un instituteur qui a parcouru utilement et honorablement une carrière complète, et qui donne des instructions à ceux qui veulent marcher sur ses pas, en exposant ses travaux, ses fautes et ses succès, depuis son entrée à l'école du hameau jusqu'à ses examens pour l'obtention du premier brevet, depuis la surveillance d'une salle d'asile jusqu'à la direction d'une école normale.

Cependant, si j'ai conservé ce cadre, qui me permettait de donner des conseils de conduite et des leçons d'éducation qu'aucune autre forme n'amenait aussi naturellement, j'en ai retranché une partie considérable, et surtout ces voyages à l'étranger que le progrès de nos institutions a désormais rendus inutiles. En effet, nous avons atteint à la hauteur des Pestalozzi, des Dinter, des Zeller, des Demeter, et de tant d'autres pédagogues éminents ; déjà même quelques-unes de nos écoles sont supérieures, pour l'enseignement, aux plus célèbres institutions de nos voisins.

Ces retranchements m'ont permis de m'étendre cette fois sur toutes les branches de l'instruction primaire, sur toutes les nuances d'écoles, et plus particulièrement sur celles qui sont les pépinières des maîtres, ces écoles normales que la loi de 1833 a naturalisées parmi nous d'après le magnifique ouvrage de M. Cousin, et dont l'importance politique a été si noblement appréciée par M. Jouffroy. La moitié de mon ouvrage est consacrée à ces écoles déjà belles en France, et facilement susceptibles des plus heureux développements.

Aux modifications que je viens d'indiquer, et qui ont amené dans cet ouvrage une nouvelle distribution des matières, j'en ai joint deux autres plus importantes.

D'abord, j'ai ajouté à chaque chapitre l'indication des meilleurs ouvrages à suivre ou à consulter.

Ensuite, j'ai donné, pour les examens à subir, pour l'organisation à faire dans les principales écoles, pour la distribution de l'enseignement ou l'emploi des heures qu'elle réclame, une série de documents qui m'ont paru de nature à rendre mes conseils plus fructueux et mes instructions plus pratiques.

Quant aux ouvrages que je cite, je n'ai pas eu l'intention de donner des catalogues complets; je n'ai eu que celle de ne rien nommer qui ne fût meilleur que ce que je ne nommerais pas. J'ai peut-être fait des omissions; mais je m'empresserai de les réparer dès que j'en aurai l'occasion, s'il m'en est signalé.

Quant aux documents, j'aurais voulu les multiplier au point de donner un règlement pour chaque espèce d'école, et un programme pour chaque espèce de cours; mais c'eût été dépasser de beaucoup la limite qu'il était sage de ne pas franchir, et j'ai lieu de croire que ce que je donne se multipliera si facilement entre les mains de l'instituteur attentif à mes conseils, qu'il ne regrettera l'absence d'aucune autre pièce.

Dans tous les cas, je profiterai avec empressement des vœux légitimes qui pourront m'être exprimés sur une branche si importante de nos études publiques et populaires, études dont le développement complet est si nécessaire au cours régulier de nos destinées sociales.

L'INSTITUTEUR

PRIMAIRE.

CHAPITRE PREMIER.

Première Éducation et premières Études, de cinq à onze ans. — Le mauvais maître.

Je suis né dans un très petit village de la Haute-Alsace, à quelques lieues de Belfort. A l'époque où je vins au monde, tout s'agitait en France ; l'on discutait et l'on mettait tout en question ; le besoin d'innover et de changer était général. Mais dans mon pauvre hameau régnaient encore le calme le plus monotone, la tradition des siècles, la routine.

Lorsqu'à l'âge de cinq ans je fus conduit à l'école, j'y trouvai assis dans un immense fauteuil de bois un vieux maître armé d'un bâton blanc, et une trentaine d'enfants rangés autour d'une large table, les garçons d'un côté, les filles de l'autre. Les uns lisaient, les autres écrivaient ou récitaient des leçons. D'autres encore causaient entre eux. Tous étaient successivement écoutés, loués ou grondés par leur maître commun. Quelques uns étaient même battus. J'ai fréquenté cette école pendant sept ans, c'est-à-dire pendant les trois mois d'hiver de sept années consécutives, et j'y ai toujours vu la même chose. Tout comme nous portions les vieux habits de nos parents, nous lisions dans leurs vieux livres, nous imitions leur vieille écriture, et notre accent même reproduisait le leur, avec cette seule différence qu'il était un peu moins grossier. L'antique Égypte, où tout se faisait d'après un type sacré et où tout se calquait sur ce qui avait toujours été, n'avait pas été plus immuable. On pouvait dire de nous avec vérité qu'une génération continuait l'autre.

Cependant, à cette époque on s'occupait beaucoup d'instruction et d'éducation. La discussion sur cette matière était bien engagée. Les méthodes et les livres se succédaient rapidement. Et ce n'était plus pour les enfants *bien nés* seulement, c'était pour nous autres qu'on écrivait. Rousseau, qui était né homme du peuple, avait eu trop affaire en combattant les vices et les préjugés du grand monde pour pouvoir descendre au petit. On n'en n'était plus là ; on s'occupait de tous. Dans les communes, ou, comme on disait chez nous, dans les paroisses un peu fortes, l'instruction, grâce aux frères de l'institution de l'abbé de La Salle, était déjà bonne. Mais mon hameau, comme tant d'autres, ignorait complétement l'existence de cette réforme salutaire et de ce sublime réformateur.

L'abandon des écoles rurales était grand. Notre maison d'école était une cabane bien misérable. Le moral y répondait au matériel. On mettait deux mois à apprendre les noms des lettres. Au troisième mois, on commençait à épeler. Avec le quatrième, on fermait l'école.

Le second hiver, tout était à recommencer. On allait un peu plus loin; mais, l'été suivant, on oubliait un peu davantage.

On ne saurait trop le dire : le premier bienfait d'un bon gouvernement pour l'instruction populaire, c'est la propagation des bonnes méthodes.

Telle est l'horreur qu'aujourd'hui encore m'inspire la routine à laquelle je fus soumis, que j'accueille avec passion toute amélioration véritable dans l'art d'apprendre à lire et à écrire aux enfants du peuple. Ce n'est pas en moi que les novateurs rencontreront jamais un adversaire. En fait de découvertes, avant d'être critique, je suis presque enthousiaste, et toute invention qui aura pour but d'instruire les enfants d'une manière plus convenable sera saluée de ma part par un cri de joie.

C'est que mon enfance a souffert cruellement sous les inutiles exercices de cette déplorable épellation, que la méthode vocale ou *phonétique*, si vraie et si riche en curieuses applications, ne tardera pas à déloger, je l'espère, de ses derniers retranchements.

Je dois l'avouer pourtant, j'appris plus vite à lire que le fils du riche fabricant qui occupait tant de gens dans mon village. Eugène avait un précepteur ; ses parents n'eussent jamais permis qu'il mît le pied dans l'école communale, et je conçois qu'à cette époque un père raisonnable ne fût pas tenté d'envoyer ses enfants aux leçons publiques ; mais quoique ce précepteur fût plus savant que toute la paroisse ensemble et qu'il eût étudié la *pédagogie*, qui dans ces temps n'était pas encore commune en France, j'allai plus vite que son élève. On avait adopté pour Eugène une méthode qui me parut délicieuse, mais qui, alors même, ne me sembla d'une exécution possible que dans les maisons opulentes. Son précepteur lui montrait les caractères en bonbons; il les lui donnait à manger à mesure qu'Eugène parvenait à les connaître [1]. De quel œil d'envie je contemplai les opérations de cette méthode ! Elle ne fut pourtant pas bonne pour Eugène, qui oubliait le lendemain les lettres qu'il avait mangées la veille. Il fallut sans cesse recommencer, et, en désespoir de cause, recourir à l'émulation pour le *pousser*. Je fus l'instrument de cette émulation. Je fus admis aux leçons d'Eugène pour le stimuler par mon application, et je m'appliquai sérieusement. Mais mon travail ne profita complétement qu'à moi.

Je me flatte peut-être un peu, ou je me suis flatté à cet âge où l'on se connaît à peine ; mais il me sembla pourtant qu'à deux nous faisions plus de progrès.

Malheureusement, pour nous faire avancer plus vite encore, on eut l'idée de nous donner un livre rempli d'images qui devaient nous rappeler certains sons. Dès lors, adieu l'application! Nous nous amusâmes à regarder les figures ; nous nous disputâmes : mal élevé, je rendis les coups que me porta mon camarade, et je fus mis à la porte. A cette époque, vous le savez, le riche affectait l'orgueil que la renommée

---

[1] Cette méthode fut réellement débattue vers le milieu du dernier siècle parmi les pédagogues d'Allemagne.

publique attribuait au noble. Cependant ma pauvre famille fut plus orgueilleuse encore que celle d'Eugène, car elle ne souffrit pas que je retournasse près de lui quand on voulut bien m'y rappeler.

Ce fut un malheur pour moi et pour lui. Moi, j'appris peu de chose, et Eugène ne sut lire qu'à onze ans.

Privé, ou plutôt débarrassé d'images, je n'en fus pas plus heureux pour la lecture. Je rentrai à l'école, et je n'y conquis l'art de lire qu'à la sueur de mon front.

En comparant aujourd'hui les études que j'y fis avec celles que je vois faire dans les bonnes écoles, je dois dire qu'en principe la méthode la plus simple et la plus sévère est bien la plus expéditive et la meilleure.

Cependant, quant à ce pauvre petit art de lire qui absorbe encore dans beaucoup d'écoles quelques unes des plus belles années de l'enfance, je crois bien que si l'on m'eût laissé faire ou que l'on m'eût guidé tant soit peu dans un bon sens, je l'eusse appris beaucoup plus vite.

Voici ce que je veux dire.

Dès que j'eus vu les premiers caractères, je m'étais mis à les charbonner partout. Cette indication de la nature, il aurait fallu la suivre et me faire écrire ou m'en fournir les moyens. Mais en vain je demandai du papier et des plumes, on refusa de m'en donner; on ne voulut pas que j'écrivisse : ce n'était pas l'usage de faire écrire des enfants si jeunes.

J'apprends même avec douleur que ce préjugé existe encore dans l'esprit de beaucoup de maîtres.

A la vérité, cette aberration commence à disparaître maintenant. Nous aurons pourtant à la combattre longtemps encore, et nous ne saurions l'attaquer avec trop d'ardeur. Peut-être, pour que la réforme fût complète, faudrait-il non seulement que l'écriture accompagnât la lecture et commençât avec l'étude des lettres, mais encore qu'elle la précédât, de sorte que l'enfant, apprenant à écrire, n'eût plus besoin d'apprendre à lire.

L'enfant aime passionnément les figures, les images. Il charbonne sur les murs, il façonne la terre glaise, il trace des caractères dans le sable, il sillonne ses ardoises de mille manières. Eh bien, puisqu'il veut peindre, laissez-le peindre, et puisqu'il le peut, laissez-le se faire ou apprenez-lui à se faire son alphabet. C'est là l'ordre naturel, et pourquoi donc essayeriez-vous, ou avez-vous essayé de le renverser? Avant qu'un homme eût pu lire, un autre avait nécessairement écrit. L'art d'écrire est donc le premier des deux, et j'espère que bientôt tout le monde sera convaincu de l'utilité de commencer l'étude par tous les deux simultanément.

J'espère que tous les enfants jouiront du changement, et qu'aucun n'aura plus besoin d'apprendre à lire autrement qu'en écrivant. Que de peines et de dégoûts de moins pour ce bel âge! Que de plaisirs de plus! Quelle bonne et véritable réforme[1]! On usera peut-être un peu plus de papier; mais cela même n'est pas

---

[1] Les mêmes vœux et les mêmes espérances ont été formés par plusieurs instituteurs primaires et surtout par l'auteur d'une *Graphiamalégie*, ou d'un art de lire et d'écrire à la fois. D'autres personnes ont eu la même pensée. Toutefois, les expériences tentées jusqu'à ce jour n'ont pas produit les résultats qu'on s'en était promis.

nécessaire. On a des ardoises naturelles ou des ardoises-cartons qui peuvent servir pendant six mois à l'enfant le plus actif, et qui ne coûtent que quelques centimes.

On loue souvent l'ancien temps : j'ai toujours aimé, mais je n'ai jamais bien compris ce penchant. Je parle, au contraire, avec une sorte d'envie de ce qu'on appelle *nos* jours, jours qui commencent à devenir ceux des autres plutôt que les *miens*, mais jours où tout offre le spectacle et l'avantage du progrès. Aujourd'hui, par exemple, on a des modèles d'écriture si nombreux et si beaux qu'il faut presque vouloir mal faire pour n'apprendre pas tout naturellement à bien écrire. Écriture française, écriture anglaise, écriture américaine et écriture combinée, bâtarde, coulée, ronde, gothique, chaque genre a sa théorie et ses exemples, et vous les achetez à bas prix.

Je fus bien grand garçon avant de rien connaître à la calligraphie. La vieille et mauvaise écriture de notre vieux maître fut longtemps mon unique modèle. On eût dit que le salut du village dépendait de la conservation fidèle de ses bizarres caractères et de sa mauvaise orthographe. Ennemi de toute ponctuation et de toute modification, le maître tenait à cette écriture et à cette orthographe comme à ses prunelles.

C'est là en général le faible des anciens *maîtres d'école* ; mais je vois avec plaisir que les nouveaux *instituteurs* s'en corrigent.

On ne saurait trop les seconder à cet égard. Quant à moi, jamais je ne sors content d'une école dont le chef a le ridicule amour-propre de faire lui-même ses modèles, et de proclamer son écriture le type de la beauté. On assure pourtant qu'il existait naguère encore des écoles normales où cet usage était toléré par les inspecteurs. C'était un de ces abus dont on rougit maintenant de parler.

Je n'eusse jamais appris à écrire passablement (car s'il est des choses qu'on apprend encore à soixante ans, il en est d'autres qu'on n'apprend plus après quinze), je n'eusse, dis-je, jamais su écrire, si un jeune officier qui fut logé pour quelques jours chez mon père ne m'eût pris en affection, au point de me laisser en partant un cahier de modèles.

Dès lors je pus faire des traits fins ou des traits déliés, et m'exercer à tous les genres d'écriture. Je me félicite encore de ne m'en être pas fait faute, car je me sens heureux d'être en état de bien écrire.

Cependant je me cachai bien de cette infidélité faite à l'écriture de mon maître. J'ai senti, jeune encore, qu'il ne fallait pas blesser les hommes inutilement; et si j'ai eu dans la vie plus de jours tranquilles qu'un autre, c'est, je crois, parce que j'ai peu affligé mon prochain.

Je n'eus la paix avec mon vieux maître qu'au prix de ma discrétion. Mais je cessai bientôt de la trouver dans la maison paternelle. Deux affaires, une bien grande et une bien petite, vinrent la troubler pour long-temps. Elles se tenaient l'une l'autre. Mon père, dont l'héritage était grevé de dettes, avait beaucoup d'affaires d'intérêt. Il y mettait une probité parfaite, mais une raideur si tenace et un esprit si processif qu'il déso-lait ma mère. Je passerai à cet égard sur des souvenirs qui me sont pénibles, et je ne parlerai que de ce qui explique ma vie. Plus les affaires et les procès de mon père se multipliaient, et plus il me voyait avec joie passer des journées entières à écrire. « Juste, — c'était moi, — sera avocat, et fera de son frère un notaire, » dit-il quelquefois devant ma mère et nous autres. Et c'était là un projet tout à fait arrêté. Bientôt il ne tomba plus dans la maison ni exploit d'huissier, ni aucune autre paperasse de procédure que je n'eusse à la lire, à la copier et à la commenter.

Mais j'étais né le saint jour de la Pentecôte, et ma mère, depuis longtemps, avait reconnu dans cette circonstance ma vocation pour l'Église. Animée d'une dévotion profonde et sincère, un peu exaltée pour tout ce qui tenait à la religion, elle voyait dans la carrière ecclésiastique une certitude de salut de plus ; elle voulait m'assurer cet avantage, le plus grand de tous. Or des actes d'huissier figurant presque dans tous les procès, et l'existence tout entière des avocats étant vouée à ces tristes débats qui désolaient notre intérieur, mon excellente mère envisageait avec une vive inquiétude et avec une invincible antipathie ces carrières, d'ailleurs si honorables et si lucratives.

Telle était la grande affaire qui nous préoccupait. Voici maintenant quelle était la petite.

On parlait dans mon village un patois qui, depuis des siècles, y régnait presque sans partage. Tout le monde le parlait dans ma famille. Quant à moi, mon père, toujours sage quand il ne s'agissait pas de procès, me défendit de m'en servir. En vue de la profession à laquelle il me destinait, je fus obligé de parler français, de m'y exercer sans cesse. Mon père avait voyagé ; il avait vu qu'on pouvait être honnête homme et s'exprimer autrement qu'en patois. Ma mère, qui n'était jamais sortie de notre petit pays, qui n'avait jamais entendu parler français qu'aux huissiers, aux notaires, aux avocats et aux officiers de la compagnie qui avait passé quinze jours au village, avait contre leur langage les plus vives préventions. Le patois était à ses yeux la sauvegarde des bonnes mœurs, et, il faut en convenir, ce qu'elle avait entendu débattre en français n'était guère propre à lui faire estimer ce qu'elle appelait le *parler* des tribunaux. Dès ce moment, ma situation fut pénible ; je ne savais à qui, de mon père ou de ma mère, donner raison ; mais, je me le rappelle fort bien, je me croyais malheureux de penser que l'un ou l'autre pouvait avoir tort. Aussi je ne conseille pas aux parents qui tiennent à exercer sur leurs enfants une autorité entière de les rendre témoins de leurs divisions. Mes bons parents m'ont fait, je crois, beaucoup de mal, en me voulant faire plus de bien l'un que l'autre. C'était à qui me louerait et me caresserait davantage. Cela veut dire, c'était à qui me gâterait. Et je fus gâté ! A force de soins inutiles, on me fit une santé si délicate, que plus tard, malgré tous mes efforts, il me fut impossible de me rétablir entièrement.

Il est pénible de s'accuser soi-même ; mais il faut bien que j'aie ce courage. Il faut que je dise qu'on m'aurait rendu indolent, sans les épreuves par lesquelles j'ai passé et qui ne m'ont pu guérir tout à fait de ce défaut, le plus mesquin de tous. Quoique après

Eugène je reçusse la meilleure éducation qui fût donnée au village (peut-être même la mienne valait-elle
mieux que la sienne), je me perdais sans cette habitude du travail qui est devenue pour moi une nécessité salutaire et qui a fait le bonheur de ma vie, et
sans les circonstances qui bientôt me surchargèrent
d'occupations, à un âge où d'ordinaire on ne fait
qu'apprendre.

Comparez, dans la *Galerie biographique des instituteurs*, par M. Spin-
dler, la vie de Cardon et celle de Dinter.

Comparez aussi, dans l'ouvrage de M. Van Nerum, *De l'organisation
de l'enseignement primaire en Belgique*, le § III, p. 4, qui commence
par ces mots : « Parcourez aujourd'hui nos villages, » etc.

CHAPITRE II.

Études de onze à quatorze ans. — Le bon Instituteur — Le bon
Prêtre.

Je fus jeté jeune encore dans les occupations les
plus sérieuses. Je m'y suis peut-être fatigué un peu,
mais le travail utile auquel je me suis livré de
bonne heure a singulièrement assuré le développement de mes facultés; il a surtout favorisé mon
éducation morale, et il m'a donné ce calme que seul
il peut donner à l'âme.

Mon vieux maître mourut subitement, et il fut remplacé par un autre instituteur sorti de la plus ancienne
de nos Écoles normales primaires. C'était un homme
d'une trentaine d'années, car plein du désir de s'instruire, il avait sollicité et obtenu, par une exception
alors possible, son entrée à l'École normale dans un
âge un peu avancé. Déjà il avait une famille assez
nombreuse, et, doué d'une étonnante activité, il
chercha avant tout à se procurer les moyens de l'entretenir. A peine installé au village, il se lia avec le
principal notaire du canton, et en devint une sorte
de *clerc*, ou de fondé de procuration pour certains
actes, et le copiste pour les autres.

Cela se passa en automne, et cela alla d'autant
mieux qu'il n'y avait pas d'école ouverte. L'hiver
étant survenu et l'école ayant repris, un desservant
sévère, un maire intelligent, un comité zélé pour

l'instruction primaire eût, d'un mot, rappelé à son devoir notre notaire au petit pied. Mais les comités dormaient, les prêtres n'aimaient pas à se faire des affaires, et le maire qui avait besoin de greffier, loin d'arrêter l'activité de notre nouvel instituteur, lui ouvrit une carrière de plus. Il le chargea du secrétariat de la mairie, et le fit appeler à tous les travaux d'arpentage et d'arbitrage qui eurent lieu dans la commune.

Je dois le dire, toutes ces fonctions furent remplies par M. Palle avec une intelligence, une probité et un dévouement qui le firent estimer de tout le monde, y compris ceux-mêmes dont la jalousie s'affligeait de ses succès. Cependant, quelque habile que l'on soit et quelque activité que l'on ait, on ne saurait être partout. M. Palle fut souvent absent de son école, et, de toutes ses fonctions, les seules pour lesquelles il conçut l'idée de se faire remplacer, ce furent celles de l'enseignement. Il m'en chargea souvent. J'étais plus jeune que plusieurs de ses écoliers ; mais j'étais un enfant célèbre au village. On m'obéit d'ailleurs, grâce au sceptre de discipline que tenait la main de l'institutrice. Le fait est que nous tînmes souvent classe, et je crois même que nous ne fîmes pas trop mal. Personne n'y trouva à redire. Quant à moi, je pris pour ces fonctions provisoires un goût si prononcé qu'il décida de ma carrière. Si notre instituteur était l'objet d'une vénération générale, de ma part ce sentiment devint de l'enthousiasme, et cet enthousiasme s'étendit naturellement à ses travaux. Rendre comme lui service à tous, instruire les jeunes, servir d'exemple aux vieux, partager avec le prêtre la célébration du culte, avec le maire l'administration de la commune, présider aux transactions des habitants, régler leurs finances, mesurer leurs champs, prévenir ou vider leurs discussions, et enfin concourir, par des leçons ou des exemples, à quelques améliorations essentielles dans la culture : telle était l'œuvre que je brûlai d'accomplir. Elle me parut admirable, et je voulus marcher en tout sur les traces d'un homme dont la conduite méritait tant d'éloges.

Déjà j'enseignais avec passion, et je suivais avec une sincère piété les actes du culte auxquels concourait le sacristain. Il me semblait que par mon recueillement je parviendrais à mieux comprendre le sens, pour moi si profond et si mystérieux, des enseignements de notre sainte religion, et j'attribue à ce recueillement l'influence si salutaire que la piété a exercée sur tous les jours de ma vie.

Mais il me restait à étudier beaucoup, car je devais entrer à l'École normale, et je voulais y entrer en bon rang. Le programme d'examen était alors un peu moins élevé et embrassait moins de matières que celui d'aujourd'hui, qui est si complet [1] : il offrait cependant une grande analogie avec celui qui a été arrêté en exécution de la loi de 1833.

Le réglement du 14 décembre 1832 portait ce qui suit : « Nul n'est admis comme élève-maître, soit interne, soit externe, s'il ne remplit les conditions suivantes :

---

[1] Voir à l'Appendice n. I.

« Il doit, 1° Être âgé de seize ans au moins. Il doit, 2° Produire des certificats attestant sa bonne conduite, et en outre un certificat de médecin constatant qu'il n'est sujet à aucune infirmité incompatible avec les fonctions d'instituteur, etqu'il a été vacciné ou qu'il a eu la petite vérole. Il doit, 3° Prouver par le résultat d'un examen ou d'un concours qu'il sait lire et écrire *correctement* ; qu'il possède les premières notions de la grammaire française et du calcul ; et qu'il a une connaissance *suffisante* de la religion qu'il professe. » Enfin venait cette note : Les examinateurs et les juges ne se bornent pas à constater jusqu'à quel point les candidats possèdent les connaissances exigées ; *ils s'attachent aussi à connaître les dispositions des candidats, leur caractère, leur degré d'intelligence et d'aptitude.*

Mon maître m'avait donné ce réglement. J'en étais vivement saisi. Je savais lire et écrire, mais je ne savais ni l'un ni l'autre *correctement* et sans faire de fautes. Or je désirais d'autant plus arriver à ce résultat, que je comprenais peu le texte de la grammaire, que je n'avais encore de ma religion qu'une connaissance très *insuffisante*, et que je bronchais beaucoup sur le calcul décimal.

Quant à mes dispositions morales, elles étaient parfaites, mais je tremblais sur mon aptitude.

Je m'appliquai d'abord à une lecture nette et pure, tâchant de bien comprendre quand je lisais pour moi, et de bien me faire entendre quand je lisais devant les autres.

Je m'efforçai, en même temps, de donner à mon

écriture le plus haut degré d'une belle exécution.

L'étude de la grammaire fut plus difficile ; mais je pris le parti bien arrêté de vouloir l'entendre, et de ne passer d'une phrase à une autre qu'après m'être rendu compte du sens de chaque mot.

Ce travail fut ennuyeux ; mais qu'il fut instructif ! Non seulement j'appris, à cet âge d'ignorance, à me faire une idée nette d'expressions qu'on répète ordinairement de mémoire sans y attacher aucun sens, mais encore je fus amené par ma méthode à graver dans mon esprit un grand nombre de maximes justes et belles, et à contracter l'habitude de la réflexion.

Je passai ensuite à l'étude de ce système décimal qui est une des grandes conceptions de notre époque, et dont on négligeait alors les applications. Le mètre étant la base de tout ce système, et l'unité des mesures de superficie, l'are, n'étant autre chose que dix mètres carrés, je connus bien vite les divisions et les multiples de l'are. Je fus si glorieux d'avoir du latin dans les mots de *déci*, de *centi*, de *milli*, et du grec dans ceux de *déca*, de *hecto*, de *kilo* et de *myria*, que je les retins et que j'y joignis sans peine ceux d'are, de mètre, de litre, de stère ou de gramme. Ces noms me paraissaient d'ailleurs d'une prononciation facile, et je les trouvais plus sonores que ceux de toises et de pieds, de perches, de fauchées, de boisselées, ou de livres, d'onces, de gros, de brasses et autres.

J'ai à peine besoin de dire que toute l'étude du calcul décimal fut pour moi également agréable. La nature, en inspirant à tout le monde l'idée de compter sur les dix doigts, paraît elle-même nous avoir indiqué ce calcul. Ce ne fut pas même un travail pour moi que d'en apprendre tout ce que contenaient les ouvrages élémentaires que je pus me procurer [1].

Ce sera aujourd'hui, pour les instituteurs, chose facile que d'enseigner ce calcul, et il ne peut plus se rencontrer désormais de commune assez négligente pour ne pas faire de cette étude une obligation rigoureuse à ceux qui fréquentent les écoles publiques.

La musique n'était pas exigée, mais il était nécessaire que je la connusse, et je l'aimais. Je l'étudiai non pas seulement au piano ; mais je copiai encore de la musique et j'examinai les théories. Malheureusement, le seul maître dont je pusse recevoir les leçons, M. Palle, était mauvais musicien ; et malgré tous les efforts que j'ai faits depuis, je n'ai jamais pu me corriger de certaines habitudes d'exécution qu'il me donna. Il en est toujours ainsi. Il faut de bonnes dispositions et des maîtres excellents ; sans cela, point de succès en musique. On peut savoir le jeu des orgues, chanter ou exécuter sur toutes sortes d'instruments, à la grande satisfaction d'un public facile ; mais on n'est pas musicien quand on n'est pas en possession des meilleures méthodes.

Restait l'instruction religieuse. Je désirais, sous ce rapport aussi, me préparer d'une manière suffisante, et je demandai à faire, auprès de l'ecclésiastique le plus instruit qui fût dans notre canton, un cours d'études spéciales en vue de mon examen d'ad-

---

[1] Voir ci-dessous, *Enseignement du calcul.*

mission. On s'adressa à M. Orlot, qui desservait une paroisse d'un site délicieux. Il m'accepta. Ma pension fut bientôt réglée avec M. le curé, et je ne tardai pas à me trouver au comble de mes vœux ; je me sentis auprès d'un excellent homme.

M. Orlot était un peu avancé en âge, ordinairement taciturne et sévère. Mais, d'un autre côté, quand il donnait des leçons ou des conseils, il était admirable. Il exposait avec une simplicité et une netteté parfaites. Habitué à se rendre raison de tout, il rendait également raison de tout à ses élèves. Quelles excellentes leçons de géographie et d'histoire il me donna ! Par une faute que font généralement les vieux maîtres, les livres qu'il me mit entre les mains étaient un peu anciens et les cartes un peu usées ; mais par quelle précieuse direction cette faute fut compensée à mon occasion ! Je fus instruit à faire toutes mes cartes moi-même ; je les calquai, je les copiai et je les coloriai ; je les rectifiai, je les réduisis, et j'y indiquai les méridiens d'après différents points de départ ; j'y portai la hauteur des montagnes les plus célèbres, j'y marquai les principaux produits des divers climats, et il en résulta que je sus parfaitement tout cela.

Pour l'histoire, je fus tenu à faire moi-même mes tables chronologiques et mes cahiers d'annales. Je pris ainsi non seulement l'habitude de savoir exactement, mais encore celle de faire des notes et de rédiger, ce qui est si utile dans la vie moderne.

M. Orlot m'exerçait à la rédaction sur toutes sortes de sujets. Je tenais un journal des événements du jour. Or, comme tous, à peu près, étaient des travaux intellectuels, je faisais chaque jour la révision de tous mes exercices. Je continuais de cette sorte les habitudes de réflexion que m'avait données l'étude de la grammaire, et j'y ajoutais ces habitudes de moralité qu'on ne saurait contracter trop tôt.

Ce qu'il y avait de plus original dans l'enseignement de M. Orlot, c'était la manière dont il me communiquait des notions élémentaires de physique et d'histoire naturelle. Les livres n'étaient pas à ma portée; mais mon maître, avec un talent admirable, avec une activité digne de mes éternels hommages, sut rattacher ses leçons aux phénomènes les plus ordinaires que nous observions ensemble, dans les différentes saisons, soit au foyer domestique, soit dans nos excursions. Par ces moyens, j'eus à la fois des notions de physique et de météorologie. L'astronomie elle-même ne fut pas oubliée. Je n'avais nul besoin, pour mon examen, de notions d'histoire naturelle. Cependant, à l'étude de l'organisation et des mœurs des animaux domestiques que nous avions sous les yeux, M. Orlot voulut joindre un petit cours de zoologie, de botanique et de minéralogie, qui, plus tard, me facilita singulièrement l'intelligence des ouvrages spéciaux sur ces sciences.

On le voit, la méthode de M. Orlot offrait un inconvénient bien grave; on apprenait avec lui beaucoup de choses, l'esprit s'enrichissait, les facultés se développaient, et l'on était heureux de tous ces progrès. Mais à force de se partager entre tant d'objets divers, on n'approfondissait rien. Le maître qui se laisse aller à cette diversité, ou qui y laisse aller ses élèves, si

savant et si plein d'ardeur qu'il soit pour ce qu'il enseigne, joint un grand mal au bien qu'il fait.

Mais avant de raconter comment je subis mes examens, je me hâte de revenir de cette critique à l'é-
loge, et de dire ce que j'ai vu de plus admirable
pendant mon séjour à Valdenay. J'ai vu un simple
ecclésiastique faire un bien immense dans une paroisse de douze cents âmes. M. Orlot, plein d'une piété
sage et profonde, de la piété des vieux temps, voulut
la communiquer à tous, non sans lutter, mais du
moins sans heurter personne. Sa piété était celle de
la foi avec les œuvres, de la religion avec la morale.
Cette piété-là se prêche : de bons prônes, bien courts et
bien populaires, peuvent l'enseigner; mais ce n'est là,
pour la montrer et la nourrir, qu'un moyen très secondaire. Il en est un meilleur, c'est l'exemple.
M. Orlot le donnait à tous, aux riches et aux pauvres.
Mais il recherchait plus ceux-ci que ceux-là. A l'exemple de son divin maître, c'étaient les pécheurs et les
pauvres qui étaient l'objet principal de son ministère, et
soulager leurs misères était son plus grand bonheur.

Il pressait les pauvres à le prendre toujours pour le
premier confident de leurs besoins, à ne s'adresser à
d'autres qu'autant qu'il ne pourrait pas les satisfaire.
Les familles aisées se plaignirent de ne pouvoir plus
excercer de charité. Il en usurpait le monopole.
M. Orlot les admit au partage. Il se fit leur aumônier.
Chacun s'imposa, et on lui donna bientôt plus qu'il
ne demandait. Il fut à même de faire apprendre des
métiers aux uns et de payer les rétributions scolaires
des autres. Quand je quittai cette commune, il y avait

encore des pauvres ; mais il n'y avait plus de malheureux.

M. Orlot avait vu que les travaux un peu pénibles, de la campagne affaiblissent la réflexion et disposent aux jouissances matérielles. Il se garda bien de déclamer contre ce penchant pour les plaisirs du corps et cette antipathie pour ceux de l'intelligence. Mais il imagina un moyen d'appeler jeunes et vieux à des habitudes meilleures. D'abord il fit comprendre ses desseins à l'instituteur, homme de cœur et d'intelligence. Puis, il suivit lui-même les petites études de la jeune génération. Après l'avoir exercée, par de fréquentes apparitions dans l'école, à l'art de se rendre compte de ses travaux, à rapprocher quelques idées et à mettre par écrit quelques faits, il demanda en chaire que désormais chacun lui présentât, les dimanches et les jours de fête, une page proprement écrite, contenant les principales pensées de son prône.

On était exercé à se rendre compte de ses leçons faites à l'école, et l'on avait l'habitude d'écrire : on ne fit pas trop mal ce qu'il désirait. Il lut au prône du soir ce qu'on avait fait, et l'on se porta en foule à ces conférences. L'émulation des familles s'en mêla, et la rédaction de ces pages de religion et de morale devint bientôt une affaire. Chacun y prit part et tous les prônes furent dès lors suivis, écoutés et reproduits avec une attention extrême.

Je n'ai pas besoin de dire que cette institution donna aux plus belles qualités de l'intelligence et du cœur un heureux développement. Tout ce que je dirais de la raison, du bon sens, de la piété et des vertus qui régnaient à Valdenay, paraîtrait exagéré, car ce que j'ai vu là me semble extraordinaire à moi-même ; je ne l'ai pas vu ailleurs, et depuis quelque temps je ne vois plus ce village, car M. Orlot l'a quitté pour accomplir une mission plus haute.

Je l'avais quitté avant lui, et trop tôt pour moi, car j'y apprenais beaucoup. J'y travaillais et j'y étais heureux au delà de toute expression. On suppose quelquefois que la jeunesse aime exclusivement les plaisirs vulgaires. C'est une erreur; elle a pour les jouissances morales un sens si pur et si profond, qu'elle y est peut-être plus sensible que tout autre âge. Je me trouvais à côté de ce vénérable pasteur sous le charme des sensations les plus douces.

Dans les derniers temps de mon séjour à Valdenay, j'aidais l'instituteur à donner ses leçons. C'était imiter M. Orlot, et je m'en trouvais flatté. Je pouvais continuer ces fonctions; elles m'assuraient un sort. Mais je tenais à entrer dans la carrière par la bonne porte, l'École normale, et une ère nouvelle devait bientôt s'ouvrir pour moi par suite de mes examens d'admission.

Comparer : Le *Curé de campagne,* par M. de Lamartine.

CHAPITRE III.

L'examen d'admission à l'Ecole normale.

Le grand jour, celui qui devait décider de ma carrière, et par conséquent le jour le plus important de ma vie, arriva enfin, et je me trouvai dans la salle d'examen devant les membres de la commission d'instruction primaire. Quelque soin que j'eusse pris de me préparer sur toutes les questions, je fus vivement ému. J'espérais que les réponses de mes concurrents précédant les miennes me serviraient d'encouragement : je fus interrogé le premier, et sans interruption aucune, sur toutes les parties du programme, *l'instruction morale et religieuse*, la *lecture*, l'*écriture*, les *premières notions de grammaire française*, les *premières notions du calcul*. La bienveillance avec laquelle les examinateurs posèrent les questions m'enhardit un peu ; mais cette clarté même avec laquelle ils s'énoncèrent, cette autorité qu'exprimait leur parole, et ce silence si profond qui les accueillit, tout me fit sentir une infériorité telle que je me troublai beaucoup dans les premiers moments. Je me relevai ensuite, et j'acquis sur la fin des interrogations la certitude que je serais admis ; mais je n'en tirai aucune vanité, car je sentais bien qu'en me tenant compte d'une timidité qui ne fut pas surmontée entièrement, la commission m'attribuait un peu plus de connaissances que je n'en montrais.

J'ai vu depuis beaucoup de jeunes gens s'étonner, au sortir d'un examen, de la timidité qu'ils avaient éprouvée et de la facilité avec laquelle ils avaient subi des épreuves moins difficiles, disaient-ils, qu'ils n'avaient pensé. Je n'ai jamais partagé leur avis, et j'ai toujours cru qu'ils seraient de mauvais examinateurs. Quand je considère ce qu'il faut de savoir et de promptitude d'esprit aussi bien que de parole, pour répondre d'une manière précise même sur des questions secondaires, je suis beaucoup plus frappé de l'habileté des examinateurs qui distinguent la capacité à travers des réponses toujours incomplètes et souvent confuses, que de l'habileté des aspirants, qui s'imaginent aisément qu'ils font très bien quand ils reproduisent avec plus ou moins de bonheur quelque texte de grammaire ou de catéchisme. Si j'en juge par moi, un bon examen est une chose rare, car j'obtins le numéro un, et voici la vérité sur mes réponses.

Pour l'instruction morale et religieuse, je devais traiter la question du mensonge, dire d'abord ce qu'il est et quelle en est la source; puis, indiquer les vices qu'il enfante et les moyens que la religion nous enseigne pour le combattre. Est-il une question plus facile? Or, certainement, j'avais écouté avec attention les explications qui m'avaient été données à ce sujet, et je croyais au premier moment bien connaître une matière familière à tout enfant qui sait son catéchisme. Toutefois quand je considère mes réponses, j'en suis profondément humilié encore aujourd'hui.

La lecture est chose si aisée, que je lus sans hésiter, mais assurément je lus mal, car je ne compris pas moi-même le sens de plusieurs phrases.

Mon écriture ne fut qu'une belle *peinture*, ce ne fut pas une bonne *expédiée*.

Je sus répondre le texte de la grammaire sur toutes les questions qu'on me fit ; mais quand on me demanda ce que signifiaient certains mots employés par moi, et ceux-ci en particulier. L'adjectif sert à *qualifier* le substantif, je ne sus jamais dire d'une manière claire et précise ce que c'est que *qualifier* un substantif.

Je calculais facilement, mais je possédais plutôt les premières habitudes que les premières notions du calcul, et je m'en aperçus bien quand on me pria de faire voir que la multiplication n'est qu'une addition abrégée, suivant une méthode plus ou moins ingénieuse.

On sait que la commission exprime aussi, au bulletin d'examen qu'elle dresse, son opinion sur les dispositions de l'aspirant, son caractère, son intelligence, son aptitude. Mes dispositions pour l'enseignement primaire étaient excellentes, et j'étais doué d'un caractère assez aimant et assez ferme, je crois, pour ne pas redouter l'insuffisance sous ce rapport dans la carrière que je choisissais ; mais je n'avais pas eu d'occasion pour acquérir une aptitude bien appréciable, et si mon intelligence saisissait facilement et promptement ce qui se présente à la surface d'une question, je la sentais bien faiblir quand il s'agissait de creuser un peu. Je venais d'en avoir la preuve dans cet examen. Je comprenais parfaitement tout ce que le mensonge a de coupable, mais quand on m'en fit rechercher la source, je vis aussitôt que jusque-là mon intelligence s'était arrêtée aux dehors de la matière, à ce qu'elle avait de plus facile et de moins instructif. J'ai lieu de croire que les examinateurs exprimèrent sur l'une des quatre questions qui me concernaient une opinion beaucoup plus favorable que n'était la mienne propre au moment où ils rédigeaient leur note.

Je fus presque effrayé en apprenant le rang qu'ils m'avaient donné ; car il fallait le justifier à l'École normale où j'allais entrer. Aussi, je me mis immédiatement au travail pour me trouver à même de répondre à l'attente qu'excitait ce classement.

Pour se préparer aux examens d'admission, on peut consulter le *Manuel des Aspirants aux brevets de capacité pour l'enseignement primaire*, par MM. Lamotte, Meissas et Michelot.

CHAPITRE IV.

L'entrée et le séjour à l'École normale. — Les examens de semestre.
— L'examen pour l'obtention d'un brevet du degré élémentaire.

Au moment d'entrer à l'École, je compris bien que les deux années que j'y passerais seraient décisives pour mon avenir, et habitué à réfléchir sur ce que j'entreprenais, je tâchai de bien me pénétrer des devoirs que j'avais à y remplir ; je me traçai ces quatre règles de conduite, et je priai Dieu de permettre que j'y demeurasse constamment fidèle :

1. D'avoir pour le chef et les sous-maîtres de l'École tout le respect et toute la soumission que j'exigerais un jour de mes élèves ;

2. De me conformer aussi sincèrement que ponctuellement au réglement de la maison, et de le trouver bon quel qu'il fût, afin de m'exercer à l'esprit et à l'habitude de la soumission, et pouvoir un jour exiger l'obéissance à mon tour ;

3. D'avoir pour mes camarades de l'École non seulement les meilleurs sentiments, mais encore les meilleurs procédés, et de donner aussi bien que de prendre les meilleurs exemples, afin de concourir à la bonne tenue et au bon esprit de l'École autant qu'il était de mon devoir devant Dieu et devant les hommes ;

4. De ne laisser passer aucun cours, aucune leçon, aucune explication, sans me l'approprier aussi

complétement que le permettraient les lumières de mon intelligence.

J'eus souvent des distractions, et je fus quelquefois infidèle à ces résolutions; mais elles demeurèrent les règles de ma conduite. Je m'y rappelai soir et matin, et elles formèrent enfin mes habitudes. Je leur dus ces quatre avantages : la bienveillance entière de mes chefs et de mes camarades, un séjour à l'École tellement heureux que je me le rappelle toujours encore avec le même sentiment de bonheur, des examens honorables, et des cahiers parfaitement tenus auxquels j'ai pu rattacher depuis toutes les études ultérieures que je n'ai cessé de faire.

Je ne parle pas de quelques petites distinctions qui m'échurent, car ces satisfactions données à l'amour-propre n'ont rien ajouté ni à mon bonheur intérieur ni à mon perfectionnement moral : elles auraient au contraire arrêté l'un et troublé l'autre, si je n'y avais veillé avec une inquiétude constante.

Pour le succès à l'École, le plus important de ces résultats, ce furent les bons examens.

Nous fûmes souvent visités, et interrogés presque à chaque visite. Le directeur saisissait toutes les occasions pour nous faire rendre compte de ses cours et des autres. La plupart de nos maîtres commençaient leurs leçons par des interrogations sur les leçons précédentes. Le président et les membres de la commission de surveillance, les inspecteurs des écoles primaires et ceux de l'Académie, le recteur et le préfet eux-mêmes venaient s'assurer du progrès de nos études. Tous les six mois la commission faisait un examen approfondi, et tous les ans les inspecteurs généraux de l'instruction publique venaient se faire rendre compte de l'état de nos connaissances dans toutes les branches de l'enseignement.

C'étaient là beaucoup d'examens, mais loin de trouver qu'il y en eût trop, nous sentîmes le besoin de tous les genres d'épreuves et d'excitations, non pour nous tenir en haleine, mais pour nous préparer d'une manière complète à notre pénible carrière. Pour mon compte, je subis tous ces examens avec une grande reconnaissance pour des soins aussi multipliés et aussi laborieux de la part des autorités qui concouraient à notre éducation. Je les subis aussi, je crois, avec un grand profit. J'admirai d'abord et je tâchai bientôt de m'approprier tout ce qu'il y avait de bonté de cœur, de flexibilité d'esprit et de richesse d'instruction dans ces interrogations si nombreuses, si prolongées, et cependant si variées. Si nous eûmes beaucoup d'examinateurs, nous n'en eûmes pas deux qui se répétassent, et quand on apportait à leur manière de questionner une attention complète, on reconnaissait que les mêmes personnes variaient sans cesse l'objet et le tour de leurs investigations. Si j'ai acquis moi-même quelque habitude dans l'art si difficile d'interroger, c'est à cette étude que j'en ai été redevable; et je puis ajouter qu'en comparant sans cesse ce que je voyais j'ai toujours trouvé quelques avantages spéciaux partout.

Tenu en haleine de semestre en semestre, de mois en mois, de jour en jour, je trouvai courtes, presque trop courtes, les deux années que j'eus à passer dans l'École. Je trouvai les vacances longues. C'était un temps à peu près perdu ; je n'y apprenais rien de nouveau, car je me bornais à revoir mes cahiers. Je retournais à l'École avec joie. L'émulation qu'inspirait la vie commune était devenue une jouissance pour mon cœur, et cette émulation embrassait toutes nos obligations, celle de nous servir nous-mêmes et de nous charger de tous les soins de propreté, comme celle de prendre part à la direction de l'école d'application annexée à la maison. Je pressentais bien qu'une fois sorti de l'école, je serais pendant plusieurs années à la fois le maître et le serviteur, le titulaire et l'aide ; et je désirais me rendre complétement apte à remplir cumulativement toutes ces fonctions.

On connaît le programme du brevet de capacité du degré élémentaire, tel qu'il résulte de la loi de 1855 [1].

Je vis approcher sans crainte l'époque de mon examen pour le brevet de ce degré, car l'enseignement de l'École était plus élevé que ne le demandait le programme. Je répondis comme un élève passable. Mais on nous appelait élèves-maîtres, et je sentais bien que, pour devenir un maître véritable, j'aurais eu besoin d'assister à plus d'exercices pratiques et d'y faire plus de pas par moi-même. Je savais par cœur ce qu'il fallait rigoureusement savoir, mais ce que je possédais ainsi, c'était la science de mes professeurs, ce n'était pas la mienne. Je ne l'avais pas

____

[1] Voir à l'*Appendice*, n° II.

méditée, je ne l'avais pas étudiée dans ses raisons ; je n'étais pas capable de l'expliquer, pas même de l'exposer, sans avoir les livres à la main. Or cette méthode est froide et à tel point défectueuse, que j'étais bien résolu d'en acquérir une meilleure.

J'aurais voulu l'acquérir avant de passer les examens du degré supérieur ; et pour l'apprendre, j'aurais dû rester dans l'École une année encore, soit comme maître d'études, soit comme adjoint à l'École pratique. Mais ces places étaient occupées, et quoique je fusse classé encore comme à mon entrée dans l'École, je fus obligé de la quitter. Je la quittai avec douleur. Que je dise mieux, je ne m'en suis jamais séparé ; car j'en ai toujours suivi les progrès ; j'ai quelquefois été appelé à ses conférences, et il ne s'y est pas fait d'amélioration que je n'aie connue.

Pour rester en rapport direct avec l'École, j'aimai mieux accepter la direction d'une salle d'asile que de solliciter immédiatement celle d'une école qui m'en eût éloigné, dans un moment où j'avais un si grand besoin encore de ses directions et de sa tutelle.

Comparer l'ouvrage de M. Barrau, *Direction morale pour les Instituteurs*, ch. IV. Comment on doit se conduire à l'École normale.

CHAPITRE V.

La direction d'une Salle d'asile.

La direction d'une salle d'asile était en apparence une position modeste, et il est à désirer que cette position soit toujours considérée ainsi, afin qu'elle ne tente jamais que des personnes d'un dévouement profond. Elle avait cependant ses difficultés. A cette époque, les salles d'asile étaient rares et les idées n'é- taient pas arrêtées sur leur utilité. Les uns voulaient en faire des écoles, les autres, de simples asiles de dis- traction. Je n'avais pas vu moi-même de bon établis- sement de ce genre, car je n'avais visité ni Paris, ni Strasbourg, ni Nantes, ces trois villes classiques pour les salles d'asile, classiques par l'excellente direction qu'en donnent les surveillantes, ainsi que par l'intelli- gence et le zèle que les dames inspectrices apportent à l'accomplissement de leurs devoirs. Or, sur les points du pays où les familles les plus honorables donnent à la fois la leçon et l'exemple, les institutions de cette nature naissent et prospèrent comme par enchante- ment, mais il n'en était pas de même dans la ville où je reçus ma mission. Tout y était à faire, et à ma seule diligence. On ne me livrait d'ailleurs qu'un local in- suffisant, mal disposé, mal aéré, et des enfants qui n'a- vaient reçu dans leurs familles ni les soins de l'édu- cation morale ni ceux de l'éducation physique.

Aujourd'hui qu'il existe 555 salles d'asile [1], il n'y a qu'à imiter ; et quand il s'agit d'en créer une, qu'à consulter le texte de l'ordonnance du 22 décembre 1837, l'avis de la commission supérieure ou l'expérience de la déléguée générale, instituées par cette ordonnance. Mais alors, il n'y avait que l'ouvrage de M. Cochin et quelques unes de ces instructions qui faisaient appel à la charité du pays, plutôt qu'elles ne répandaient la lumière dans les intelligences. J'étudiai le volume si étendu de M. Cochin ; mais d'un livre de théorie à l'application, il reste toujours un grand pas à faire, et quand j'eus obtenu une salle passable, un mobilier à peu près suffisant, les dessins et les objets les plus indispensables, il restait encore la difficulté de classer et de discipliner, d'intéresser, d'amuser et de former un peu mes nombreux élèves. Ce fut une rude tâche. Aussi, pour ne pas me décourager dès le début et obtenir quelques résultats, j'eus besoin de toute la force et de toutes les bonnes idées que j'ai coutume de puiser chaque jour dans un recueillement profond. Cependant, à celui qui cherche sérieusement, chaque jour apporte plus d'expérience, et au bout de quelques semaines, je vis clairement ce que j'avais à faire.

L'ordonnance de 1837 prescrit dans les salles d'asile des exercices qui comprennent nécessairement les premiers principes de l'instruction religieuse, et les notions élémentaires de la lecture, de l'écriture,

---

[1] Rapport au roi par le ministre de l'instruction publique, du 1er novembre 1841. V. 1er supplément au no 91 du *Journal général de l'instruction publique.*

du calcul verbal. On pourra y joindre des chants instructifs et moraux, des travaux d'aiguille et des ouvrages de main.

C'était bien à cela que j'arrivai de moi-même ; mais la grande difficulté pour celui qui n'a pas vu de salle d'asile bien dirigée, c'est de traduire dans le langage de l'enfance les études qu'il a faites dans des livres ou dans des cours plus relevés. J'aurais eu de la peine à enseigner, même d'après les formes auxquelles on est habitué dans les écoles supérieures ; j'en eus à plus forte raison, quand je dus communiquer quelques notions de morale et de religion à des intelligences pour qui tous les mots à peu près que j'employais étaient nouveaux, et qui attachaient facilement à ces mots des idées vagues ou fausses. Quand je vis que les notions données sur Dieu créant le monde et Jésus-Christ sauvant les hommes n'étaient pas entendues comme je le désirais, j'eus recours au récit. Mais l'histoire de Joseph vendu par ses frères, la plus facile et la plus curieuse de toutes, exige elle-même, pour être comprise, quelque connaissance des mœurs de l'antiquité, de l'Orient et de l'Égypte. Or, quand je vis que ces trois derniers mots étaient aussi inconnus à mes élèves que celui auquel ils se rapportaient, le mot *mœurs*, j'allais me décourager encore. Cependant l'enfant est avide d'instruction, et ses facultés ont beaucoup de promptitude. Je vis que je répandais quelques lueurs dans ces intelligences, et j'étudiai le secret d'en répandre davantage. Je le découvris, et à la fin de l'année j'eusse été ravi de recevoir dans mon asile une visite des dames inspectrices d'une des trois villes que j'ai nommées tout à l'heure. J'avais conquis l'attention et l'amour de mes élèves ; il régnait sur leur personne une propreté qu'on citait, et dans leur langage une pureté d'élocution et une netteté d'idées qui étonnaient.

Ces résultats si satisfaisants avaient frappé le maire et le conseil municipal avant moi. Ils m'appelèrent de la salle d'asile à la classe d'adultes, mais je n'eus pas la témérité de passer d'un enseignement aussi inférieur que celui dont j'étais chargé à un autre si différent. Je ne voulus pas non plus rester trop longtemps dans les premiers éléments de l'instruction, car je craignais d'y prendre des habitudes que plus tard je quitterais difficilement. J'acceptai donc avec plaisir la proposition qui me fut adressée de devenir aide d'un instituteur de la campagne. La commune où l'on m'appelait me rapprochait de ma famille, et j'avais à remplir à son égard des devoirs trop sacrés pour ne pas les préférer à toute autre obligation et à toute autre considération.

Comparer, Cochin, *Manuel des fondateurs et des directeurs de salles d'asile ;*—Rey, *Lettres sur les salles d'asile ;*—Van Nerum, chap. VI, Sur les écoles gardiennes ; — *Archives des salles d'asile,* ou Recueil des actes officiels relatifs à ces établissements ; — *De la direction morale des salles d'asile ; — Le Médecin des salles d'asile,* par le docteur Cerise.

Ouvrages pour les salles d'asile : *Images d'histoire naturelle et d'histoire sainte,* avec textes explicatifs ; —*Tableaux de lecture régulière,* et *Tableaux de numération,* publiés chez M. Hachette. — *Alphabet mural.* — *Chants pour les salles d'asile,* chez le même.

CHAPITRE VI.

La première place, ou l'Aide-Instituteur de village. — La première inspection. — Le traitement d'une école de village. — Les illusions et le désappointement. — Les persécutions. — La résignation et les succès. — Le mariage. — L'avancement.

J'avais à la salle d'asile cinq cents francs d'appointements ; c'était beaucoup pour un jeune homme ; c'était presque trop pour moi, car j'ai toujours su dépenser un peu moins que ma recette, et je me trouvais assez riche pour me vêtir avec tout le soin que demande notre état, acheter quelques livres, aider un peu ma famille et faire de petites économies. J'acceptai cependant, en échange de ma position dans un chef-lieu, une place de deux cents francs dans un village. Cela me parut tout simple. Mon père était mort ; ma mère et mes sœurs avaient besoin de m'avoir auprès d'elles. La place qu'on m'offrait m'en rapprochait beaucoup, et si dans ce village je n'étais qu'aide-instituteur, mon patron, qui était vieux et hors d'état de faire le service, m'abandonnait toutes ses fonctions, son autorité et son influence, ne se réservant de sa place que le titre, la jouissance d'un logement, celle d'un jardin et la modique somme de cent francs. Ce qu'on m'offrait était plus séduisant par la perspective du travail que par celle du salaire ; j'acceptai néanmoins avec plaisir.

J'avais d'ailleurs certaines illusions. Chacun sait qu'on est plein de rêves à vingt ans. Je serai, me disais-je, l'un des savants du village ; j'en serai l'un des oracles ; j'y ferai toutes les réformes que je voudrai , et je serai dans peu à la tête d'une école superbe. Pendant les heures de classe, assis sur une estrade, devant un large bureau, je dominerai plus de cent élèves ; j'aurai huit moniteurs sous mes ordres. Les dimanches et les jours de fête, je causerai méthode avec le curé, le maire et les conseillers municipaux , ou je m'entretiendrai avec mes meilleurs élèves, à peu près comme M. de Gerville avec Ernest, dans le *Journal de l'Éducation*. Je serai d'ailleurs le fils adoptif du vénérable patriarche , mon principal. Je ne vous parle pas de mille autres rêves.

Mais que les premiers pas dans la vie sont différents des espérances qu'on s'en forme d'ordinaire, et qu'ils sont durs pour qui ne s'attend qu'à des jouissances d'amour-propre ! Mon désappointement fut complet dès que je mis le pied dans mon école. Point d'estrade, point de bureau, point de sonnette, point de télégraphes, pas même de bancs à pupître ! Au contraire, une salle basse, de larges tables vermoulues, des croisées étroites, une chaise à trois pieds et sans paille, l'odieux bâton et une odeur infecte.

Je changeai sur-le-champ ce qu'il était dans mon pouvoir de changer, je rompis le bâton et j'ouvris toutes les fenêtres. C'était en hiver. Je respirai un meilleur air, mais je grelottai. Les enfants, qui avaient grelotté ainsi que moi, s'en plaignirent auprès de leurs parents, et les parents auprès de mon principal.

Mon principal me reprit. Je plaidai pour l'air pur, on me traita de fou, et l'on me conseilla de mettre, au lieu de mes vêtements de la ville, une capote de drap du pays et des sabots. Quant à cela je n'en fis rien, car j'ai toujours pensé que le costume avait son importance; mais je fus obligé de fermer les croisées et de souffrir avec mes élèves. C'était l'unique moyen d'économiser le bois du principal, et de calmer les alarmes des familles.

Mon principal était le type du *mauvais maître d'école*. Il était malpropre, grossier, buveur, bavard, vaniteux, brouillon, grognard. J'en suis fâché; mais ce portrait, pour lequel il ne doit plus exister d'original en France, n'est pas chargé. On n'estimait pas ce mauvais maître; il était puissant néanmoins, et tout le monde tremblait devant lui; il était le plus vieux, et il avait élevé, c'est-à-dire battu tout le monde: détestable habitude qui expliquait toute la déconsidération dont il était frappé. Elle pesait autrefois sur l'état d'instituteur dans beaucoup de localités.

J'étouffais d'humiliation et de honte, en apprenant peu à peu l'opinion qu'on se faisait généralement d'un instituteur, de ses connaissances, de ses habitudes et de la place qui lui appartenait dans la société. Je tombais dans le plus sombre désespoir, lorsqu'un rayon de lumière vint tout à coup égayer mon horizon. L'inspecteur de l'Académie en tournée me prévint qu'en passant il visiterait mon école. J'allais donc me retrouver en face d'un homme instruit, d'un ami éclairé des écoles et d'un protecteur. Il interrogerait chacun de mes élèves, et sur toutes choses; il passerait des journées entières à l'école ! Je ne dormis pas de joie.

Enfin le grand jour arriva. Mon cœur bondit d'impatience, lorsqu'on m'annonça que dans l'examen qui aurait lieu, on ne verrait que la direction générale, qu'on ne s'adresserait qu'aux élèves les plus avancés, et que l'itinéraire prescrit n'accordait qu'une heure à l'école, pour interroger sur tout : lecture, écriture, calcul, religion.

Ce fut en tout au minimum que se bornèrent les questions de l'inspecteur. Oh ! que je lui eusse su gré d'une demande un peu plus élevée, suivant moi, c'est-à-dire d'une de ces questions de progrès *large* ou d'amélioration *profonde*, comme on dit, qui eût flatté ma vanité aux dépens de la saine direction de mes élèves ! Il fut inflexible. Je voulais qu'il fût venu pour mon amour-propre ; il ne songea qu'au bien véritable de l'école. Sa devise semblait être : *La lettre de la loi et la raison, pas un mot de plus.* Quand tout fut terminé, je ne pris pas même son avis sur l'école. J'eus tort, car c'était un homme d'un mérite éminent, qui avait *servi* avec distinction dans tous les grades, et qui était heureux de *servir* encore son pays. Telle était son expression ; je l'ai bien retenue, et elle convient ; elle marque tout le dévouement que demandent les fonctions publiques. Mais alors j'étais dans la plus profonde douleur, et à son égard de la plus grande injustice.

J'allai voir après l'examen le président du comité local. Je lui parlai de cet examen, mais simplement, car j'ai toujours haï le bavardage et les bavards. Je lui fis connaître mes tribulations, et je le suppliai de venir voir mon école ou de m'envoyer des visiteurs. « Je suis vieux, me dit-il, la commune me tue ; mes collègues ne connaissent pas ou aiment peu l'enseignement ; ils ne viennent pas même aux séances du comité : qui voulez-vous qui aille vous voir ? Faites comme vous pourrez, et que Dieu vous bénisse. » Ces paroles ne me fâchèrent pas, mais elles m'accablèrent. Combien les villages diffèrent des villes, et les jeunes gens sans expérience de ceux qui ont acquis les grandes leçons de la vie !

On m'avait répondu de *faire comme je pourrais*. Je me le tins pour dit, et je résolus de faire à ma tête, de trancher dans le vif, et de tout changer dans mon école. À peine si je pus attendre le retour de l'aurore. Si ce n'eût été la nuit, j'eusse convoqué de suite mes élèves. Le lendemain, je les appelai en tirant la cloche du hameau de grand matin. Il ne me vint que trois élèves, et des plus petits. C'était en été ; les autres étaient allés aux champs. Je versai des larmes ; mais ces larmes qui baignèrent mes joues retrempèrent mon courage. J'avais lu quelque chose sur la lutte de l'homme de bien contre de grandes difficultés ; je résolus d'entreprendre cette lutte et de la poursuivre avec sagesse. Je donnai ma leçon ; je la donnai avec une affection et un dévouement qui me parurent frapper les élèves. Le lendemain, j'en eus dix. Par des jours de pluie, il m'arriva d'en avoir trente ; mais pendant toute la durée de l'été, je ne pus aller plus loin.

Je me promettais la revanche en hiver, et je l'eus, ma salle fut pleine. Alors je commençai la réforme de mon enseignement. Je formai huit classes ; je mis des tableaux sur des planches fixées horizontalement dans les tables, je plaçai des télégraphes, je choisis des moniteurs, je leur donnai mes instructions, je commandai les exercices, j'agitai la sonnette, achetée de mes épargnes comme tant d'autres objets. Je m'étais fait une fête de ce moment : ce fut celui d'une véritable catastrophe. Les cris, les rires, les querelles, le bruit et les réclamations me firent presque perdre la raison dans cette matinée. Je suspendis la leçon. Je dînai mal, car je ne dînai pas. Dans l'après-midi, je reçus de l'autorité, je ne sais par quelle influence, la défense formelle de recommencer *mes extravagances du matin*, et l'ordre de remplacer le bâton que j'avais cassé par un autre de la même longueur.

J'obéis, bien résolu de ne jamais recourir à cette arme. Je fis ma leçon comme à l'ordinaire, et les enfants restèrent persuadés que j'avais eu le matin un accès de folie. C'était la vérité ; car j'aurais dû savoir qu'il faut *préparer* les changements avant de les introduire. J'aurais dû former d'abord des moniteurs, commencer par une seule classe, gagner le maire, le curé et les familles notables, et m'assurer l'appui de leur bienveillance. J'avais méprisé tout cela ; c'est là qu'était la folie.

Pendant la durée de cet hiver, il me fut impossible de faire de grandes améliorations ; chacune d'elles eût été un changement ; or tout changement était désormais une innovation périlleuse, car l'auteur de l'innovation avait gâté sa position. En effet, en ma qualité de *Normalien*, ce qui était assurément mon plus beau titre, j'avais alors si peu de crédit, qu'il

eût suffi que je proposasse la chose du monde la plus
simple et la plus raisonnable pour qu'elle fût con-
damnée. Dans tout le village, il n'y aurait pas eu une
âme, qui, tout en sympathisant d'ailleurs avec moi, se
fût rangée de mon côté. Je fus persuadé qu'on éprou-
vait pour moi une sorte d'antipathie, qu'on m'évitait
autant que possible et qu'on me supposait des opinions
fausses ou dangereuses en matière de foi. On avait dit,
en effet, que je manquais de religion, que j'avais
adopté l'incrédulité des raisonneurs de la ville ou de
l'École, que sais-je? Il n'en était assurément rien, et
il n'y avait pas non plus d'opinion décidée sur mon
compte, mais je me croyais méconnu, calomnié, per-
sécuté. J'étais au moins isolé.

Je me mis à lire, à m'examiner et à prendre de
bonnes résolutions ; je devins plus sage et plus résigné.
Je voulus mieux faire, vaincre toutes les préventions par
une douceur et un dévouement extraordinaires. Je tins
parole. Je conduisis les enfants avec toute la bonté
que permet l'autorité. Cela m'était facile, je les aimais.
Ils me le rendirent bientôt. Ils parlèrent de moi avec
affection. Ils se battirent pour moi entre eux ; ils me
gagnèrent l'amitié de quelques parents. J'eus la majorité des suffrages au commencement du second
hiver, j'en eus presque l'unanimité à la fin de cette
saison.

Depuis longtemps je ne parlais plus de changements
éclatants; mais j'en faisais d'insensibles. Tout à
coup on vint m'en demander de plus décisifs. On me dit
qu'on voyait bien que j'entendais les affaires de l'école
mieux que le village tout entier; que j'étais instruit

et désirais instruire les enfants. On me permit de faire à l'école comme je voudrais; l'argent ne me manquerait pas. Je demandai des bancs, je les eus; des ardoises, une armoire pour les livres, un bureau, des tableaux noirs, une collection d'images d'histoire naturelle et un buste du roi : j'eus tout ce que je voulus. J'eusse demandé un planiglobe, la sphère terrestre et la sphère céleste, j'eusse tout obtenu. Mais j'arrêtai cet élan, crainte d'en épuiser la source. Mon séjour à Vauxbonne, c'est le nom de mon village, fut désormais sinon exempt de peines et de travaux, du moins plein de consolations ; mes enfants apprenaient au delà des leçons que je donnais, et mes moniteurs étaient quelquefois plus ardents et plus exigeants que moi-même.

Il manquait quelque chose à mon bonheur; il manque toujours quelque chose à l'homme, et à son heure dernière il lui reste des vœux à former. J'avais trouvé une famille dans celle de mon patron; je la perdis quand celui-ci mourut. J'eus un instant l'idée d'installer mes sœurs dans une maison qui désormais était à ma disposition, car j'étais nommé titulaire ; mais mon patron laissait des orphelins, et je n'eus ni le courage de leur offrir l'hospitalité, ni celui de les voir sortir de dessous le toit de leur père. Marie, la plus âgée de ces enfants, et qui servait de mère à tous, était dans l'âge de se marier, et on m'engageait à lui offrir ma main pour la ramener dans le foyer où elle avait été la maîtresse ; mais le spectacle si instructif qu'elle avait eu longtemps sous les yeux avait donné à son esprit un développement si supérieur, et à sa piété quelque chose de si élevé, que je n'eusse jamais trouvé de parole pour lui proposer d'unir son sort au mien. Le digne curé de la paroisse nous tint lieu d'interprète, et après avoir servi de père à Marie et à ses frères et sœurs pendant l'année de leur deuil, il bénit notre union.

Nous eûmes alors au sujet de mon beau-père une bien grande consolation ; l'opinion changea par sa mort. On oublia ses mauvaises qualités, on ne se souvint que des bonnes. Ses fautes passèrent pour des faiblesses, et chacun s'accusant d'avoir les siennes, excusa celles du défunt. On finit par en faire un homme de bien. Cette indulgence si humaine, ou plutôt si chrétienne, qui verserait tant de bonheur sur notre existence, si nous n'en ajournions pas si souvent l'expression jusqu'au tombeau de notre prochain, m'apparut alors dans toute sa beauté.

Les épreuves étaient désormais passées pour moi, je le croyais. Époux d'une femme qui comprenait tous mes sentiments, dont le cœur les réfléchissait tous à un plus haut degré de pureté et d'élévation ; jouissant d'une aisance suffisante dans notre intérieur et d'une confiance sans bornes dans la commune, que manquait-il à mon bonheur ? Moins d'ambition et moins de succès. Mais quand on a vu de si près des maîtres distingués et qu'on a été leur commensal pendant deux ans, on s'imagine aisément qu'on serait malheureux de mourir dans l'école du village, instituteur du second degré. Peut-être toutefois aurais-je aussi raison de dire que quand la Providence veut nous confier quelques travaux de plus, quelque poste plus fatigant; quand elle veut nous appeler, je ne dis pas sur un théâtre plus vaste, mais à de plus fortes épreuves, on ne doit pas se dérober à ses desseins. On prête toujours des vues d'ambition à ceux qui avancent, et je crois volontiers que si l'on m'en prêta, ce fut sur bonne hypothèque; je fus pourtant étranger à la nouvelle vocation qui tout à coup vint m'enlever au village et au bonheur tel qu'il venait de m'échoir dans cette première phase de ma carrière.

Les Chambres venaient de voter cette belle loi de 1833, qui vint marquer tout à coup une ère nouvelle dans l'instruction primaire et dans l'éducation populaire. Je reçus bientôt l'exemplaire que m'en adressa M. le ministre de l'instruction publique, ainsi que l'exposé des motifs et la circulaire dont il voulut bien accompagner cet envoi, afin de nous faire comprendre toute la grandeur de la mission à laquelle sont appelés les instituteurs du peuple dans le nouvel ordre des choses [1]. Je lus ces textes avec un enthousiasme que je ne saurais rendre; j'appris la loi par cœur, et je relus sans cesse cette circulaire, qui doit être désormais l'instruction permanente de tout instituteur primaire, si bien elle lui expose le texte de la loi, l'esprit qui l'a dictée, et celui qui doit nous animer, nous qui sommes appelés à mettre en réalité et en vie la pensée du législateur. J'ajouterai que je ne fus insensible ni à la sollicitude dont tout à coup nous étions devenus l'objet de la part de nos chefs les plus

---

[1] Voir à l'*Appendice*, n° III.

élevés, ni aux encouragements dont ils offraient la perspective à notre zèle : je résolus néanmoins de chercher à les mériter toujours sans les solliciter jamais, et à me trouver bien au poste où l'on me placerait, sans jamais intervenir pour une amélioration autrement que par mon travail de tous les jours.

Comparer, Barrau, *Direction morale pour les Instituteurs*, chap. V. Noviciat et début dans l'enseignement ; — Matter, *le Visiteur des écoles*.

CHAPITRE VII.

Examen pour le brevet du degré supérieur. — Ouvrages pour
préparer à cet examen.

Au bout d'une année de plus, mon école était passablement organisée. Elle fut visitée par l'inspecteur
des écoles, et on m'informa, peu de jours après son
apparition, qui fut solennelle et qui laissa des traces
profondes, que, devant diriger un jour les études
d'une école plus élevée, il convenait que j'eusse un
brevet du premier degré. Je me fusse volontiers dispensé de subir un nouvel examen. J'avais passé trois
ans sans en subir; j'avais un peu négligé mes études,
et l'on n'aime pas en général les examens. Je me mis à
scruter les motifs qui me faisaient redouter de nouvelles épreuves, et quand je les eus bien analysés, je
je me convainquis qu'il eût été à désirer que tous les
ans j'eusse eu occasion de subir des interrogations
sur l'état et le progrès de mes connaissances. On se
néglige aisément dès qu'on n'est plus tenu en haleine, et les examens sont d'autant plus avantageux
pour ceux qui les passent, qu'ils leur valent des indications plus précises sur ce qui leur manque. Je me
disposai donc au mien de mon mieux.

Le programme m'intimida d'abord. La *lecture*
d'imprimés et de *manuscrits;* les *écritures bâtarde,*
cursive, ronde; l'*orthographe* et l'*analyse grammaticale*

m'étaient encore assez familières. J'en fus fort aise. Mais si d'autres fois j'avais été presque surpris de la faiblesse de certaines épreuves qu'on m'avait fait faire, je m'effarouchai maintenant de la difficulté de plusieurs autres qui m'attendaient.

En effet, non seulement on revient, dans l'examen pour le degré supérieur, sur toutes les matières de l'examen pour le brevet élémentaire, et pour exiger des réponses beaucoup plus nettes et plus complètes, mais on interroge sur des matières plus difficiles.

Ainsi j'étais bien averti qu'on exigerait une instruction morale et religieuse mieux nourrie, soit sur le catéchisme, soit l'histoire sainte, tant de l'Ancien que du Nouveau Testament ; qu'on demanderait une manière de lire tout à fait intelligente et intelligible, une écriture très exercée, et un exposé très méthodique des meilleurs procédés à suivre pour l'enseignement de la lecture et de l'écriture ; qu'on serait plus exigeant pour la théorie et la pratique de la grammaire et de l'orthographe.

Comme je savais ces matières ; comme je connaissais parfaitement le système légal des poids et mesures, qu'il est impossible de ne pas bien saisir et plus impossible encore d'oublier quand une fois on l'a saisi ; comme je possédais aussi par cœur la loi du 28 juin 1833 sur l'instruction primaire, je ne redoutais nullement ces épreuves, pas plus que celles du calcul et du dessin linéaire.

Mais le candidat au brevet du degré supérieur doit répondre de plus, sur la géométrie, l'arpentage, le toisé et le levé des plans. Il doit avoir des notions des sciences physiques et de l'histoire naturelle applicables aux usages de la vie, connaître les machines les plus simples, posséder les éléments de la géographie et de l'histoire générale, ceux de la géographie et de l'histoire de France, et des notions de la sphère.

Or, sur toutes ces matières si riches et si élevées, je n'avais suivi qu'un seul cours, celui de seconde année. J'avais laissé même s'effacer, pendant les trois années qui venaient de s'écouler depuis ma sortie de l'École normale, quelques unes des notions les plus précieuses que m'avaient données mes maîtres. Quand je voulus recourir à mes cahiers, je trouvai des indications plutôt qu'une exposition complète, et il me fallut recourir à d'autres guides. Je fus heureux d'avoir pris note de la publication du *Manuel des Aspirants*[1], et je conseille à tous les instituteurs d'ouvrir, comme j'avais fait, un registre où ils inscriront, par ordre de matières, les ouvrages utiles et adoptés par l'autorité qui se publient; la peine qu'ils prendront à cet égard leur épargnera bien des recherches stériles.

Cependant, ce que je leur conseille avec la même sollicitude, c'est d'avoir des cahiers complets, de les tenir bien au courant au fur et à mesure qu'ils étendent leurs lectures, et de ne jamais négliger aucune branche de leurs études.

Grâce à mes cahiers, au *Manuel général* et à plusieurs volumes que me prêtèrent obligeamment quel-

---

[1] *Manuel des aspirants au brevet de capacité pour l'enseignement primaire supérieur*, par MM. Lamotte, Achille Meissas et Michelot; 1 fort vol. in-18, format jésus. Prix, broché, 7 fr. ; chez L. Hachette, rue Pierre-Sarrazin, 12, à Paris.

ques amis de l'enseignement, grâce aussi aux sacrifices que je fis pour me procurer des instruments d'arpentage, une sphère et certains appareils de physique, les moyens de me préparer convenablement se trouvèrent enfin réunis. Mais il me fallut six mois d'un travail assidu pour voir ces matières, et six autres mois pour les repasser. J'eusse plus sagement fait de ne pas mettre un si long intervalle entre ma sortie de l'École normale et cet examen. Il est très vrai que de tout ce qu'on exigeait, rien ne m'était étranger ; mais je n'en avais rien étudié non plus avec assez de profondeur pour tenir le tout dans ma mémoire.

Cependant, si j'eus besoin d'un an pour me préparer ; si je fus obligé d'emprunter d'un membre de la commission d'examen quelques uns des livres que j'avais besoin de consulter, et si cela me couvrit de confusion, j'eus aussi quelque joie. Quand on a les notions élémentaires d'une science, la répétition en est une sorte de jouissance. On est tout étonné de comprendre si aisément ce qui jadis offrait tant de difficultés. Où plus jeune, on ne voyait que des mots et des théories stériles, on voit dans l'âge mûr toute une série d'applications les unes plus directes et plus avantageuses que les autres.

Un instant j'avais voulu m'en tenir aux *résumés* d'une autre époque, de ce temps où tout se mettait en *abrégés* et en *beautés*, comme maintenant tout se met en *manuels* ; mais ces tristes et sèches productions, squelettes qui n'ont pas de vie et qui n'en communiquent point, fatiguent l'attention et ne laissent rien dans la mémoire. Il est vrai que les ouvrages trop volumineux ont l'inconvénient que la plupart des lecteurs ne se les procurent pas, ou n'en achèvent pas l'étude, mais il faut des traités complets et clairs, à la portée du lecteur.

En prenant une année entière pour me mettre en état de passer l'examen, je me conformais à ce principe, qu'il ne faut se présenter devant des examinateurs qu'avec la certitude d'être reçu, et qu'il ne faut jamais s'exposer de gaieté de cœur à une humiliation. Rien n'abrège d'ailleurs un examen comme une bonne préparation, et rien n'est plus doux que de s'en être tiré avec honneur. C'est un souvenir qui vous reste toujours, qui vous donne une sorte d'attitude dans l'exercice de vos fonctions et dans vos rapports avec vos supérieurs, comme dans ceux avec vos inférieurs.

J'ignore si mes examinateurs furent contents de moi; je fus enchanté d'eux. Leurs questions m'avaient ouvert quelques points de vue nouveaux, et mon brevet du premier degré me fut bien cher. Les études qui y conduisent étant d'un ordre supérieur élèvent la pensée un peu au dessus de la sphère trop étroite et trop monotone de l'ancien enseignement. Quand on est instituteur du premier degré, on n'est pas homme de lettres, pas homme de science, et l'on aurait grand tort de s'imaginer le contraire; mais on jouit de tout ce qu'on s'est mis en état d'entrevoir de beau et de grand dans les œuvres du créateur et dans les facultés morales et intellectuelles qu'il a données à l'homme.

Mon examen étant passé, je songeai sérieusement à l'organisation complète de mon école, au plan général de l'enseignement et au réglement de discipline qui devait la gouverner.

Les écoles du degré élémentaire devant conduire les élèves aux connaissances indispensables à tout homme, à tout citoyen français, et le séjour qu'un enfant des campagnes fait ordinairement à l'école étant de sept ans, je répartis sur cet espace de temps les études fixées par la loi et les instructions de l'autorité. Dès l'origine, le *maximum* était dans mes vœux et dans mes calculs, et je prescrivis successivement pour chacune des sept années celles des études qu'exigeait le plan général. Mais mon programme était à peine adopté par le comité local et le comité supérieur [1], que je fus séparé de l'école qui me l'avait inspiré.

Pour la continuation des études, avant et après les examens : *Manuel général de l'Instruction primaire*, 12 cahiers par an, chez L. Hachette.

[1] Voir à l'*Appendice*, n. IV.

CHAPITRE VIII.

L'école du chef-lieu de canton. — Les maîtres clandestins et les instituteurs privés. — Les améliorations. — L'inspection. — Les registres de l'école.

Les comités institués en 1833 étaient entrés en activité avec un zèle extraordinaire, et d'une école à l'autre leur influence se fit sentir aussitôt comme un coup électrique. Des hommes jeunes et intelligents avaient été appelés dans ces commissions par le choix de l'autorité ou portés de droit par les conseils municipaux et les conseils généraux. Deux personnes du comité dont je relevais entendirent parler de mon école, vinrent me voir et prirent leurs notes. Ils me firent appeler quinze jours après au chef-lieu du canton, sur la proposition du comité local, avec un traitement de 800 francs, quelques accessoires et un logement convenable. Je ne crus pas devoir refuser. Six semaines après, je fus installé avec cette sorte de solennité qui est de si bon calcul et de si bonne influence sur l'esprit de l'instituteur comme sur l'ensemble de ses élèves. Je trouvai encore une école déplorable, école où la lecture, l'écriture et le calcul, qui formaient tout le programme des leçons, étaient également mal enseignés et mal sus. Mais je compris cet état de choses; c'est par la raison que l'école n'était pas bonne que la commune avait donné la retraite au vieux maître et m'avait appelé à sa place.

J'avais donc mission de mieux faire, et par conséquent de changer ; je fus pourtant assez sage pour faire peu d'améliorations dès le commencement. Je m'informai, au contraire, de ce qui s'était fait jusqu'alors ; je conservai les mêmes livres et les mêmes heures d'enseignement. Je ne modifiai sur-le-champ que la discipline. Avant de réformer le reste, je voulus connaître l'esprit de la commune, le caractère des enfants, le fort et le faible de chacun et de chaque chose. On trouva d'abord que j'étais lent à me décider ; on imagina même qu'on s'était trompé en moi ; on vit pourtant bientôt que j'avais d'excellentes intentions et quelque expérience. Aussi je parvins à vaincre de grandes difficultés, et à désarmer de fortes passions. Il y en avait.

En effet, à l'engouement des uns pour la méthode de l'enseignement mutuel répondait l'engouement des autres pour la méthode simultanée, et s'il y avait chez ceux-ci impatience de voir s'établir la première, ceux-là s'intriguaient pour empêcher l'adoption de la seconde. Je vis bien qu'il ne fallait donner tort ou raison ni aux uns ni aux autres ; qu'une transaction seule pourrait satisfaire tout le monde, sans blesser personne, et je pris les mesures nécessaires pour introduire une méthode mixte où chacun trouvât quelque chose de ce qu'il préférait. Tout ayant enfin été préparé par mes soins, les bancs, les tableaux, les livres, les exemples d'écriture, et surtout les moniteurs, je débutai.

Il y eut d'abord un peu de confusion parmi mes deux cents élèves, et j'aurais mieux fait de procéder par sections ou classes, au lieu de changer le mode d'enseignement de l'école tout entière, mais au'bout d'une semaine tout marcha bien. Cependant quelques amours-propres de famille se crurent blessés par le choix de mes aides. Cela suffit pour faire décrier mon œuvre et donner à mon prédécesseur une popularité dont il n'avait jamais joui de sa vie. Un maître clandestin qui était parvenu à un brevet, et que des complaisances locales avaient favorisé au point d'en faire un instituteur privé, profita de ces mécontentements pour agiter la commune et y dresser autel contre autel. Il prôna un enseignement à peu près *individuel* contre un enseignement qui offrait les avantages de la simultanéité. Établi au rez-de-chaussée d'une maison tombant en ruines, il *parquait* ses enfants dans une pièce de quarante pieds carrés, à moitié remplie de sa nombreuse famille, dont les aliments se préparaient dans cette pièce même.

Cependant une partie de la population préféra cette école à celle de la commune.

Le maire, le curé et le juge de paix me soutenaient de toute leur autorité ; mais, en fait d'enseignement, c'est moins l'autorité que la supériorité qu'il faut invoquer. J'eus recours à cette puissance, qui soumet les esprits un peu lentement, mais sûrement. Bientôt on délaissa le colporteur d'ignorance et l'on vint à moi.

Dès que j'eus un peu de calme, j'écrivis à M. l'inspecteur des écoles primaires pour le prier de visiter mon école en y mettant le plus de temps possible. C'était de ma part une indiscrétion. Je devais faire mon devoir et laisser à mes supérieurs le soin de faire le leur comme ils l'entendaient. J'eus une réponse qui m'annonçait, je le crus un instant, une visite un peu exigeante. Il ne fallait pas moins que cela pour me réconcilier avec l'inspection. J'aime les révisions sévères ; elles sont les seules bonnes. Seules elles font effet sur les élèves et les maîtres. Elles donnent aux uns et aux autres un merveilleux élan ; elles rompent la monotonie de la routine, qui tue les écoles en endormant les élèves et leurs chefs.

Je ne tardai pas à me mettre en mesure de bien passer la revue que j'avais provoquée.

Je commençai par l'extérieur. J'ai toujours pensé qu'en France, comme ailleurs, pour une inspection l'extérieur était une chose essentielle. Je fis en sorte que désormais ma salle fût balayée le soir à la sortie des classes, et le lendemain, par duplicata, à quatre heures du matin. Je ne voulais plus avaler de poussière ni en faire avaler à mes enfants. De cinq heures du soir à huit heures du matin, les portes et les croisées restèrent ouvertes sans interruption.

Cela fit d'abord jaser. On me trouva extraordinaire. Mais bientôt l'habitude d'une grande propreté parut si bonne, et celle d'un air pur si salutaire, que la recherche de la propreté dans les appartements et le soin de la pureté de l'air furent poussés dans ma maison aussi loin que possible. On vint me visiter uniquement pour voir la beauté de l'école, et je suis persuadé que cette circonstance contribua beaucoup, avec mes autres travaux, à me gagner la considération qu'on m'accorda dans cette commune.

De la propreté du local, je passai à celle du personnel de mes élèves, des cahiers, des ardoises, des livres, des tableaux. Je gagnai d'abord les moniteurs, et ils donnèrent à leurs camarades l'exemple d'une habitude dont j'avais pris la peine de leur donner l'exemple et le goût. Tous les jours, au sortir des classes, ils dirigèrent vers tous les yeux ces mots écrits en gros caractères : *Soins de propreté au retour à la maison. Propreté parfaite en toute chose.*

Après cela, je songeai à la bonne tenue et aux manières de mes élèves. J'exerçai les moniteurs à se présenter convenablement, à se bien tenir, à se mouvoir et à marcher avec quelque aisance, à s'énoncer avec netteté et avec politesse, sans balbutier, sans hésiter, et sans accentuer à contre-sens.

Je conjurai mes petits aides de communiquer ces leçons à leurs sections, d'exiger de leurs élèves ce que j'exigeais d'eux, mais de l'exiger avec une patience inaltérable et une infatigable persévérance.

J'attachais surtout une haute importance à corriger le langage, et j'appris à tous mes bons élèves l'art de modérer leur voix de manière à ne jamais faire entendre de cris aigus. Moi-même, qui avais encore l'organe criard et des intonations qu'on aurait pu appeler un accent de *maître d'école*, j'adoucis mes articulations au point d'éviter toute espèce d'éclat de voix, de son rude ou désagréable. J'avais déja remarqué que moins on parle haut et plus les enfants vous écoutent; je m'étais aperçu, au contraire, que les paroles trop fortes les excitent au point de rendre difficile le maintien de la discipline dans leurs rangs.

Je fus bien obligé quelquefois de faire usage de la sonnette ; mais je remplaçai l'espèce de cloche que j'avais trouvée en arrivant par la timbale la plus douce que je pusse me procurer. Pour faire cesser le bruit auquel les ardoises donnaient lieu auparavant, je les fis incruster. Je tâchai de suppléer aux sons par les signes et les regards, et je m'appliquai particulièrement à faire amortir le bruit du pas militaire qui accompagnait certains exercices, et qu'on exagère d'une manière si choquante dans certaines écoles où l'on n'y a pas encore renoncé. J'y parvins en faisant chanter quelques airs simples et touchants, et je vis avec plaisir que j'enlevais aux pieds tout ce que je donnais de force à la voix.

Je vis avec bien plus de plaisir encore que toute cette attention, portée sur l'extérieur, avait excité l'émulation des enfants pour des choses beaucoup plus sérieuses. Déjà c'était à qui s'observerait avec plus d'attention, j'oserais presque dire plus de goût, pour le dehors ; et si j'eus toujours le même nombre de pauvres, du moins je n'eus plus désormais d'enfants malpropres. Il me tarde maintenant d'en venir à la partie morale et intellectuelle.

L'amélioration de la discipline étant préparée comme je viens de le dire, j'annonçai que j'ouvrirais un registre pour y inscrire les noms des absents, la bonne ou mauvaise conduite, la bonne ou mauvaise récitation des leçons, les récompenses et les punitions. J'ouvris ce registre, et j'esquissai dans une dictée le portrait du bon écolier, portrait qui n'était autre chose qu'une instruction directe.

Enfin, je racontai, deux fois la semaine, des anec-
dotes propres à recommander les qualités qui distinguent le bon élève et l'enfant vertueux.

Tout cela est considéré souvent comme chose secondaire, et l'enseignement passe pour le principal.
Je ne me dispute plus avec qui que ce soit à ce sujet,
parce que je n'ai jamais rien vu résulter de ces sortes de discussions où l'on en reste aux paroles ; mais
j'eus bientôt pour moi l'expérience et la preuve la plus
complète que ce dont je viens de parler est la base de
tout bon enseignement.

L'enseignement eut alors son tour. La lecture, l'é-
criture et le calcul me préoccupèrent d'abord. Ces
exercices furent tous perfectionnés.

J'introduisis l'étude intelligente de la grammaire,
de la géographie et du dessin linéaire, et je ne souffris
pas que, dans ces travaux, on passât sur un seul mot
qui ne fût pas *compris* avant d'être appris.

Je voulais en un mot satisfaire mon inspecteur *aux
lettres sévères.*

Environ trois semaines après mon invitation, il
vint un beau jour à six heures du matin s'installer
dans ma salle et voir arriver les enfants les uns après
les autres. Il m'avait précédé moi-même à mon bureau, ce qui était pour moi une leçon bien précise, et
dont je fis désormais mon profit.

Dès que les élèves furent arrivés, il se mit à diriger
successivement tous les exercices, en m'invitant de
temps à autre à faire une question, à interroger aussi
mes élèves.

Il nous retint cinq heures, et personne n'eut la

moindre envie de quitter la classe. Quand il eut terminé, il me serra affectueusement la main, me dit qu'il était content, et me laissa en me prévenant qu'après le dîner il m'inviterait à lui donner quelques détails. Il vint en effet m'en demander beaucoup, me donner de bonnes indications, et me laissa pressentir que je n'avais pas encore trouvé la station où je devais terminer ma carrière. Avant de me quitter, il jeta un coup d'œil sur mes registres et me chargea de lui adresser une note sur la manière dont j'étais arrivé à les établir. Mes enfants étaient aussi enchantés de cette visite que moi-même; et, quinze jours après, j'adressai à M. l'inspecteur les détails qui m'étaient demandés.

« Il n'y a rien ou peu de nouveau dans l'arrangement de mes registres, y disais-je. Ce qui a pu vous frapper en les examinant, ce n'a pu être que la scrupuleuse exactitude avec laquelle ils sont tenus. Voici ces registres.

« N° 1. *Registre d'inscription des élèves*, indiquant, avec un numéro d'ordre pour chacun, la date de son entrée, ses nom et prénoms, la profession et la demeure de ses parents, la classe dans laquelle il a été reçu, celles dans lesquelles il a passé successivement, sa conduite pendant les différents semestres, ses absences.

« N° 2. *Registre d'appel*, pour constater les absences de chaque jour. L'absence du matin s'indique par un trait horizontal, celle du soir par un trait vertical ; la réunion de ces deux signes en forme de croix marque l'absence du matin et du soir. C'est le moniteur général qui prend les notes. A la fin de chaque semaine, je lis ce registre aux élèves ; à la fin de chaque trimestre, lecture en est faite devant les membres du comité local qui visitent l'école.

« Ce registre est plus efficace que toutes les exhortations, tous les réglements, toutes les peines ; on redoute d'y être porté, et l'on vient en classe pour ne pas s'exposer à cet affront. Ce registre d'ailleurs m'est indispensable pour ma correspondance de tous les samedis. En effet, dans la soirée de ce jour, j'adresse aux pères et aux mères dont les enfants ont manqué aux leçons le billet suivant : « Votre fils s'est absenté..... « fois pendant la semaine qui finit. Je vous serai « obligé de me faire connaître le motif de ces ab- « sences. »

« Un exploit d'huissier fait ailleurs moins de peur que n'en font chez nous ces petites épîtres : on m'envoie les enfants pour s'épargner la peine d'en recevoir ou l'embarras d'y répondre. C'est une sorte de violence morale que j'exerce sur les parents, je le sais bien ; mais je l'exerce au profit de l'enfance.

« N° 3. *Registre des récompenses.* Je l'appelle le *livre d'or* ; il est relié en rouge, avec une croix d'or. Cet appareil excite l'émulation et augmente le plaisir d'y être inscrit.

« N° 4. *Registre des punitions.* C'est notre livre noir, c'est l'inverse du n° 3. Je le détruis tous les ans ; il ne doit pas rester trace d'une faute au delà de ce terme.

« N° 5. *Registre de correspondance.* J'y copie toutes les lettres que je reçois de M. le recteur de l'académie et de M. l'inspecteur des écoles, de M. le préfet et de M. le sous-préfet, président du comité supérieur, de M. le maire, président du comité local, ou des membres délégués par le conseil municipal. J'y inscris aussi les minutes de mes demandes, de mes rapports, de mes tableaux, de mes réponses.

« N° 6. *Registre des visiteurs.* Il est destiné à recevoir les observations des membres du comité et de l'Académie qui inspectent l'école.

« Il n'oblige pas les visiteurs à examiner avec plus de soin qu'ils ne veulent, ni surtout à y mettre de ces phrases élogieuses et vides de sens qui n'apprennent rien à personne ; mais il me met dans leur confidence, me révèle leurs vœux et les invite à m'adresser leurs observations et leurs conseils.

« N° 7. *Registre ou inventaire du matériel, des tableaux, ardoises, livres, instruments, etc., appartenant à l'école* [1].

« J'ai entendu parler d'instituteurs assez peu instruits pour confondre les propriétés de l'école avec les leurs ; assez insouciants pour les dilapider ou les emporter lorsqu'ils changent de place. Je n'ai pas voulu qu'un soupçon de ce genre pût jamais s'élever à mon égard. Mon registre, contresigné par le maire, de trimestre en trimestre, atteindra facilement mon but.

« N° 8. *Registre de comptabilité.* La commune me chargeant de la plupart des acquisitions qui intéressent l'école, je suis dans le cas de tenir un compte officiel des recettes et des dépenses qui se rapportent à cet objet.

Voir le *Visiteur des Écoles,* pages 102 et 118.

« N° 9. *Journal de l'école.* C'est un de ceux que je tiens avec le plus de soin. Il appartient à l'avenir. J'y consigne les visites, les examens, les distributions de prix, tous les changements un peu notables dans l'enseignement et la discipline. Je m'oblige par ce moyen à réfléchir plus mûrement sur ces objets ; car, en relatant dans ce journal les faits qui s'y rapportent, je me place sans cesse en regard des successeurs que j'aurai un jour dans mon école, et à qui je ne voudrais pas laisser des notes insignifiantes.

« N° 10. *Livrets de conduite pour chaque élève.* Ces livrets appartiennent aux écoliers. J'y inscris leur conduite à la fin de chaque semaine. Les parents apposent leur signature à mes notes, et les accompagnent quelquefois de leurs observations. Je suis devenu, par ce moyen, le conseiller et l'ami de toutes les familles.

« Vous voyez, M. l'inspecteur, que tout cela est bien simple, et qu'il ne faut pour l'exécuter partout qu'un peu de bonne volonté et un peu de réflexion sur ce qu'on fait. »

Je n'eus pas de réponse sur ce rapport ; mais, dans une instruction que l'Académie distribua trois mois après, aux instituteurs du ressort, la tenue des registres dont je viens de parler leur fut vivement recommandée. Ces sortes de réponses sont de si glorieuses récompenses, que je suis tout confus de l'indiscrétion qui vient de passer mes lèvres. Je me gardai bien désormais de parler de ce qui s'était passé lors de l'inspection de mon école ; j'excitais déjà trop de jalousie dans l'esprit de mes confrères pour avoir l'idée de leur dire qu'on avait pris chez moi les modèles de ces registres. D'ailleurs, la moindre imprudence à cet égard faisait tort à la bonne cause autant qu'à moi. Quand on veut faire le bien dans ce monde, il faut savoir agir et se taire.

Mon inspecteur suivait cette maxime avec une rare perfection. Une année ne s'était pas écoulée, que je reçus par son intervention la mission d'organiser au chef-lieu du département une école primaire supérieure, et d'en prendre ensuite la direction. Cette place était très recherchée et assez lucrative; mais elle ne valait la mienne sous aucun rapport, et elle m'enlevait toute espèce de loisir. Si elle me donnait un traitement supérieur à celui dont je jouissais, elle m'arrachait à de nombreux amis et me transportait sur un théâtre plus difficile. J'obtenais des résultats satisfaisants où je me trouvais et j'étais content de mon sort; j'étais plein de reconnaissance pour tous les biens que m'accordait celui dont la force me soutenait, et je n'étais pas sûr de réussir ailleurs : pourquoi changer?

J'acceptai néanmoins, faute de raisons suffisantes pour refuser. Il me parut aussi que cette position me formerait davantage.

Nous avons d'ordinaire pour nous décider dans ces cas deux ou trois considérations principales, et quelquefois c'est au fond une quatrième très secondaire qui l'emporte. J'ignore combien il y eut de considérations secondaires pour me décider; mais le fait est qu'en échangeant le séjour d'une petite ville contre celui d'une plus grande, je descendais plutôt que je ne montais d'un degré sur l'échelle de ce qu'on appelle le bonheur de ce monde. Je franchis néanmoins ce degré, mais je versai des larmes en quittant le chef-lieu de canton. Si j'avais su les peines de tous les genres qui m'y attendaient, mon cœur eût tressailli quand j'entrai dans le chef-lieu du département. Cependant, quand même j'aurais pu pressentir que ma santé s'y ruinerait et qu'un jour je regarderais comme une faveur d'en sortir, j'y serais peut-être allé encore, car alors je n'aurais envisagé la question que sous le point de vue du devoir. Mais que j'eusse été à plaindre ! et combien l'homme serait malheureux s'il savait ce qu'il brûle tant de connaître, son avenir ! Que la Providence qui l'enveloppe pour lui de tant de nuages est généreuse et tendre pour le faible mortel !

Plus je m'éloignais de ma dernière station, et plus j'en éprouvais de peine. J'avais eu là des jardins et des champs : on ne s'arrache pas à la nature sans jeter en arrière un douloureux regard d'adieu, sans éprouver un long serrement de cœur et d'éternels regrets, on peut m'en croire.

Pour la direction d'une école de chef-lieu de canton ou d'arrondissement, voir l'ouvrage de M. Matter, *Manuel des écoles primaires, moyennes et normales.* Chap. 40, p. 158.

CHAPITRE IX.

La direction d'une école primaire supérieure. — Observations sur les diverses nuances d'écoles supérieures. — Écoles industrielles. — Écoles préparatoires. — Classes de français. — Cours industriels. — Ecoles d'adultes.

L'article 10 de la loi, de la grande loi de 1833, porte, qu'outre l'école élémentaire « les communes chefs-lieux de département et celles dont la population excède six mille âmes devront avoir une école primaire supérieure. »

Quelle est l'instruction que doit donner une école primaire supérieure ?

La même loi répond dans son article 1er : « L'instruction primaire supérieure comprend nécessairement (en outre des objets de l'enseignement élémentaire) les éléments de la géométrie et ses applications usuelles, spécialement le dessin linéaire et l'arpentage, des notions des sciences physiques et de l'histoire naturelle, applicables aux usages de la vie, le chant, les éléments de l'histoire et de la géographie, et surtout de l'histoire et de la géographie de la France. »

Entre l'enseignement d'une école primaire et celui d'un collége, il y a une différence très grande, il y a une lacune que vient remplir l'instruction primaire supérieure. Aussi la création de ce genre d'écoles est peut-être le plus grand bienfait de la loi de 1833. Mais plus ce genre d'écoles est indispensable dans certaines localités et facile à établir, comme cela résulte de ce fait, que 103 communes qui n'y étaient pas obligées ont créé des écoles supérieures, et plus elles ont de peine à s'établir dans d'autres localités. Aujourd'hui encore, sur 290 communes que concerne la loi, il n'y en a que 161 qui s'y soient conformées [1].

La commune qui m'appela était une de celles que désignait la loi ; mais elle était, d'ailleurs, animée d'une telle ardeur pour le progrès de l'enseignement, qu'elle eût fait spontanément ce qu'exigeait d'elle le législateur. Chargé par ses magistrats de présenter un plan d'organisation, je commençai par m'entourer de tous les documents publiés à ce sujet. Je relus l'exposé des motifs de la loi de 1833, la circulaire ministérielle qui la suivit de près, l'ouvrage où M. Cousin fait connaître l'organisation des meilleures écoles de l'Allemagne, et tous les programmes des écoles supérieures déjà établies en France. Je fus frappé des différences que présentaient des établissements désignés sous le même nom ; mais le législateur avait prévu ces nuances. Il avait dit, article 1er de la loi de 1833 : « Selon les besoins et les ressources des localités, l'instruction primaire pourra recevoir les développements qui seront jugés convenables. » Il avait donc confié à l'intelligence de chaque localité la mission de se donner tous les perfec-

---

[1] Rapport de M. Villemain, ministre de l'instruction publique, du 1er novembre 1841.

tionnements que demanderaient ses intérêts spéciaux. Et il avait bien fait; car il était impossible que toutes les écoles primaires supérieures fussent organisées sur le même type. Il est des localités qui sont hors ligne. Je ne parle pas de Paris, où, à côté et au dessus de toutes les écoles primaires supérieures qui pourront être créées, il faudra toujours une série d'établissements spéciaux, où l'Institut commercial, le Conservatoire des arts et métiers, l'École centrale des arts et des manufactures verront encore surgir auprès d'eux une série d'autres institutions, toutes étrangères à l'enseignement des langues classiques et toutes différentes les unes des autres, ou des écoles consacrées aux professions littéraires. Mais je parle d'abord des villes de Nantes, Bordeaux, Lyon, Marseille, Rouen, Saint-Étienne, Mulhouse, qui demandent une instruction populaire d'un degré supérieur, à la fois spécial et varié. Je parle ensuite des villes de Lille, de Strasbourg, de Nîmes, de Montpellier, de Toulouse, de Rennes, de Versailles, de Châlons, de Troyes, de Dijon, de Grenoble, de Besançon, qui forment encore des catégories hors ligne.

Pour répondre à la confiance qu'on m'accordait, je ne me bornai pas à étudier les documents, je voulus voir les écoles. J'obtins un congé ou plutôt une mission de trois mois pour faire d'utiles visites, et je m'assurai dans cette tournée qu'il y avait encore plus d'espèces d'écoles primaires supérieures que je n'avais pensé. Ici c'était une simple école élémentaire un peu renforcée et rattachée à cette école; là une classe de français ou de rhétorique un peu affaiblie et rattachée au collége; ailleurs, une sorte d'école industrielle, d'école commerciale ou d'école agricole; plus loin, une espèce d'école préparatoire aux écoles spéciales du gouvernement. En un mot, je ne vis pas deux écoles primaires supérieures qui se ressemblassent, et j'en vis quelques unes que je ne saurais classer dans aucune des catégories que je viens d'énoncer. Je fis mon choix conformément aux besoins de la localité qui m'appelait dans son sein, et je présentai le plan d'une école supérieure véritable.

Nous ne fondâmes pas une simple classe supérieure rattachée à quelque école élémentaire, par la raison qu'il en existait deux, l'une du mode mutuel, l'autre du mode simultané, et que nous devions, non pas faire des conquêtes sur l'une ou l'autre, mais continuer l'œuvre de toutes deux. L'école primaire supérieure de Châlons, qui est indépendante du collége, de l'école des arts, de l'école normale, de l'école des frères de la doctrine chrétienne, de l'école municipale du mode mutuel, et qui n'ajoute au programme légal que la comptabilité commerciale, quoiqu'elle compte dix maîtres, dont deux surveillent les études, fut une de celles qui nous servirent de modèles [1].

Nous n'eûmes pas l'ambition de préparer comme elle des sujets pour l'École normale et pour l'École des arts et métiers. Mais, comme elle, nous calculâmes un établissement pour cinquante pensionnaires ou demi-pensionnaires, dont vingt jouiraient des

---

[1] Voir son Programme dans l'*Appendice*, n° V.

bourses ou fractions de bourses de la commune, et cinquante externes, dont la charité d'une association de bienfaisance prendrait une partie à son compte, en ce qui concernerait l'habillement et les livres nécessaires. Un local très spacieux avec un jardin suffisant fut donné par la ville ; le pensionnat demeura à ma charge ou à mon bénéfice. La ville, voulant avoir des fonctionnaires et non pas des industriels, me fit un traitement convenable et alloua des indemnités aux maîtres-adjoints. On m'en accorda deux logés avec moi, et dont l'un m'aida pour l'enseignement des notions de sciences , l'autre pour l'enseignement qu'on pourrait appeler littéraire, puisqu'il embrasse, avec la grammaire, l'histoire et la géographie, tous les genres de rédaction nécessaires à la classe des artisans instruits. L'instruction morale et religieuse fut donnée par un jeune ecclésiastique sorti lui-même de la classe des artisans, et qui trouva sublime la mission qu'on lui confiait. Il se logea avec nous, et nous tint lieu de réglement de discipline pour le lever et le coucher des élèves, car ce fut toujours lui qui les mena au dortoir, après leur avoir dit les prières du soir, et les accueillit à leur sortie du lit pour leur dire celles du matin. Dans les programmes que je présentai dès l'origine sur celles des branches de l'enseignement qui en demandaient, tout se borna à l'instruction définie par la loi, et je veillai toujours avec un soin extrême à ce que nous ne nous en écartassions pas pour le plaisir de briller. Dans une école de ce genre, rien ne doit rivaliser avec l'enseignement d'un collége, et je bannis sévèrement toute tendance ambitieuse, tout exercice de style inutile ou de vaine déclamation. On plaît sans doute aux jeunes gens en leur donnant à traiter des sujets d'imagination ou de sentiment ; mais on peut leur plaire ainsi et leur faire beaucoup de mal.

Je comprends dans d'autres localités d'autres écoles supérieures. A Nantes et au Havre, les écoles de ce genre doivent préparer les jeunes gens à certaines notions de commerce et de navigation [1].

Ailleurs, l'école supérieure ne sera guère qu'une école industrielle.

A Strasbourg et à Mulhouse, où plusieurs écoles élémentaires sont presque des écoles supérieures, il ne faudra plus qu'une école industrielle pour satisfaire à tous les besoins. Mais le programme de cette école différera complétement de l'école primaire supérieure de Montpellier, où prédominera l'esprit de science qui convient dans une localité toute dominée par des facultés de sciences et de médecine [2].

Ailleurs, ce sera à l'enseignement du collége communal que devra se rattacher l'école primaire supérieure. Elle se bornera à des cours annexes de cette nature, comme à Lorient, comme à Quimper, comme en un grand nombre d'autres villes. « La confiance des familles n'en serait pas moindre, » a dit une voix imposante ; « leur amour-propre en serait plus satisfait à quelques égards... et ainsi pourrait

[1] Voir dans l'*Appendice,* n° VI, le programme de l'École supérieure de Nantes.

[2] Voir à l'*Appendice,* n° VII, les programmes des écoles de Strasbourg, de Mulhouse et de Montpellier.

se multiplier plus vite ce qui existe dans d'autres pays sous le nom d'*écoles intermédiaires*, d'*écoles bourgeoises*[1]. »

Dans des localités plus importantes, l'école supérieure, rattachée au collége royal, deviendra à la fois, comme à Versailles, un cours préparatoire aux écoles du gouvernement, un ensemble de cours industriels et une classe de rhétorique française.

Mais ce sera une exception, comme la localité où elle fait fortune. Et plus souvent ce sera aux leçons d'une forte école dirigée par les frères de la doctrine chrétienne, comme celles d'Orléans, de Clermont ou de Limoges, ou à un pensionnat populaire comme celui qu'à Dinan protége M. de la Mennais, supérieur-général des frères, que s'unira le mieux l'utile instruction que réclame la classe élevée parmi les classes inférieures.

Ce sera quelquefois une école d'adultes, rattachée à l'école élémentaire, à l'école industrielle ou à l'école normale, car l'école d'adultes aussi peut varier beaucoup. Elle sera ici une simple école de lecture, d'écriture et de calcul. Ailleurs, on joindra à ces exercices le dessin linéaire, des notions d'économie domestique, de technologie, de physique, de chimie, de géométrie élémentaire. Plus loin, on sentira le besoin de donner des notions d'instruction morale et religieuse ; car on ne saurait abandonner, sous ce rapport, ni ceux dont la première éducation a été négligée, ni ceux qui sont livrés chaque

---

[1] Paroles de M. Villemain dans le beau rapport déjà cité.

jour à la séduction d'enseignements et d'exemples également funestes. Et plus les passions agitent l'âge des adultes, plus on voudra mettre de sollicitude à prévenir un mal trop général et trop connu pour ne pas mériter une attention spéciale.

Mais ce ne sera jamais avec l'école agricole qu'il faudra confondre l'école primaire supérieure. L'école agricole est une chose spéciale, et ne peut se rattacher dans l'instruction primaire qu'aux écoles normales, et que d'une manière secondaire, comme l'école d'adultes. Je n'en parlerai donc qu'après la plus grande des institutions à laquelle j'aie été appelé, après l'École normale. En effet, je dois maintenant rendre compte de ce que j'ai fait comme directeur d'une école normale, car cette haute position m'échut quand à peine je dirigeais l'école supérieure depuis quelques années. Ce fut beaucoup trop tôt, assurément ; mais à cette époque les instituteurs primaires qui avaient fait des études complètes étaient trop rares pour n'être pas appelés à des fonctions souvent bien supérieures à leur mérite.

Comparer, pour la direction d'une école supérieure, Matter, *le Visiteur des Ecoles*, p. 120, Du caractère spécial de ces institutions ; page 121, Instruction ministérielle.

CHAPITRE X.

L'École normale. — Matériel. — Salles de classes, d'études et de musique. — Salle de bains. — Dortoirs. — Exercices gymnastiques. — Jardin. — Cabinet de physique. — Collection d'instruments aratoires. — Bibliothèque.

J'ai déjà dit comment il se fit que je fus appelé si jeune à la tête d'une école normale; c'est que j'étais entré dans la carrière à une époque d'exception. Mais je souhaite sincèrement qu'il n'arrive à nul de mes amis d'être chargé d'un fardeau aussi pénible avant l'âge et l'expérience nécessaires. Ce qui me soutint, c'est que je n'avais fait qu'obéir en acceptant la direction d'une école que j'avais aidé à fonder. En effet, on m'avait chargé de recueillir pour la création de l'école normale du département tous les documents qu'il importait de consulter, comme on m'avait chargé antérieurement de recueillir ceux qui pouvaient éclairer les fondateurs de l'école supérieure. J'avais joint à mon travail quelques vues générales sur les écoles normales, et quand on m'invita à les appliquer moi-même, cette invitation était un ordre auquel j'aurais eu mauvaise grâce de vouloir me dérober.

En mettant la main à l'œuvre après l'installation, je commençai par l'extérieur, comme à l'époque où je réformai l'école de Vauxbonne. Et qu'il s'agisse d'élèves, ou qu'il s'agisse de maîtres qui doivent donner un jour l'exemple dans leur commune, il faut toujours commencer par le leur donner d'abord. La jeunesse ne se forme pas autrement. D'ailleurs, l'ordre et la propreté doivent régner au plus haut degré dans toute maison d'éducation.

Mais le maintien de l'ordre et de la propreté n'est possible que là où il *y a une place pour chaque chose.* Ce n'est que là qu'on peut mettre *chaque chose à sa place.* Or, je fus longtemps malheureux sous ce rapport; la place me manquait. Notre école fut d'abord campée plutôt que logée. Le département, pressé par l'autorité supérieure, avait bien résolu d'avoir une école normale, mais il ne s'était pas fait un avis bien complet des frais d'un établissement de ce genre. J'avais cru d'abord que puisqu'il s'agissait de créer, on aurait à tailler, comme on dit familièrement, *en plein drap*, et à construire une espèce d'hôtel avec tous les jardins et les dépendances nécessaires. Rêvant tout au gré des vues les plus élevées, j'avais jeté sur le papier le projet d'une petite académie. Quand je vis les premiers votes du conseil général, je fus encore une fois cruellement désappointé. On est livré aux illusions et aux exagérations à tout âge. La sagesse suprême elle-même le veut ainsi ; elle nous fait toujours concevoir l'idéal, tandis que la vie ne donne que la réalité. Mais un jour nous saurons à quoi a été bon cet ordre de choses.

On donna pour demeure à moi et à mes trente élèves un vieux bâtiment abandonné. A la première connaissance que j'eus de cette mesure, j'allais donner ma démission du poste auquel on m'avait appelé. Les premières impressions, quelquefois bonnes, sont d'autres fois les pires. Elles ne sont souvent dirigées que par le sentiment de l'amour-propre, le plus dangereux des conseillers. Je consultai un autre oracle, la voix de mon devoir, et je me ravisai, car je me rappelai que l'on obtient beaucoup quand on sait demander à propos et préparer à temps.

Notre maison, il est vrai, tombait en ruines et était mal située; on y arrivait par un vilain passage, et elle était trop petite; mais elle avait des cours spacieuses et des corridors prolongés. Elle touchait à des jardins considérables, et à force de changements et d'acquisitions, continués pendant quelques années, on pouvait en tirer parti. Évitant avec un soin religieux de demander autre chose que l'utile, j'obtins à peu près tout ce qu'il me fallait. Mais ce ne fut pas sans peine, et généralement on a bien peu raison de mettre les écoles normales dans les petites villes, car elles ont besoin, pour réussir, de ressources qu'on ne trouve que dans les grandes. Dans l'origine, on pouvait craindre que les hôtels, les administrations, les théâtres et les colléges n'eussent pris dans les bonnes villes tous les locaux disponibles; mais les siècles qui nous ont précédés nous ont laissé tant de bâtiments, et nos conseils généraux ont voté avec tant de générosité les constructions nécessaires, que presque partout on a pu établir dans les chefs-lieux de département ou d'académie celles des écoles normales que, faute d'autres édifices, on avait mises un instant dans des localités trop secondaires pour offrir toutes les lumières de direction et de surveillance qui sont à désirer.

Quand on eut enfin converti quelques petites pièces en grandes, et quelques grandes en petites; établi dans l'aile droite ce que d'abord on avait mis dans l'aile gauche; payé plusieurs plans inutiles que l'architecte avait présentés, ignorant quels seraient ceux qu'il exécuterait et ceux qu'il n'exécuterait pas ; quand on eut cédé successivement pour le service de l'école tous les locaux qu'elle devait occuper ; quand je ne fus plus réduit à mon cabinet, et que ma famille d'abord logée au dehors m'eut rejoint, je me trouvai passablement. Il y avait moyen d'aller plus loin ; mais nous n'étions pas mal, et s'il faut poursuivre l'idéalité partout, il faut se résigner à n'y atteindre tout à fait nulle part.

J'avais d'abord établi les dortoirs. C'est la partie la plus essentielle dans une maison d'éducation, car il est encore plus nécessaire d'avoir un air pur pendant le sommeil que pendant le jour. Nos dortoirs, les combles de l'édifice, étaient les plus grandes pièces de l'école, et je parvins à y maintenir un bon air.

Les salles de classes furent d'abord les salles d'étude. C'était un inconvénient bien grave , et aussi longtemps que dura cette double destination des mêmes locaux, je ne pus jamais parvenir à y conserver l'air au degré de pureté que j'ambitionnais avant tout. Une salle toujours occupée est au bout de quelques semaines une salle infectée. Pendant l'été, c'était supportable, toutes les croisées étant toujours ouvertes. Mais en hiver, je souffrais et je voyais souffrir les élèves. S'il n'y avait eu de mal à l'aise que les maîtres adjoints et moi, nous aurions suffi à l'épreuve, mais la chaleur des poêles, jointe à une atmosphère mille fois respirée par d'autres avant de parvenir à chacun de nos élèves, les attaquait physiquement et morale-ment. Je mis des ventilateurs partout; ce fut en vain ; on ne parvint pas à obtenir un air *respirable*. Pour avoir deux salles de plus, c'est-à-dire une salle de classe spéciale pour chacune des deux divisions, celle de première et celle de seconde année, il fallait une dépense considérable. Les uns m'objectaient ce qui se faisait ailleurs, les autres, la difficulté de conserver la symétrie de l'édifice, d'autres encore la pénurie du département qui devait faire les frais. Mais qu'est-ce donc que quelques milliers de francs, quand il s'agit de la santé et de la culture intellectuelle de ces jeunes maîtres qui répandront un jour partout les ha-bitudes qu'ils auront prises à l'école normale? Ne sait-on pas qu'il est impossible de rien concevoir ni de rien apprendre dans une atmosphère qui blesse et qui fatigue tous les sens? Pour ma part, je suis per-suadé que le moyen le plus sûr d'améliorer l'état mo-ral de l'homme et de donner à ses facultés intellec-tuelles un plus haut degré de développement, c'est de prendre un soin extrême de son état physique. On gagne beaucoup pour l'âme quand on s'occupe du corps, sous le rapport de l'air, de la propreté et de la tempérance.

Notre salle d'étude était de plus trop basse et trop petite. Toute salle qui n'a pas quatorze pieds d'éléva-tion et autant d'espace vide que les élèves en occu-pent, est trop petite. Or, la nôtre était pleine de bancs et n'avait que douze pieds de haut. Je n'eus ni cesse ni repos que je n'eusse obtenu qu'elle fût plus élevée, et qu'on y joignît deux salles de classes.

Je fis établir ensuite des promenades convenables dans les cours et dans un jardin que nous cultivions pour faciliter les approvisionnements de la maison.

Dans l'origine, ce jardin était petit; mais, en abattant toutes les clôtures inutiles, en y plantant les arbres nécessaires, et en y ajoutant successivement quelques champs auxquels il touchait et dont nous fîmes l'acquisition moyennant les économies de l'école, nous obtînmes tout l'espace désirable.

Au milieu du jardin, j'établis au moyen de quelques plantations une sorte de salon en plein air. On s'y tenait aux heures de récréation, de conversation et même de répétition. Les élèves y passaient ces moments dans presque toutes les saisons de l'année.

Les promenades et les travaux de culture ne suffisant pas aux exigences de l'hygiène, — car nous n'avions ni les belles cours de la magnifique école de Versailles, ni les vastes jardins de l'excellente école de Chartres, — j'établis aussitôt qu'il me fut possible des appareils et des exercices de gymnastique. Les heures de la matinée étaient consacrées aux études et à la répétition, mais une demi-heure de la soirée était donnée à la gymnastique, tous les jours où il n'y avait ni grands travaux de culture ni promenades au dehors.

On attache quelquefois trop peu d'importance à la gymnastique. Elle n'est pas toujours utile aux instituteurs. Si ceux d'entre eux qui ont des pensionnaires sont dans le cas de les exercer à cet art, les autres ne sauraient guère en tirer parti ; il n'est pas même toujours convenable qu'ils apprennent à leurs écoliers à grimper sur des mâts de cocagne ou à monter sur des échelles de cordes, car il est encore des localités où ces exercices choquent les idées générales. Ajoutez que les enfants des campagnes font des exercices analogues sans qu'on s'en mêle. Mais ceux des villes demandent qu'on en fasse un objet de grande sollicitude.

Est-ce à des maîtres particuliers ou aux instituteurs eux-mêmes qu'il appartient de donner ces leçons ? A cet égard, je ne tracerai d'autre règle générale que celle de respecter les convenances établies, sans les heurter avec une imprudente pétulance. Si j'appliquai mes élèves-maîtres à la gymnastique, c'est que nés à la campagne, transplantés subitement au milieu d'une grande ville et presque sans cesse astreints aux études, ils avaient besoin d'exercices un peu forts pour conserver de la fraîcheur et de la santé dans un âge qui décide de tout l'avenir d'un homme.

Je joignis un instant le maniement des armes aux travaux de la gymnastique, mais j'y vis bientôt des inconvénients si graves que j'y renonçai avec empressement, en désespoir de cause. Si j'eusse pu faire donner à mes élèves des maîtres à danser, sans m'exposer avec eux à la censure de l'opinion publique, je l'aurais peut-être fait. La danse, plus que toute autre chose, apprend au jeune homme à se tenir, à *savoir que faire* de ses bras et de ses jambes. C'est un avantage que j'aurais voulu assurer à mes élèves. Mais je sentais bien que si c'eût été une imprudence extrême de ma part que de vouloir braver l'opinion à ce sujet, c'eût été une faute plus grave encore que de vouloir donner à des jeunes gens une habitude à laquelle ils ne sauraient se livrer, une fois sortis de l'école, qu'en compromettant à la fois leur position personnelle et les intérêts moraux de la jeunesse qui leur est confiée. La danse étant impossible, j'avais eu recours au maniement des armes. Mais on me demanda avec ironie si j'avais l'intention de former dans l'École normale des caporaux de garde nationale, et je compris toute la portée de cette question. L'instituteur doit remplir comme un autre et mieux qu'un autre ses devoirs de citoyen ; mais il n'est officier instructeur que dans sa classe. Je ne souffris plus désormais de fusil dans la maison, pour ne pas laisser d'aliment au goût de la chasse, qui se développe si facilement dans certaines localités, et qui ne convient pas plus à l'instituteur que l'usage de battre la caisse, comme je l'avais vu faire dans d'autres cantons.

Je ne souffris pas non plus qu'on maniât l'épée ni le pistolet. Je proscrivis même le billard, qui, dans la solitude des terres ou dans des établissements d'un ordre supérieur, peut offrir un agréable divertissement, mais dont il ne faut pas donner l'habitude aux élèves-maîtres d'une école d'éducation populaire. En effet, que résulterait-il de bon de cette habitude ? L'instituteur qui sortirait de l'école normale avec une certaine force à ce jeu tiendrait à *cultiver son talent*. Ne trouvant pas d'autre occasion, il se glisserait dans les cafés *aux heures réservées* ; il finirait par s'y établir *à toute heure*. Banni des cafés de sa résidence par l'autorité locale, il en chercherait d'autres plus loin ; il se déplacerait; il voyagerait; il négligerait ses devoirs les plus sacrés pour la plus petite des distractions. Or, le café et le cabaret, je vais le dire, sont pour lui dans mon sens des *lieux de dégradation*, car il s'y perd et il y perd l'estime et la confiance des familles.

Le réfectoire, la cuisine, l'office et ses dépendances attirèrent mon attention à leur tour. J'y exigeai une propreté complète, et non seulement j'arrêtai moi-même le menu de chaque semaine, mais j'assistai moi-même tous les matins à la réception des provisions du jour. Je tenais moi-même les notes qu'exigeait ma responsabilité de comptable, car l'école était en régie; je traversais, tous les jours à d'autres heures, la cuisine et le réfectoire. Prenant habituellement mes repas avec ma famille, je ne mangeais au réfectoire commun qu'une ou deux fois par semaine, et à des jours imprévus; mais ma place y était toujours marquée, et dans mes absences j'étais remplacé par celui des maîtres qui avait après moi la plus grande autorité sur les élèves.

Deux vestiaires attenant aux dortoirs avaient été ouverts dès l'origine. Nous n'étions pas assez riches pour en confier la tenue à des sœurs de charité, mais j'allai étudier la manière dont ce service était fait par les sœurs du collége royal, et je l'imitai.

Une salle de bains est indispensable aussi dans une maison où il y a tant de jeunes gens. Je n'en avais pas encore. Je n'avais pas de cabinet de physique, et je n'avais pas d'autre bibliothèque pour l'école que mon cabinet. Cela me procurait l'avantage d'être le bibliothécaire de tout le monde et de suivre de près les lectures ou les études de chacun; mais cela me prenait un temps trop précieux, et la peur de me gêner empêchait quelquefois les élèves de venir demander les volumes dont ils avaient besoin.

Déjà bien des promesses faites pour ces objets s'étaient succédé, quand enfin les fonds nécessaires furent mis à la disposition de la commission de surveillance pour de nouvelles constructions. Je crus alors que tout serait fait dans un clin d'œil, mais la commission était consciencieuse autant qu'éclairée. Elle voulut voir les choses par elle-même. Elle s'assembla plusieurs fois pour m'entendre, et quoiqu'elle fût composée en partie d'hommes originairement étrangers à l'enseignement et à la direction d'un pensionnat, je vis avec surprise qu'en peu de temps elle s'était mise au courant de toutes les questions qu'avait fait naître et de toutes les lumières qu'avait répandues sur le pays la loi de 1833. En général, les statuts écrits et les statuts exécutés ne se ressemblent pas. Il n'en fut pas de même chez nous. La commission avait pris possession de ses attributions dans toute leur étendue, et elle les exerçait à la fois selon la lettre et selon l'esprit des instructions émanées de l'autorité supérieure. La discussion d'ailleurs ne se prolongea pas indéfiniment, et les constructions furent faites. Mais il me manquait encore ce qui est l'âme et la vie d'une école normale, ce sans quoi elle n'est qu'un cadavre, une école d'application. Il n'y avait pas de local pour des élèves; il n'y avait pas de fonds pour payer un maître. Je n'obtins d'abord pour salle qu'une espèce

6.

de hangar provisoire ; mais c'était au moins une pierre d'attente. Pour avoir le traitement d'un bon maître, je fis supprimer un service d'économat qui chargeait la maison d'une dépense inutile. L'école-pratique y fut installée. Elle fut mauvaise au début, mais à force d'y songer et d'y travailler, je trouvai moyen d'en faire, si imparfaite et si pitoyable qu'elle fût d'abord, l'école-modèle de l'académie.

Enfin, le département acheta pour nous à prix modique un terrain en quelque sorte abandonné, une espèce de gravière située près de la ville, et dont nous eûmes mission, mes collègues et moi, de faire une pépinière avec un dépôt des meilleurs instruments de jardinage et d'agriculture. Le conseil général, il est vrai, ne donnait annuellement que mille francs pour ces objets ; il ne voulait pas faire de nous et de nos élèves un comice agricole ; mais il voulait que notre attention fût appelée sur l'amélioration des terrains, des grains, des légumes et des espèces fruitières, et il ne se trompait pas en pensant que des jeunes gens pleins d'ardeur feraient connaître tous les progrès dans les communes rurales, et seconderaient utilement les sociétés d'industrie ou d'agriculture.

La nature défectueuse du sol de notre gravière m'obligea de donner un cours sur l'amélioration des terres. Je fis de même pour les graines, les bulbes, les arbustes d'agrément, les arbres fruitiers, la greffe et la taille. A côté de la théorie, nous mîmes toujours la pratique, l'application. *La main à l'œuvre* était la maxime de l'école, et on la suivit, car l'exemple était donné par le chef. Quelques excur-

sions au jardin botanique de la ville, d'autres dirigées pendant les vacances, tantôt vers les montagnes, tantôt vers de célèbres établissements d'horticulture complétèrent ces leçons, les plus utiles et les
plus douces de toutes celles que j'aie jamais données.

Je considérais ces leçons sous un triple point de
vue ; celui de la santé qu'elles entretenaient, celui de
l'utilité réelle qu'elles offraient à l'économie domestique et celui de la moralité, qu'elles me semblaient
développer d'une manière remarquable. En effet, les
travaux de culture sont à mes yeux la meilleure hygiène de l'âme. Les instituteurs qui en ont le goût savent employer jusqu'aux heures de repos et de loisir
dont ils ont besoin ; ils ne songent jamais à des plaisirs qui dégradent ; ils puisent dans ces distractions
des sentiments purs et sublimes de simplicité que rien
au monde ne saurait mieux nourrir. Rien ne saurait,
je crois, offrir plus de délices que cet art d'améliorer
les espèces de la végétation, soit les fleurs, soit les
fruits. On est presque créateur en opérant ces métamorphoses ; on se flatte du moins d'avoir dérobé
à la nature quelques uns de ses secrets, et l'on est
heureux de retrouver jusque dans le règne des plantes, si ravissant et si riche de phénomènes, la marche
si miraculeuse de notre espèce, qui est toujours en
progrès, et qui sans cesse va se perfectionnant, suivant sa haute et inviolable destinée.

Quand j'eus obtenu tout ce dont je viens de parler, il me manquait encore une chose essentielle, une
salle de chant et de musique. On parvient à tout, si
l'on sait vouloir à temps et avec raison, tandis qu'on

ne fait que des fautes en demandant à tort et à travers. Depuis longtemps je souffrais de la manière dont mes élèves suivaient les exercices du culte. Nous avions une chapelle dans la maison ; mais cette chapelle était petite, et notre assemblée peu nombreuse : rien n'était moins imposant, rien n'inspirait moins. La religion, comme toute chose, a besoin d'être à sa place pour produire son effet. Pour le culte intérieur, soyez avec votre conscience et avec Dieu, c'est assez ; mais c'est autre chose lorsqu'il s'agit de culte public. Là, soyez avec le public. Plus la réunion des fidèles est nombreuse et plus elle est solennelle ; plus elle est religieuse, et plus elle est l'image de l'Eglise. Je fis part de ces pensées à l'aumônier ; l'aumônier en parla au curé de la paroisse, et le curé transféra le service de la chapelle dans l'église qui y touchait, après en avoir obtenu l'agrément de l'évêque. Nous ne fûmes pas inutiles pour le chant de l'office, et notre chapelle fut désormais une salle de musique, de chant, de concert. On y forma une bibliothèque musicale qui s'enrichit peu à peu, et mes élèves y ont passé de belles heures d'étude et d'inspiration.

Alors je fus au comble de mes vœux : l'extérieur de ma maison était satisfaisant. Pour l'intérieur et les études qui s'y faisaient, je vais en parler.

Voir, dans l'ouvrage de M. Bouillon, *De la construction des maisons d'écoles primaires*, le projet descriptif pour une école normale primaire.

CHAPITRE XI.

Minimum des études de l'Instituteur primaire. — Plan général des études pour les Élèves-Instituteurs. — Réglements d'admission, de discipline et de travail. — Ton de l'école. — De la politesse.

Peu de jours après mon installation (qui fut solennellement faite par le recteur, en présence du préfet, de la commission de surveillance et des principales autorités), je sentis que devant diriger les études de futurs instituteurs, il convenait que j'eusse un avis arrêté sur l'ensemble de ces études, et je méditai sur les meilleurs moyens de les faire faire d'une manière fructueuse.

Mon but étant arrêté, je m'appliquai sérieusement à l'organisation complète de l'école, et je joignis au plan général de l'enseignement des réglements d'admission, de discipline et d'études.

Les écoles normales devant conduire les élèves jusqu'aux connaissances du premier degré, le minimum de nos études était fixé par le programme d'examen pour l'obtention d'un brevet du premier degré. Dès l'origine, ce minimum était dans mes vœux et dans mes méditations. Il est très vrai que la plupart des instituteurs ne doivent pas arriver à un brevet du degré supérieur, et il est à désirer, au contraire, que la majorité soit dirigée vers l'enseignement élémentaire; mais pour cet enseignement même, il est bon que les candidats sachent beaucoup plus qu'il n'exige, par la raison qu'on enseigne très mal quand on ne sait que tout juste ce qu'on doit enseigner. Le séjour à l'école étant fixé à deux années, et une troisième n'étant accordée qu'exceptionnellement, je distribuai sur ces deux années les études exigées par les programmes prescrits. Mais je fus bientôt loin de mon compte. Comme il fallait, à tout prix, des instituteurs à l'Académie, la commission d'examen avait été obligée, pour la première admission, de recevoir les candidats tels qu'ils se présentaient, c'est-à-dire presque tous dans un état d'ignorance telle qu'il ne nous fut pas possible de les conduire, dans l'espace de dix mois, jusqu'à la fin des programmes de première année. Or, en principe, on devrait voir avec les élèves d'une école normale tout l'enseignement dès la première année, et consacrer la seconde à la répétition approfondie, à l'étude des méthodes et aux exercices pratiques.

A ce principe qui est incontestable, mais qui n'est pas d'une application absolue et uniforme dans toutes les localités, il nous fut impossible de nous conformer dans les commencements. Aussi nous avions grande envie de nous plaindre de tout le monde et de toute chose : de la commission qui était trop facile, de l'autorité qui était trop exigeante, des programmes qui étaient trop élevés, de nos élèves et de nous-mêmes qui n'étions pas assez habiles. Le bon sens nous fit comprendre que rien n'est plus déplacé que ces plaintes stériles où se complaît souvent la mollesse des esprits. Ne pouvant pas fournir des instituteurs tels que nous les eussions voulus, nous tâchâmes d'en fournir les meilleurs qu'il nous fût possible, et nous nous appliquâmes à préparer un avenir plus satisfaisant.

Quand les premières demandes des communes dépourvues d'instituteurs furent satisfaites, et que le nombre des aspirants à l'école normale vint à dépasser celui des places vacantes, la commission devint plus exigeante pour les admissions, et désormais nous pûmes former des élèves-maîtres du premier degré. Réglement de discipline et d'études, plan général d'enseignement ; tout put être changé par suite de l'élévation de l'examen d'admission.

Dans toute maison d'éducation, un réglement de discipline est une chose indispensable ; il faut que l'enchaînement et la durée des exercices, ainsi que la variété des rapports de tous les commensaux soient fixés d'une manière précise. Sans cela, il n'est point d'ordre, et partant point d'éducation, point de progrès. Avant de donner les détails du réglement que j'établis, j'en indiquerai les principes, car s'il est des accessoires qui varient suivant les localités, les principes sont applicables partout.

D'abord il faut une règle écrite, affichée, exposée aux regards de tous les élèves.

Puis, il la faut exécutée ponctuellement, car on doit former dans les bonnes écoles de bons citoyens. Or, mieux vaudrait l'absence de toute loi qu'une loi mal observée, qu'une loi qu'on interprète, qu'on plie et qu'on fait taire ou parler suivant le caprice du jour.

Mais il faut surtout qu'un réglement d'études et

de discipline soit conforme au but qu'on veut atteindre.

Une école normale ne doit pas fournir des automates; elle doit former des êtres raisonnables et sachant rendre raison des choses. Pour eux, tout réglement de discipline doit être éminemment raisonnable, et chacune des dispositions qu'il contient doit être acceptée par leur intelligence.

Mais une école normale ne doit pas élever des raisonneurs, et comme il n'y a pas de loi qui plaise à tout le monde, ce n'est pas tel individu ou tel autre qu'il faut songer à satisfaire dans cette législation et dans ce gouvernement de famille; ce sont tous les élèves-maîtres doués de bon sens et de raison. L'individu qui par ses travers fait exception aux règles de la raison et du bon sens est un être mal organisé ou mal portant; il faut le guérir ou le renvoyer.

L'élève le mieux organisé, le plus sage, peut avoir des moments de dérangement, de désordre et d'indiscipline où il trouve la loi mauvaise, la règle gênante. Le *pédagogue* — je prends ce mot dans le sens le plus élevé, — qui connaît les esprits et sait ce qu'il en est possède l'art d'appliquer la loi avec indulgence. Mais il la suit avec précision, car comme l'élève-maître doit commander et gouverner un jour, il faut bien qu'il ait appris d'abord à obéir, et qu'il sache mieux obéir que tout autre. C'est aussi pour cela qu'il convient de lui appliquer la loi avec une justice plus intègre et plus complète.

Depuis cinq heures du matin jusqu'à neuf heures

du soir, tous les travaux étaient prévus, tous les mouvements dans la maison étaient réglés [1], et toute violation de la règle était remarquée, suivie de sa peine. Cette sévérité étonnait les nouveaux-venus ; mais je vis rarement leur surprise durer au delà de trois jours : l'exemple fait tout auprès des jeunes gens, et ils imitent sans peine ce qu'ils voient faire à d'autres. Si j'avais usé pour eux de ménagements et de complaisances, les anciens élèves se seraient gâtés en peu de jours, et les nouveaux ne se seraient jamais formés. Je suis certain qu'aujourd'hui tous se félicitent des habitudes d'ordre, de propreté, d'exactitude, d'obéissance prompte et pure à la loi qu'ils ont prises à l'école. Leurs écoles et leurs familles réfléchiront ces habitudes ; elles les communiqueront à d'autres familles, à d'autres écoles, et elles exerceront par leur exemple une action dont la durée sera infinie.

En effet, si le bien se fait rarement sans la force et l'énergie, et s'il en faut beaucoup pour diriger des élèves-maîtres, il ne faut jamais perdre de vue qu'ils auront un jour un grand pouvoir, qu'ils vivront avec une classe d'hommes simples et estimables, mais de mœurs rudes et grossières même. Ils seront sans cesse tentés de faire comme font tous ceux qui les entourent, et c'est pourtant là ce qui les discréditerait le plus ; car le pauvre comme le riche, tout père de famille enfin, est exigeant à l'égard du maître de ses enfants, quand même il ne l'est pas pour leur père.

---

[1] Voir à l'*Appendice,* n° VIII.

Pour être réellement utile à mes élèves, il fallait ces deux choses : détruire des habitudes prises pendant quinze ou dix-huit ans, et prévenir celles qu'ils pouvaient prendre pendant quarante ou cinquante autres. La tâche était grande; mais je ne l'exagère pas, et tous la comprendront comme moi, s'ils veulent se donner la peine de l'envisager sérieusement. Pour moi, je la mesurai dans toute son étendue, et je ne m'en effrayai point, car j'avais beaucoup travaillé sur moi-même, et je savais qu'on peut beaucoup quand on sait bien ce qu'on veut.

Je voulus non seulement cette propreté qui est autant morale que physique, et cet ordre qui seul rend l'enseignement possible ; je voulus aussi une bonne tenue, une politesse véritable, et, avant tout, le sentiment de la mission à laquelle on se préparait dans l'établissement.

Pour l'ordre et la propreté, il n'y a qu'à vouloir et qu'à prescrire ; puis, une fois les règles tracées, qu'à louer ou qu'à punir.

Mais si cela suffit pour le séjour à l'école, cela ne suffit pas pour la vie. Il faut donc faire de ces deux ornements de la vie une affaire de goût et d'habitude. Je fis remarquer à mes élèves tous les avantages que s'assure un homme qui se distingue par son goût pour l'ordre et par ses habitudes de propreté. J'insistai particulièrement sur le respect que, par ces qualités si précieuses, l'instituteur inspire à ses élèves, aux familles, à tous ceux qui visitent son école. J'y joignis des observations sur le rapport intime qui existe entre la propreté et la moralité. Comme tout ce qu'on avait

sous les yeux appuyait mes discours, ils firent effet.
Pour l'ordre, j'insistai sur cette idée : que s'il n'est pas
le bonheur, il en est le chemin le plus sûr ; qu'il fait
gagner de la place, du temps, de l'argent. Je donnai
à ce mot *ordre* toute l'étendue qu'il comporte, et
quand je conduisais ces pauvres jeunes gens à la bibliothèque, au cabinet de physique, à l'école-pratique, leurs regards, si souvent frappés, avant leur
entrée dans la maison, du spectacle de la confusion
et du désordre qui règnent ordinairement à la campagne, exprimaient une satisfaction qui était ravissante
pour moi, et qui me semblait de bon augure pour
leur avenir.

La bonne tenue n'est pas une qualité moins essentielle. Mais si celle du corps ne s'apprend pas facilement; s'il faut, pour la prendre, choisir et imiter les
meilleurs modèles, s'y exercer tous les jours et se
surveiller constamment; celle de l'âme est plus difficile
encore à acquérir. La tenue de l'âme, c'est l'empire
qu'un homme exerce sur sa pensée, ses sentiments,
sa parole ; la tenue de l'âme, c'est la valeur morale,
la valeur véritable de l'homme. Elle ne s'enseigne
pas; on se la donne à force d'attention, de réflexion, de
justesse dans la pensée, de pureté dans les affections,
de propriété et de vérité dans le langage.

Il en est de même de la politesse.

Ce qui est de politesse vulgaire a peu de valeur et
s'apprend en peu de temps. Il n'en est pas de même
de la politesse qui vient de l'âme ; elle dépend de l'é-
tendue de notre esprit et de la sincérité de notre
cœur. C'est donc à la fois une affaire de bonnes

mœurs et de bon goût. Elle est, comme le style, l'expression de l'homme. Elle peut se résumer en règles; mais les règles seules ne nous l'enseignent pas. Il faut pourtant les étudier avec soin pour pouvoir les appliquer avec intelligence.

Voici, je crois, les principales de ces règles. Soyez attentifs à vos pensées et à vos sentiments. Avant de les communiquer, voyez s'ils sont justes, s'ils doivent plaire à votre conscience et recevoir l'approbation de celle des autres. Si cela est, communiquez-les sous la forme la plus simple, la plus nette et la plus concise. C'est là toujours la forme la plus agréable, la plus élégante, et cette élégance est la seule qui soit de bon goût et de bon ton dans la vie ordinaire. Tout discours recherché, toute diction fleurie est de mauvais goût. Dans la conversation, le langage le plus insupportable, c'est le langage prétentieux, et *parler comme un livre, c'est parler comme un sot.* Quand on dit que les mots doivent être choisis, c'est dans ce sens, qu'il faut toujours prendre l'expression la plus convenable qui désigne une chose. Les mots ennoblissent souvent la pensée, mais il n'est aucun choix d'expressions qui fasse excuser une pensée mauvaise, un sentiment coupable, une action malhonnête.

Que vos pensées soient belles et pures, que vos sentiments soient généreux, que vos habitudes soient honnêtes, que votre discours soit simple et vrai, et vous serez toujours assez poli dans vos paroles. Dépouillé de ces qualités, votre langage, fût-il le plus pur et le plus élégant, ne serait jamais ni aimable ni aimé.

Dans quelques écoles étrangères, on donne des principes ou des règles de tenue et de politesse , et je désirerais qu'il y eût un bon manuel de cette science dans notre langue. Mais ceux que nous possédons sont trop imparfaits et trop remplis de niaiseries et de platitudes pour que la lecture en fût utile. Pour joindre aux leçons un peu de pratique, j'astreignis d'abord mes élèves à une élocution nettement articulée et à un langage pur ; je repris avec soin ce qui choquait le goût ou la grammaire ; j'établis même quelques discussions sur des questions indiquées d'avance ; j'accordai une grande liberté d'opinion, mais je proscrivis avec énergie toute espèce d'emportement. Je recherchai moi-même toutes sortes d'occasions pour faire parler, et j'insistai sans cesse sur ce principe, que les discours d'un homme donnent toujours la mesure de sa valeur. Je fis aussi servir au même but les lectures à la bibliothèque et les entretiens qui s'y rattachaient. Tout cela produisit quelque bien , mais j'avoue que je ne me satisfis pas moi-même.

Voir : le Rapport de M. Cousin sur l'instruction publique en Prusse, p. 49, Comment on forme les instituteurs primaires, et, p. 132, Des écoles normales primaires.

Voir, l'ouvrage de M. Dumont, De l'*Éducation populaire et des écoles normales primaires,* surtout le chapitre : Du directeur, de la règle de la maison et de la discipline, p. 234.

CHAPITRE XII.

L'enseignement de l'école normale. — Cours de pédagogie ou de principes d'éducation. — La première leçon. — Qu'il convient de bien examiner la carrière de l'Instituteur avant d'y entrer. — Quelle en est l'importance. — Quels en sont les devoirs et les travaux. — Quelles en sont les peines et les jouissances. — Quelles sont les dispositions avec lesquelles il faut entrer dans cette carrière, et les qualités qu'il convient d'y acquérir.

C'est en vain que je me serais efforcé de donner à mes élèves des habitudes d'ordre, de propreté, de politesse et de dignité personnelles, si je n'eusse pris soin de faire comprendre à leur raison toute l'importance de ces habitudes, et si aux règles que je prescrivais je n'eusse joint des instructions qui en fissent saisir la convenance. C'est ce que je m'appliquai à faire dans un cours de principes d'éducation aussi complet qu'il me fut possible de le donner. Ce cours forme avec celui des méthodes la branche la plus importante de l'enseignement, après celui de l'instruction morale et religieuse auquel il prépare, et dont il est le complément. Aussi composai-je ce cours avec un soin extrême, m'entourant de tous les ouvrages qui pouvaient m'éclairer, l'élaborant sans cesse, ajoutant à mes notes tout ce qu'il se présentait d'innovations utiles, retranchant sans cesse ce qui n'était que vaine théorie, et tâchant de mieux faire, afin d'être mieux écouté et mieux suivi.

Comme la mission de l'instituteur primaire me semble la plus grave de toutes, et que l'instruction première fait des peuples ce qu'ils sont, mon cours s'ouvrait tous les ans par une leçon sur l'importance de ces fonctions. On sait que beaucoup de jeunes gens suivent une carrière pour avoir du pain ; qu'ils s'y jettent sans aucune préparation, et qu'ils y marchent en aveugles, quelquefois même comme des machines poussées par des forces majeures.

Malgré le soin que prenait la commission d'éprouver les candidats, il nous en arrivait tous les ans qui n'étaient amenés que par le désir d'embrasser une carrière plus douce que d'autres.

Ce fut cette considération qui me dicta tous les ans ma leçon sur les fonctions d'instituteur, leçon qui motiva plusieurs fois des retraites.

Votre carrière, disais-je aux aspirants, est belle, mais elle n'est ni brillante, ni lucrative ; elle vous entoure d'une jeunesse qui est l'espoir de la patrie ; jeunesse vive, spirituelle, docile, accessible aux nobles pensées et aux sentiments généreux ; avide de contes, d'instruction, de nouveautés de tout genre ; désireuse d'aimer et d'être aimée ; confiante en tous ceux que lui désigne son instinct, mais un peu sauvage. Instituteurs, c'est cette jeunesse qui vient à vous, vous écouter, vous suivre, vous imiter, vous chérir, vous vénérer. Elle formera votre société pendant toute votre vie ; elle vous entourera de tout ce que la reconnaissance et l'humanité ont de plus beau et de plus pur. Si vous savez lui faire le bien qu'elle vous demande, oh ! alors, grâce à sa reconnaissance, votre vieillesse, comme votre âge mûr, se couvrira de fleurs qui se renouvelleront d'année en année. Toutes ces têtes qui vous entourent, avec leur riche profusion de cheveux blonds, bruns ou noirs, vous feront oublier les cheveux blancs de la vôtre, et le sourire de leur piété filiale effacera les rides de votre front. Mais si vous manquiez à votre mission, il n'y aurait pas de carrière plus malheureuse que la vôtre; il n'y aurait pas de jugement dont la sévérité fût comparable aux condamnations dont votre incapacité ou votre infidélité serait flétrie par ces générations, qui se succéderaient avec des colères toujours plus vives.

Un philosophe a demandé pour remuer l'univers un point pour s'appuyer. Ce point pour agir fortement sur les hommes, vous l'avez : ce sont la raison et la conscience, ce sont en d'autres termes l'esprit et le cœur de l'enfant. Et l'enfant vient s'offrir à vous ; vous n'avez qu'à le prendre. Vous l'aurez toutes les fois que vous lui donnerez l'aliment spirituel qu'il lui faut. Quel champ vaste et beau vous est confié! A quelle culture il se prête! Y laisserez-vous venir la mauvaise herbe? Y mettrez-vous des plantes funestes? Y jetterez-vous des graines mortes? L'abandonnerez-vous aux ravages d'animaux pernicieux? Ne vous sentez-vous pas appelés à y cultiver les plus belles fleurs, les fruits les plus délicieux? N'y appliquerez-vous pas toutes vos facultés, toute votre vie? Le laboureur qui bêche la terre a de l'ambition; il veut obtenir ce que son champ peut donner de plus parfait : vous, dont il est le type, vous seriez condamnables devant Dieu et devant les hommes, si, dans toute votre carrière, vous étiez capables d'un seul instant d'indifférence.

Oui, la responsabilité qui pèse sur vous est grave. L'immense majorité de la nation est confiée à votre influence première et devient ce que vous en faites ; les impressions qu'elle reçoit chez vous, de vous ou sous vos yeux, sont toutes puissantes ; elles contiennent les germes des vertus ou des vices qui se développent en elle.

Les classes moyennes de la société éloignaient autrefois leurs enfants de nos écoles. Elles leur faisaient suivre les colléges. Il n'y a plus aujourd'hui d'exclusion ni de prévention à notre égard, et ces classes aussi viennent chercher l'enseignement que nous donnons dans nos écoles supérieures, industrielles, agricoles ou normales. Nous avons à répondre désormais à leur confiance ; or, vous savez la place qu'elles occupent dans le monde moderne.

Jadis dominaient la fortune, le rang, la naissance. Cet empire s'est évanoui et a fait place à un autre, à l'empire plus moral des lumières dont la légitimité est admise. Mais les lumières ne sont pas encore répandues partout où leur action est réclamée. Votre tâche est d'en achever la propagation, de former un peuple digne par ses vertus et par ses habitudes morales des principes qu'il affectionne et des droits qu'ont proclamés ses législateurs.

C'est là votre tâche de tous les instants. Cependant, si cet empire moral doit prévaloir par vos efforts, la prospérité matérielle des nations dépend aussi en quelque chose de vos leçons. En effet, on ne vous demande pas seulement des élèves qui aient des principes purs et des idées vraies; on vous demande non seulement des hommes de bon sens, de bonne volonté et de bonne conduite, mais encore des hommes de travail, d'industrie, de commerce, de science utile. Des gens qui ne voudraient plus connaître que leurs droits, et qui, sachant leurs devoirs, ne les affectionneraient pas et chercheraient leurs moyens d'existence dans je ne sais quelles espérances chimériques, dans je ne sais quelles révolutions criminelles, seraient de bien mauvais citoyens. Les lumières doivent non seulement fortifier les mœurs, elles doivent aussi, en éclairant les arts, l'industrie, le commerce et l'agriculture, conduire à une légitime aisance par le travail, la tempérance et l'économie. Il faut, après tout, que chacun de vos élèves sache gagner de quoi vivre en honnête homme, et il n'y a que celui qui travaille qui soit un bon et utile membre de la société; tout autre peut devenir pour elle un sujet de trouble et de désordre.

Commencez toujours par montrer à vos élèves ces principes d'ordre et de sagesse sans lesquels les principes de liberté et d'égalité, les vues de perfectionnement et de progrès que leur donneront d'autres, et qui sont dans l'atmosphère morale que respire ce siècle, ne font que bouleverser les têtes et qu'agiter les existences. Vous conduirez au bonheur des individus, vous travaillerez à la prospérité de l'État, si vous donnez des habitudes de travail, d'obéissance, de résignation et de bonne moralité; car c'est chez vous que les hommes prennent leur éducation publique. Mais si au lieu d'inspirer le goût de la vertu, l'amour de

l'ordre et l'habitude de la soumission, vous démo-
ralisez l'enfant par les vices de la paresse, du désordre,
de l'insubordination, à un âge où il passe sa journée
sous vos yeux, où il prend à la fois vos leçons et vos
exemples, vous êtes la peste de la société, et la colère
de la nation ne saurait trouver pour vous de blâme
assez sévère.

Si vous avez au contraire de la sagesse, et si
vous communiquez à vos élèves les qualités qui forment l'honnête homme, combien l'opinion publique
sera reconnaissante de votre dévouement! N'est-il pas
vrai, de commune en commune volera le nom d'un bon
maître? De génération en génération, ce sera à qui
bénira vos travaux, s'ils sont purs. Car le monde ne
vous perd pas de vue un seul instant. L'État vous suit
aujourd'hui pas à pas. Jadis le *maître d'école* avait au
hameau et à la ville une position bien différente. Il
était inaperçu ; il se perdait sous l'ombre de tant
d'autres, que personne ne s'avisait d'être exigeant à son
égard. Alors il n'y avait pas d'*instituteurs* véritables;
on se faisait *maître d'école* quand on craignait d'être
ouvrier, soldat ou laboureur. Aujourd'hui, tout est
changé, le mot et la chose.

Mais les exigences sont en raison du progrès, et ce
serait à tort que prétendraient au bénéfice ceux qui ne
prendraient pas la charge : qui serait de l'ancien ordre
des choses serait traité comme on l'était autrefois.

Ce serait un plus grand tort encore de la part
de l'instituteur, quand l'opinion publique le met à
sa place, de vouloir s'élever au dessus et sortir de
sa sphère. Ne l'oubliez jamais, vous n'êtes pas l'égal

du chef de la commune ; vous n'êtes pas l'égal du chef de la paroisse, car vous n'êtes ni l'organe de la loi civile ni l'organe de la loi religieuse. Vous n'êtes ni une autorité ecclésiastique, ni une autorité administrative, vous êtes l'organe de l'enseignement public dans l'école. Et serait-ce là pour votre ambition un rôle trop modeste? Mais vous instruisez et vous élevez la jeunesse au nom des familles et de l'État; et en vérité ce rôle est assez beau pour vous contenter. Vous pouvez être appelé à seconder officiellement le maire et le curé, vous pouvez être le greffier de l'un et le sacristain de l'autre; mais dans ce cas vous êtes leur aide et leur subordonné, et, dans toutes les conjonctures, élever autel contre autel, ce serait vouloir faire la guerre à plus fort que vous. La fable du pot de terre et du pot de fer n'est pas une fable : c'est *l'histoire de tous les sots.* Elle a été celle d'un grand nombre de vos prédécesseurs.

En général, ne vous créez pas d'obstacles ; vous en trouverez assez sans cela. Les chefs de la communauté civile et de la communauté religieuse, les parents de vos élèves et les visiteurs de votre école sont hommes ; c'est vous dire qu'ils ont leurs faiblesses, et qu'à côté de quelques vertus ils ont quelques défauts. Vos élèves eux-mêmes, à côté de leurs bonnes dispositions en ont de mauvaises ; et chaque jour, ces fautes, ces faiblesses, ces fâcheuses dispositions vont se trouver en contact avec vos faiblesses et vos fautes. Joignez à la paresse naturelle de l'enfant la malice naturelle de l'écolier ; joignez à l'ignorance et à la grossièreté du village, aux préventions et aux habitudes qui y sont héréditaires, la susceptibilité de ceux qui marchent à côté de vous et au dessus de vous, cet amour-propre qui est inséparable du cœur de tous, et qui, après nous avoir accompagnés dans le monde, veut nous y survivre quelquefois ; joignez-y ces conflits, ces jalousies sans fin et sans but qui divisent les notabilités du hameau comme celles de la ville, et vous comprendrez mes conseils : vous rencontrerez assez d'obstacles pour n'avoir pas besoin de vous en créer par votre vanité, par vos prétentions. N'en ayez pas, si vous vous aimez. Si pourtant vous en avez, ne vous couchez pas le soir et ne vous levez pas le matin sans vous reprocher ces fautes devant Dieu, devant votre conscience. Je vous le dis avec une conviction profonde, les journées ainsi commencées et ainsi finies valent mieux que les autres ; ce sont même les seules bonnes.

Et maintenant que je viens de vous esquisser votre future carrière dans ses devoirs et dans ses peines de tous les jours, dites-moi, dites à votre conscience ce qui vous engage à y entrer. Avez-vous pour cette carrière une vocation prononcée ? Si vous ne la prenez que pour avoir du pain, vous avez tort ; mille autres en donnent à moins de frais. Voyez ce que vous y apportez ; et si l'essentiel vous manque, que votre retraite suive de près votre admission.

Et d'abord, suivez-vous une résolution raisonnée, ou bien un de ces entraînements auxquels on se laisse aller aveuglément ? Avez-vous la force et la santé, la voix et la taille nécessaires pour une carrière où il faut toujours parler et agir avec énergie, avec aisance et avec aménité ?

Apportez-vous ici une capacité intellectuelle qui soit suffisante pour bien remplir toutes vos obligations? A votre âge, on ne sait guère si l'on a des facultés de médiocre ou de grande portée ; néanmoins, on n'est pas sans avoir une opinion quelconque de ses moyens : eh bien, si votre opinion vous est favorable, est-elle fondée? Avez-vous cette flexibilité de talent qu'exige le maniement des esprits et des idées ?

Il en faut beaucoup pour acquérir les connaissances nécessaires à l'instituteur, et plus encore pour les communiquer à des élèves d'âges et de caractères si divers.

Cela doit être pesé par vous dans quelques heures de méditation sérieuse.

Ce que vous devez étudier ensuite, c'est votre propre caractère.

Êtes-vous doués de cette douceur, de cette bonté, de cette affabilité qui gagnent les cœurs de tous, des jeunes et des vieux ?

Si vous n'aviez point ces qualités ; si au contraire vous étiez brusques, hautains ou moroses ; si vous aviez l'humeur impatiente, la main prompte, le cœur dur, la tête vive et la langue mauvaise, oseriez-vous de gaieté de cœur vous exposer à tous les désagréments qui vous attendent au milieu d'écoliers malicieux et de parents aussi prêts à vous jeter la pierre, si vous le méritez, qu'à vous soutenir, si vous êtes dignes de leurs sympathies ? A chacun de vos défauts, songez-y bien, les enfants et les parents opposeraient tous leurs défauts réunis ; de génération en génération vous rencontreriez une hostilité plus acerbe, et si la première ne vous chassait pas, la seconde vous mettrait peut-être au tombeau.

Voici une question plus grave : Êtes-vous moralement dignes de former la jeunesse? Votre conduite est-elle à l'abri de tout reproche? A-t-elle ce degré de pureté que le père de famille a le droit d'exiger du maître de ses enfants?

Sans cette condition, vous n'aurez jamais ni tenue ni dignité; vous ne vous respecterez pas, et on ne pourra pas vous respecter. Si donc vous découvriez en vous les éléments de quelque vice d'intempérance, ce serait le comble de la folie que d'aller sans cesse vous exposer aux regards de tout le monde : l'immodération ne se pardonne jamais dans un maître de la jeunesse.

La vertu ordinaire ne suffit pas elle-même. Pour une carrière si pénible, il faut un dévouement de tous les jours, de toutes les heures ; un maître qui doit toujours être bon, doux, affable, juste, doit avoir dans l'âme cet enthousiasme qui fait voir les choses un peu autrement qu'elles ne sont et faire *un peu plus qu'il n'est possible.* Vous me comprenez. Eh bien, avez-vous pour votre carrière cet enthousiasme, ou espérez-vous le prendre pour votre mission dans vos lectures, dans vos méditations, dans vos entretiens avec Dieu ?

C'est la parole qui doit être votre plus grand moyen d'action, votre levier le plus puissant.

Avez-vous le don de la parole, ou espérez-vous l'acquérir?

Il est de toute nécessité que vous parliez facilement et clairement ; c'est une condition indispensable. Et voulez-vous réellement devenir instituteurs, lisez et écrivez, contez et récitez d'après les meilleurs livres que l'on vous fera connaître, d'après les textes les plus éloquents. Tout ce que notre langue a de richesse, de charmes et de clarté est nécessaire à vos succès, et s'il vous semble que j'aie beaucoup exigé, vous verrez un jour que ce n'était pas assez. Mais je ne veux pas faire en sorte que vous me quittiez tous. Je veux garder tous ceux d'entre vous dont le cœur sent de doux battements à l'aspect d'un écolier, et qui s'écrient avec le Sauveur : *Laissez-les venir à moi !* Mais à ceux-là j'annonce de rudes travaux.

D'abord, ils auront besoin de faire des études consciencieuses et pourtant rapides. Il faut beaucoup de science aux instituteurs ; il leur en faut pour plusieurs générations qui se succèdent. En effet, ce n'est pas pour eux qu'ils cherchent la science ; la science des bons instituteurs n'est pas à eux ; elle est due tout entière à leurs élèves.

De plus, l'art de communiquer leur est aussi nécessaire, aussi indispensable que la science elle-même. Cet art est un des plus difficiles, et pour l'exercer avec succès, il faut non seulement étudier les facultés de l'âme, il faut encore étudier les moyens de les développer.

C'est là ce qui constitue la *Pédagogie*, la science de l'éducation, la plus précieuse de toutes pour vous.

Dans les écoles secondaires, on fait une étude spéciale des facultés de l'âme, ou cours de *Psychologie*.

L'art d'élever les enfants est celui de former ces facultés. Pour les former, il faut les connaître; et pour vous aussi il est bon que des notions de *Psychologie* précèdent les notions de *Pédagogie*. Ici j'emploierai peu ces mots; mais je vous ferai connaître les choses. Je veux être compris et je veux être utile, mais je ne veux pas paraître savant. Dans vos écoles, vous devez un jour vouloir la même chose.

Tel était le langage que je tenais aux futurs instituteurs avant de les admettre à mes leçons. Plus d'une fois j'arrachai des jeunes gens à une carrière qui ne leur convenait pas. J'eus souvent la joie d'en voir d'autres dont la pensée, un peu endormie jusqu'alors, se réveilla comme en sursaut.

Comparer, dans le *Cours normal des instituteurs primaires*, par M. de Gérando, les deux premiers entretiens : De la dignité des fonctions de l'instituteur ; Des dispositions et des qualités nécessaires à l'instituteur, et le chapitre préliminaire du *Cours de pédagogie*, de M. Ambroise Rendu fils.

CHAPITRE XIII.

Cours de pédagogie. —Éducation physique. — Étude de l'homme. Étude de l'enfant. — Le corps. — L'union du corps et de l'âme. — L'anatomie et l'hygiène. — La gymnastique — Le développement simultané du corps et de l'âme.— Premières impressions que reçoit l'enfance. — Les premières sensations. — Les cinq sens. — Leur affaiblissement et leur culture chez les peuples civilisés. — Les différentes races de l'espèce humaine. — La séparation du corps et de l'âme.

Le cours de pédagogie embrasse ces trois choses : étude des facultés physiques de l'homme et principes d'éducation physique; étude des facultés morales et principes d'éducation morale; étude des facultés intellectuelles et principes d'éducation intellectuelle.

Il faut nécessairement connaître l'homme pour pouvoir se charger de son éducation. L'élever, c'est donner à toutes ses facultés, ou bien à celles de ses facultés auxquelles on s'adresse, le degré de force et de développement qui est exigé pour la carrière à laquelle il se destine. On dit quelquefois autre chose. On dit que l'éducation doit donner à chacune de nos facultés le développement complet dont elle est susceptible. C'est une erreur : il en est plusieurs, au contraire, qui ne peuvent pas, qui ne doivent pas être développées complétement et indistinctement pour toutes les carrières. En général, nos facultés ne peuvent pas être cultivées toutes simultanément. Loin de là , elles ne grandissent guère qu'aux dépens les unes des autres ; et s'il est pour elles un degré de culture favorable à toutes, il faut se garder de vouloir franchir ce degré. Je m'explique par des exemples. Quant aux facultés physiques, ceux qui visent au développement de la force nuisent à celui de la délicatesse. Quant aux facultés intellectuelles , la culture de la mémoire ou du raisonnement paralyse celle de l'imagination. Quant aux facultés morales, le courage et l'énergie s'acquièrent au détriment de la sensibilité et de la prudence. Mais à un degré donné, ces facultés, loin de s'exclure, s'entr'aident; et c'est à l'éducation qu'il appartient de cultiver les dons de chacun suivant la destinée qu'il doit accomplir.

Pour pouvoir donner l'éducation ou former les facultés physiques , intellectuelles et morales de l'enfant, il faut commencer par les étudier.

On les étudie en les observant d'abord, en les analysant ensuite , en résumant enfin ces analyses et ces observations en idées générales.

L'homme est à la fois un être visible et un être invisible. Il est composé d'un corps que peuvent apercevoir les sens, et d'une âme que les sens n'aperçoivent pas, mais qui aperçoit, par eux, le dehors, et par elle-même, le dedans.

Le corps s'offre le premier à notre étude. Nous le voyons, nous le touchons. Nous en suivons les mouvements, nous nous apercevons de toutes les sensations de douleur ou de plaisir qu'il fait éprouver à l'âme. Mais nous ne le connaissons pas mieux que l'âme. On dit d'ordinaire qu'on l'observe plus facilement, puisqu'il ne faut pour cela que des sens ; mais rien n'est plus faux que ce langage. Le corps ne s'aperçoit pas lui-même ; c'est l'âme seule qui l'aperçoit, par les sens et les organes des sens. Or, l'âme prend aussi facilement connaissance de ce qui se passe en elle, du chagrin ou de la joie qu'elle éprouve, de l'idée qu'elle poursuit ou de l'activité qu'elle déploie, que de ce qui se passe dans le corps, par exemple, des blessures qui lui sont faites, de toutes les impressions agréables ou pénibles qui lui arrivent.

Le corps a comme l'âme sa région mystérieuse. Ses organes intérieurs sont invisibles à l'œil dans l'état de vie. On peut observer le jeu des veines, des muscles, des nerfs, du cerveau, des poumons, des entrailles, des os, des tendons de l'homme vivant, et ce jeu qu'explique la physiologie offre à notre étude des instructions du plus haut intérêt. Mais pour qu'on puisse examiner ces objets eux-mêmes le scalpel à la main, il faut que nous ayons cessé de vivre et qu'une séparation entre le corps et l'âme se soit opérée. Or, ce n'est plus alors que dans un cadavre qu'on peut suivre toute cette organisation si belle et si merveilleuse qui fait de l'homme la plus parfaite des créatures de la terre. L'âme, au contraire, peut être étudiée tout entière, non seulement dans le jeu de ses facultés, mais dans ses facultés elles-mêmes, malgré sa réunion avec le corps, qui est souvent considéré comme sa prison, et qui est plutôt son serviteur.

L'art de décomposer et de disséquer le corps humain pour en faire connaître les différentes parties après la mort s'appelle *Anatomie*.

Il est bon que l'instituteur en ait quelques notions, afin d'être en état de donner aux enfants les leçons nécessaires pour la conservation de leur santé, et afin qu'il puisse diriger avec intelligence les exercices qui ont pour but le développement des forces physiques.

Il peut donner aussi aux pères de famille les conseils dont ils ont si souvent besoin pour se dérober aux ruses des charlatans qui exploitent leur crédulité, et vous trouverez sur le corps de l'homme d'excellentes instructions dans un des plus beaux chapitres de Buffon.

On donne le nom d'*Hygiène* aux règles et aux moyens qui ont pour objet la conservation de la santé : vous puiserez l'indication de celles de ces règles et de ceux de ces moyens qu'il vous importe de savoir dans les livres et dans les conseils du médecin.

On donne le nom de *Gymnastique* à l'ensemble des exercices qui ont pour but d'aider le développement régulier des facultés physiques de l'homme, à l'ensemble des règles ou à l'art qui préside à ces exercices. Vous ne trouverez à cet égard de bonnes directions que dans les conseils de l'expérience.

Ce que l'étude du corps humain offre de plus curieux à étudier, c'est son développement successif, et ce sont les rapports qui existent entre les progrès de ses facultés et le progrès de celles de l'âme.

Quand l'enfant vient au monde, le corps n'a que cinquante ou soixante centimètres de taille, et rien à peu près n'annonce encore son âme, si ce n'est la vie elle-même. Les premières fonctions de ce petit hôte de l'univers, ses cris et ses mouvements appartiennent à la nature animale. A mesure que se forme le corps, l'âme se développe de son côté. Dès le quarantième jour, l'enfant distingue les choses qui lui font plaisir ou peine ; il sait sourire et pleurer. Il manifeste ainsi les sentiments qu'il éprouve d'une manière qui caractérise l'espèce humaine, car l'animal ne sait ni rire ni pleurer.

Placé à la meilleure des écoles, celle d'une mère, l'enfant fortifie si bien ses organes et son âme, suit de si près tout ce qu'il voit, observe si bien, recueille tant de sensations et d'idées, qu'au quinzième mois il essaye de bégayer. Il a entendu parler et rendre des sentiments par la voix, il veut en faire autant. Mais ses idées, ses sentiments sont en petit nombre, et ses organes sont encore malhabiles ; il n'a retenu que très peu de syllabes, et c'est à peine s'il en a compris ou deviné le sens. Cependant il veut parler et se faire entendre. Alors il simplifie ce qui est trop compliqué pour lui, et attache à certaines articulations un sens particulier ; et pourtant il exige qu'on le comprenne ; il s'impatiente lorsqu'on ne veut pas l'entendre. Mais il ne se décourage pas, et les obstacles, en irritant ses facultés, semblent leur donner plus d'énergie, un développement plus rapide.

Ce n'est guère que vers la troisième année que les enfants prononcent distinctement, répètent ce qu'on leur dit et commencent à parler avec facilité. Ceux auxquels on prodigue trop de soins, trop d'attention, et qui n'ont besoin que de quelques gestes pour faire comprendre et remplir leurs désirs, parlent ordinairement plus tard que les autres. On dirait qu'ils ne veulent pas se donner une peine inutile, ni employer pour se faire entendre des mots qu'ils remplacent si commodément par des signes.

Quoi qu'il en soit, il ne faut pas, dans l'intérêt de l'éducation physique, se presser imprudemment de donner des leçons à l'enfant. Il faut ménager des organes encore faibles, ne pas imprimer trop de mouvement à des ressorts encore tendres et qu'on pourrait déformer, et ne pas exiger de l'intelligence une attention qui affaiblirait le corps.

Mais c'est surtout l'époque de l'adolescence qui doit être surveillée, sous le rapport de l'éducation physique, avec toute l'inquiétude et toute l'autorité qu'inspire l'expérience. C'est celle du plus grand développement physique; c'est celle où se consolident le mieux les bonnes habitudes de l'enfance, et c'est aussi celle où se préparent le plus directement la santé de l'âge mûr et la sérénité de la vieillesse.

C'est vers la trentième année que la croissance de l'homme s'achève, et alors tout annonce en lui le maître de la terre. Tout marque, même à l'extérieur, sa supériorité sur les autres êtres vivants. Il se soutient droit et élevé; son attitude est celle du commandement; sa tête regarde le ciel et présente une face auguste sur laquelle est imprimé le caractère de sa dignité; l'image de l'âme y est peinte par la physionomie; l'excellence de sa nature perce à travers les organes matériels, elle anime d'un feu divin les traits de son visage. Son port majestueux, sa démarche ferme et hardie annoncent sa noblesse et son rang; il ne touche à la terre

que par ses extrémités les plus éloignées ; il ne la voit
que de loin et semble la dédaigner. Les bras ne lui
sont pas donnés pour servir de piliers à la masse de
son corps ; sa main ne doit pas fouler la terre et perdre par des frottements réitérés la finesse du toucher
dont elle est l'organe. Le bras et la main sont faits
pour servir à des usages plus nobles, pour exécuter
sa volonté, pour saisir les choses éloignées, pour
écarter les obstacles, pour prévenir les rencontres et
le choc de ce qui pourrait nuire, pour embrasser et
retenir ce qui peut plaire, pour le mettre à la portée
des autres sens [1].

Dans l'intérieur du corps, les parties les plus intéressantes sont le cerveau, le cœur, l'estomac et les
organes vocaux. Le cerveau est considéré comme le
siége de l'intelligence, le cœur comme celui de la sensibilité.

Au cerveau de l'homme aboutissent tous les nerfs
et toutes les impressions extérieures, toutes les sensations. C'est par cinq organes différents, l'œil, l'o-
reille, le nez, le palais et toute la surface du corps
qu'elles y parviennent, et c'est dans ces organes que
résident ce qu'on appelle quelquefois les sens extérieurs, mais ce qu'on pourrait tout aussi bien appeler les sens intérieurs ; car la vue, l'ouïe, l'odorat, le
goût et le toucher ne sont pas autre chose que l'âme
qui voit, sent, goûte et touche par les organes du
corps. Les trois premiers de ces sens paraissent s'être
affaiblis par la civilisation ; ils ont du moins plus de

---

[1] Buffon, *l'Homme.*

finesse ou plus d'étendue chez les sauvages. Le goût et le toucher, au contraire, sont plus parfaits chez les peuples civilisés que chez les autres.

Au cœur aboutissent tous les mouvements de cette circulation qui sans cesse transporte et renouvelle le sang dans toutes les parties du corps. Aussi le cœur est-il un des organes les plus délicats, et demande-t-il autant d'attention que le cerveau lui-même.

L'estomac est ce foyer commun où se préparent et d'où partent toutes les forces que donnent les aliments. Il est le véritable régulateur de la santé, de la vigueur, du bien-être physique.

Les organes vocaux, qui se trouvent unis à ceux de la respiration elle-même, et qui servent de véhicules à la pensée, au sentiment et à la volonté, méritent de grands soins et une surveillance spéciale. Ils prêtent à l'élocution et au chant toute leur puissance, leur flexibilité et leur beauté.

Les différents peuples de la terre se distinguent les uns des autres, sinon par l'organisation intérieure du corps, du moins par sa couleur et sa conformation extérieure. La diversité des climats, des mœurs et du genre de vie a produit dans l'espèce humaine, qui est une et qui est sortie de la main du Créateur dans la personne d'un seul homme primitif, trois races différentes : la race *caucasique*; la race *mongole*; la race *nègre* ou l'*éthiopique*. On distingue la race caucasique, à laquelle appartiennent les peuples de l'Europe, en quatre variétés : ce sont celles des Indiens, des Scythes, des Pélasges et des Celtes. Les Celtes se sont divisés en Germains et en Gaulois. Ils ont occupé l'Allemagne, la France, une partie de l'Italie et de l'Espagne, les îles Britanniques et les régions du Nord.

Ces indications suffisent, je pense, pour vous faire comprendre, en général, ce que vous entendrez dire sur les différentes races du genre humain, et sur la question de savoir si les Noirs sont les frères des Blancs. Vous comprendrez aussi ce que vous lirez dans l'histoire sur le mélange des populations gauloises et germaniques, mélange qui a eu lieu à différentes époques, et qui a donné naissance au nom de la nation française, les Francs s'étant trouvés en majorité parmi les Germains, lorsque ces peuples ont envahi la Gaule au cinquième siècle de notre ère.

Mais il est temps de porter nos regards sur l'intérieur, sur la partie invisible de l'homme, sur l'âme. C'est elle qui nous intéresse le plus; c'est elle que nous entendons quand nous disons *moi* ou *nous*; c'est elle qu'il vous importe le plus de former, d'élever. Elle est d'une origine supérieure au corps, elle vient de Dieu. Quand le corps meurt et retourne à la terre d'où il est tiré, elle retourne à Dieu qui l'a faite à son image, afin de l'associer à la félicité pour laquelle il la créait. En un mot, le corps n'est que l'instrument de l'âme; il lui est donné pour concourir à l'éducation qu'elle doit recevoir dans ce monde, pour la servir dans les travaux qu'elle doit entreprendre, dans les vertus qu'elle doit pratiquer et dans les épreuves qu'elle doit subir.

Voir, Lacépède, *Histoire naturelle de l'homme*, 1 vol. in-8°. — Jubé de la Perelle, *Notions élémentaires d'anatomie et de physiologie humaines.*

CHAPITRE XIV.

Suite du cours de pédagogie. — Éducation intellectuelle. — De
l'âme. — De ses principales facultés. — L'intelligence. — La
pensée. — L'attention. — La perception. — Le raisonnement. —
La réflexion. — Le jugement. — La mémoire. — L'imagination.
La science. — Les idées abstraites.

L'éducation intellectuelle a pour objet, non pas de
donner à toutes et à chacune de nos facultés intellectuelles le développement entier dont elles sont susceptibles, mais toute la capacité qui est nécessaire ou
utile pour les devoirs que nous avons à remplir,
chacun selon sa carrière.

Pour être en état de perfectionner ces facultés ou
celles de ces facultés qui demandent une culture spéciale, il faut commencer par les étudier chacune en
elle-même, et toutes dans leur admirable ensemble. Je
vous ai déjà dit que cette étude se nomme, quand elle
est approfondie, *Psychologie*.

L'âme, créée à l'image de Dieu, cette partie de nous-
mêmes si supérieure au corps, se distingue par trois
grandes facultés : celle de *penser*, celle de *sentir*, celle
de *vouloir* ; c'est-à-dire la sensibilité, l'intelligence,
la volonté. Toutes les trois s'exercent et se perfectionnent au moyen des organes du corps; et en nous étudiant nous-mêmes, nous reconnaissons l'ordre dans lequel elles se développent. Parmi les philosophes, c'est
une question que de savoir si nous *sentons* avant de

penser, ou bien si le jeu de l'intelligence précède celui de la sensibilité? Mais cette question est insoluble et n'a pour vous aucune importance. Ce qui est certain, c'est qu'il se passe dans l'âme des faits d'intelligence, et qu'elle a des idées, des notions, des pensées qui ne sont accompagnées d'aucune de ces émotions qu'on appelle des faits de sensibilité; tandis qu'il n'est aucune de ces émotions ou de ces faits qui ne soit accompagné d'un acte de l'intelligence, d'une idée, d'une notion ou d'une pensée. En général, les trois grandes facultés de l'âme sont unies de manière à ne former qu'une seule et même âme; elles ne forment pas trois choses différentes.

Quant à la volonté, il est bien évident que nous pensons et sentons avant de *vouloir.*

Dans l'enfance, la sensibilité se montre la première. Elle domine. En effet, tous les instincts de l'enfant sont excités par les objets qui l'environnent, et c'est par les sens que semblent lui arriver les premiers aliments de son intelligence, les premières impressions qui en excitent le jeu.

Pendant tout le cours de la vie, la sensibilité joue un rôle puissant. Nos sens reçoivent sans cesse des impressions, et il en est qui portent avec elles un grand charme : le magnifique spectacle du ciel étoilé réjouit notre vue ; notre ouïe est enchantée d'une musique délicieuse; notre odorat est ravi du parfum qu'exhale la fleur ; notre goût est flatté de la saveur d'un mets exquis. Le toucher lui-même a quelque chose qui plaît. Le baiser que j'imprime sur les joues de mon Adolphe donne à mes lèvres une sensation agréable, abstraction faite de l'émotion qu'en éprouve mon âme.

Ces sensations ne s'arrêtent pas aux sens ou aux organes des sens. Elles vont à l'âme. Si elles n'arrivaient point jusqu'à elle, au bout de quelques instants, il n'en resterait rien. Nous avons, il est vrai, des impressions qui passent inaperçues, dont notre entendement n'apprend rien ou presque rien, auxquelles il ne prête pas d'attention, qu'il n'examine pas, ou dont il n'a pas conscience. C'est que dans ces instants nous sommes préoccupés par d'autres sensations plus fortes, plus intéressantes pour notre âme. Par exemple, au moment où un boulet ennemi passerait sur la tête d'un soldat, le parfum d'une rose, quelque rapproché qu'il fût de sa personne, ne frapperait guère son odorat ; son attention serait absorbée par un autre objet.

Ces cas ne sont pas rares. Cependant, dans l'état ordinaire, nous nous apercevons des impressions qu'éprouvent nos sens. Elles parviennent à l'âme. L'intelligence s'en empare, les analyse, les décompose, les compare entre elles, en remarque le caractère, s'en fait des idées. De ces idées elle fait des jugements, des raisonnements, des théories, un système, la science.

Cette activité de l'intelligence se nomme la *pensée*.

En effet, ce ne sont pas nos sens qui comparent, qui analysent, qui remarquent les caractères des objets et les classent ; c'est notre âme, notre intelligence qui fait tout cela, au moyen d'un acte général qu'on appelle *penser*.

L'une des premières choses que fait la pensée,

c'est de bien distinguer, de nos sens et de nous-mêmes, les objets extérieurs qui agissent sur nos sens. C'est ce que les philosophes appellent *distinguer le monde intérieur du monde extérieur*, le *moi* du *non-moi*, mots scientifiques que vous n'emploierez jamais, et que je me dispenserais de vous citer, s'ils ne se rencontraient dans quelques livres qui peuvent vous être utiles, et dont vous êtes obligés de connaître le langage.

L'intelligence, l'une des trois grandes facultés de l'homme, se décompose ou se distingue en plusieurs facultés secondaires.

La faculté d'observer ce qui frappe nos sens ou ce qui occupe notre sensibilité, notre intelligence ou notre volonté, s'appelle l'*attention*.

Celle de conserver le souvenir de nos sensations, de nos idées et de nos résolutions, se nomme la *mémoire*.

Celle de nous rappeler l'image de ce qui nous a frappés ou de combiner ensemble des sensations, des notions et des résolutions, se nomme l'*imagination*.

Celle de bien examiner nos sensations se désigne par le mot de *réflexion*.

Celle de comparer les choses, les images ou les impressions avec tous leurs caractères, se dit la *comparaison*.

Il en est une autre des plus précieuses, et qui se rattache à la *comparaison* : c'est le *jugement*. Dès que nous comparons deux choses, nous les trouvons ou égales ou différentes, plus grandes, plus belles, plus petites, plus laides l'une que l'autre. Énoncer ce résultat, c'est prononcer un *jugement*.

Remarquez que le mot jugement a dans notre langue trois acceptions différentes : il signifie la faculté de juger, le jeu de cette faculté ou l'opération, et le résultat de cette opération, le jugement prononcé.

Il en est de même du mot raisonnement. Lier entre eux deux ou plusieurs jugements, c'est *raisonner*. Le raisonnement est une faculté, une opération, et le résultat d'une opération.

Vient maintenant la question de savoir ce que vous avez à faire pour l'éducation intellectuelle de vos élèves, afin d'assurer à leurs facultés le développement qu'exige leur carrière?

Ce doit être là pour vous le sujet des plus sérieuses méditations, car je ne puis vous donner à cet égard que des règles générales, et c'est à vous qu'il appartiendra de les appliquer aux localités, aux classes et aux individus. Mais voici bien les plus importantes de ces règles.

N'enseignez jamais à vos élèves que ce qui doit être su, le nécessaire, l'utile.

Ne développez jamais des facultés qu'ils serait dangereux, ou pour le moins inutile de développer.

Considérez surtout qu'il n'existe pas d'études ou de connaissances d'agrément pour les classes laborieuses, et que les appeler au luxe de l'instruction pour les en exclure ensuite serait une sorte de cruauté.

Enseignez toujours avec une clarté parfaite; que jamais l'intelligence de vos élèves ne reste dans le doute, dans le vague, dans l'obscurité.

Que les facultés se perfectionnent bien dans l'ordre qu'a voulu la nature.

Pendant l'enfance, ce sont l'intuition et la mémoire qu'il est le plus facile d'exercer; et, dans un bon système d'enseignement, on doit présenter à l'attention de l'enfant le plus d'objets qu'il est possible.

Les mots étant nécessaires pour le rappel des choses, et les nombres pour la connaissance des grandeurs ou des rapports, il faut enrichir la mémoire de mots en enrichissant l'imagination de signes.

Mais ne sacrifiez jamais la connaissance des choses à celle des mots, ni celle des mots à celle des choses.

Surtout, ne vous pressez pas imprudemment de donner des leçons à l'enfant. Ménagez, au contraire, dans la maison paternelle, à la salle d'asile, à l'école, ses organes encore faibles et délicats. Pendant l'union du corps et de l'âme, le jeu des facultés intellectuelles est lié à celui des facultés physiques et à la condition des organes matériels. Or, en imprimant à des ressorts encore tendres un mouvement trop rapide et trop brusque, non seulement vous risqueriez de les rompre ou de les déformer, mais vous arrêteriez le progrès intellectuel qui dépend de leur élasticité. N'exigez donc de l'enfant qu'une attention proportionnée aux forces de son corps et de son âme. Pour se développer harmonieusement, cette attention a besoin de varier son travail et de passer d'un objet à un autre, avant de sentir les atteintes d'une lassitude funeste. L'esprit de l'enfant est aussi mobile que son corps, et en surveillant les écarts, n'ayez pas la prétention de réformer la nature. Donnez à cette mobilité ce qui est légitime. Il est des enfants d'une gravité et d'une instruction extraordinaires; s'il s'en présente chez vous, acceptez-les ; mais ne mettez pas votre ambition à les *pousser*, et considérez qu'une foule de ces petits prodiges qui étonnent à cinq ou six ans n'ont été plus tard que des jeunes gens ou des hommes fort ordinaires.

A l'époque de l'adolescence, l'imagination tend à prédominer. Maintenez-la dans ses bornes.

Dans l'âge mûr, l'âme, plus exercée à comparer, possède dans toute sa plénitude la faculté de *juger* et de *connaître*. Or, la *connaissance* exacte, la *science*, est le dernier et le plus beau résultat de toute cette activité de l'intelligence, de tous ces actes de la pensée. Mais ce résultat ne s'obtient qu'autant qu'il est préparé par les exercices du jeune âge. Préparez-les au moyen de ces sages exercices qui ont pour but de donner à l'intelligence de la force et de la clarté, ce qui veut dire de la rectitude et de la vérité, exercices sur lesquels je reviendrai lorsqu'il s'agira de la *méthode*.

Quand nous examinons un objet ou un phénomène dans tous ses caractères, nous obtenons une *notion* plus ou moins *claire*, une *idée* plus ou moins *complète*. Quand nous n'examinons les choses que superficiellement, nous n'en prenons que des idées plus ou moins obscures, incomplètes, confuses. Faites donc prendre à vos élèves l'habitude d'examiner et de saisir. L'habitude contraire, de ne rien examiner, ni rien saisir, est une des plus grandes maladies de l'âme. C'est de *l'étourderie* ou de *l'imbécillité*.

Donnez non seulement des idées claires ; donnez aussi des idées générales. Qu'est-ce que ces idées ?

On sait fort bien, par exemple, ce que c'est qu'un arbre ; on sait que c'est une plante très forte, très développée, dont les racines plongent dans le sol, dont le tronc s'élève en l'air, dont les branches s'étendent dans l'espace, et qui a de nombreux rameaux, des feuilles, des fleurs et des fruits. Ce n'est pourtant là qu'une *notion abstraite*, une *idée générale*; et, après tout, s'il existe des poiriers, des pommiers et des cerisiers, appelés communément *arbres*, il n'existe rien qui s'appelle tout simplement arbre. Tout arbre est pommier, poirier, sapin, etc.

Dans l'antiquité et dans le moyen âge, les philosophes ont attaché une importance extrême à bien constater ce fait, qui pourtant se constate facilement.

On pourrait dire que puisque dans le monde réel rien ne répond à certaines idées générales, ces idées ne sont que des mots ou des abstractions inutiles.

Ce serait bien à tort qu'on soutiendrait un tel paradoxe, et je ne vous en parlerais pas s'il n'était pas nécessaire, à cause de vos leçons de grammaire où il se glisserait aisément des définitions fausses, de vous donner à ce sujet des idées bien claires. Ainsi l'on dit, dans certains manuels du langage, que les substantifs se distinguent en deux classes, que les uns expriment des objets réels et concrets, les autres des objets *imaginaires* ou *abstraits*, et parmi ces derniers on cite la justice, la vertu, la charité. Cela est-il exact? — Sans doute, il n'existe dans le monde aucun objet, aucun être qui soit la *justice*, ou la *vertu*, ou la *charité* en personne. Mais cela ne veut pas dire que ces vertus soient imaginaires ou ne soient que des abstractions. Aussi cela ne nous empêche pas de savoir très bien ce que c'est que chacune de ces vertus. Assurément elles sont ce qu'il y a parmi nous de plus admirable et de plus nécessaire, et si elles ne se trouvent pas personnifiées ou incarnées tout entières dans tous les hommes, elles n'existent pas moins heureusement dans beaucoup de personnes, et à un degré aussi honorable pour elles que sensible pour tout le monde. Si abstraites qu'elles soient, il y aurait folie à les nier.

Rapprocher les unes des autres nos connaissances les plus certaines, nos idées les plus complètes et nos notions les plus pures; les éclairer, les compléter et les rendre plus instructives les unes par les autres; en déterminer la nature, la valeur, les rapports et la portée; en tirer des conséquences, en induire des théories ou des croyances et des enseignements, telle est la plus belle occupation de notre intelligence. La faculté de faire tout cela se nomme la *raison*. S'en servir, c'est porter des jugements; c'est *raisonner* ou faire des *raisonnements*.

Lorsque l'intelligence juge ou raisonne, elle exerce sa fonction suprême. La *raison* est comme la lumière ou la reine des autres facultés de l'intelligence; c'est celle qui contrôle les autres; c'est elle qui tantôt leur demande et tantôt leur donne *raison* de leurs actes.

Elle demande la raison de toute chose, et elle n'admet rien qui ne soit suffisamment examiné, justifié, prouvé à ses yeux; rien qui ne soit *raisonnable*, c'est-à-dire conforme aux lois que Dieu lui-même a données à notre être. Cela se conçoit. La raison humaine n'étant qu'un reflet de la raison divine, obéit nécessairement aux lois que Dieu a prescrites à son activité. Elle ne saurait refuser de s'y soumettre; et adopter des choses déraisonnables serait une preuve de faiblesse, de maladie ou du moins d'incurie dans l'esprit.

Mais l'intelligence humaine faite pour chercher la raison de tout est loin de la trouver en toute chose.

En cherchant la raison de tout , elle arrive aux grandes questions de la création du monde, de l'existence de Dieu et de l'immortalité de l'âme , questions que ses seules lumières ne peuvent éclairer que jusqu'à un certain point, mais sur lesquelles elle demande que les lumières de la raison divine répandent cet éclat si pur et si vif dont brille la religion.

L'enseignement de la religion est donc celui de tous qui assure à l'éducation intellectuelle le développement le plus élevé et le plus complet.

L'éducation intellectuelle est, dans les études supérieures, l'objet d'un enseignement spécial , appelé *Logique*, mais dont vous n'avez pas à vous occuper.

A l'éducation intellectuelle, qui forme l'intelligence pour le Vrai, se rattache intimement l'éducation morale, qui a pour but de former la volonté pour le Bien, et l'éducation esthétique, qui forme la sensibilité pour l'appréciation du Beau.

Il n'existe encore ni un traité de Psychologie ni un traité de Logique populaires qu'on puisse recommander à la classe des instituteurs.

CHAPITRE XV.

Suite du cours de pédagogie. — La sensibilité et la volonté. — Education esthétique. — Éducation morale.

Nous avons vu comment les impressions que les objets extérieurs font sur les organes du corps exercent les différentes facultés de notre intelligence et agissent sur les différents actes de la pensée : voyons aussi comment ces mêmes impressions tiennent aux sensations et exercent la faculté *de sentir*, la *sensibilité*.

Je passerai de là à l'étude de la volonté, et j'y rattacherai des indications sur l'éducation morale de la jeunesse qui sera confiée à vos soins.

Sentir, ou avoir un sentiment, c'est s'apercevoir d'une impression, c'est avoir une sensation.

Les sensations sont ou agréables, ou désagréables, ou indifférentes, c'est-à-dire ni l'un ni l'autre. On appelle sensations agréables celles qui causent du plaisir; sensations désagréables, celles qui causent de la douleur.

Il y en a un grand nombre d'autres qu'on appelle indifférentes, qui ne causent ni plaisir ni douleur, auxquelles nous sommes insensibles. Cette insensibilité tient tantôt à notre organisation physique, tantôt à notre éducation morale, tantôt à notre culture intellectuelle et à nos talents.

C'est ainsi qu'un air de musique ravit l'un jusqu'à l'extase, et laisse l'autre dans l'indifférence.

La sensibilité tient aussi à nos habitudes et à nos souvenirs. L'aspect d'une chaumière qui nous rappelle celle où nous avons reçu le jour remplit notre cœur de la plus douce et de la plus profonde émotion, tandis qu'il ne dit rien à celui qui n'a pas de souvenirs de ce genre.

Elle tient enfin à toute notre vie, à tout ce qui constitue notre individualité. En effet, le domaine de la sensibilité est immense ; il embrasse le monde physique, intellectuel et moral. C'est ce qui explique la richesse et la variété infinie de nos sensations.

Aux sensations se lient les *sentiments*. Quelquefois on prend ces deux mots dans le même sens ; ainsi on dit : avoir un sentiment ou une sensation de douleur. Il vaut mieux les distinguer. L'Académie dit que la sensation est l'*impression* que l'âme reçoit des objets par les sens, et que le sentiment est la *perception* que l'âme a des objets par les sens, mais qu'il signifie aussi la faculté qu'a l'âme de recevoir l'impression des objets par les sens. Le sentiment est donc une perception ou une faculté de l'âme ; la sensation n'est qu'une impression qu'elle reçoit.

Le mot de sentiment se prend encore dans une acception plus élevée. Il signifie la faculté que nous avons de connaître, de saisir ou d'apprécier certaines choses sans le secours de l'observation et du raisonnement, faculté qui est comme une sorte d'instinct. C'est ainsi qu'on a le sentiment du bon, du beau, du juste, ou le sentiment de sa force, de sa faiblesse.

Mais dans son acception la plus ordinaire et la plus digne de votre attention, le sentiment ne désigne ni l'impression que reçoit l'âme d'un objet au moyen des sens, ni la perception qu'il en a, ni la faculté instinctive de connaitre : il désigne les mouvements, les émotions, les affections, les passions de l'âme.

Ce qu'il vous importe d'étudier pour l'éducation morale de vos élèves, ce sont les sentiments d'amour et de tendresse, de haine et d'aversion, de colère et de vengeance, de douleur et de repentir, de plaisir et de joie, de regret et de résignation, de religion et de piété, sentiments qui jouent un si grand rôle dans la vie de l'homme, et dont tous les germes sont déposés ou se glissent dans le cœur de l'enfance.

Plus ces sentiments sont vifs, et plus ils émeuvent ou ébranlent notre être, corps et âme.

C'est la région du cœur qui en est le plus vivement affectée. C'est pour cela que le cœur est regardé comme le siége de la sensibilité, et de là viennent ces locutions de : cœur tendre, dur, bon, mauvais ; et plusieurs expressions figurées telles que, cœur de cire, cœur de roche.

L'enfance se distingue par une douce et tendre sensibilité ; les impressions qu'elle reçoit sont profondes ; elles ne s'effacent guère, et souvent elles dominent l'homme pendant le reste de la vie. Elles décident ainsi de ses destinées. C'est pour cela qu'il importe de faire chérir à l'enfant tout ce qui est beau.

Former le sentiment et perfectionner le goût du Beau, c'est, suivant une terminologie moderne et un peu étrangère, donner l'éducation *esthétique*. C'est encore là un de ces mots que vous avez besoin de connaître, mais que vous éviterez d'employer ; pour vous, la science qu'il désigne se confond avec l'éducation intellectuelle et morale.

C'est principalement par les exemples dont on entoure l'enfance que s'opère son perfectionnement moral. Que l'enfant ne puisse voir dans les actions dont il est témoin que cette justice qui se fait sentir si aisément à son cœur et à son esprit, que cette douceur et cette bonté qui sont l'apanage de l'homme vertueux. Qu'on l'accoutume aux plaisirs de la bienfaisance, qui sont à la portée de tous les âges. Qu'on l'habitue à maîtriser ses mouvements, à soumettre sa volonté à sa raison. Que des épreuves ménagées avec soin lui fassent sentir les effets heureux ou malheureux des bonnes ou des mauvaises actions. Qu'on écarte surtout de son esprit les erreurs que tant de personnes se plaisent à lui offrir sous le prétexte de l'amuser, ou pour se débarrasser des questions que leur adresse sa curiosité si naturelle.

Il est de ces questions auxquelles il n'est point nécessaire de répondre; à toutes les autres, la simple vérité est la meilleure réponse.

C'est surtout l'époque de l'adolescence qu'il faut surveiller sous ce rapport : c'est celle du plus grand épanouissement, c'est aussi celle où, dans le cœur du jeune homme, naissent les pensées, les résolutions, les affections les plus capricieuses. De bons exemples, des paroles sages, une société honnête, une instruction soignée l'affermiront dans ses habitudes d'ordre et de sagesse. L'ignorance, la mauvaise compagnie, des livres pernicieux et de funestes conseils le perdraient pour toute la vie.

Diriger tous nos sentiments vers le bien, les éloigner du mal, tel est l'objet spécial de l'éducation *morale*.

Il faut pour cela qu'un seul sentiment domine tous les autres, le sentiment du bien. Qu'est-ce que ce sentiment?

Nos pensées et nos actions sont, dans certains cas, accompagnées d'un sentiment de satisfaction et d'approbation pour nous-mêmes; dans d'autres, d'un sentiment de désapprobation, de regret et de remords.

Ce sentiment puise sa source dans la conscience, puissance redoutable qui approuve en nous ce qui est bien et qui désapprouve ce qui est mal.

La conscience est une voix qui vient de Dieu, comme la raison est une lumière qui vient du législateur suprême. C'est par la conscience et la raison que le Créateur mène les créatures intelligentes, et c'est par l'une et par l'autre qu'il veut soumettre la volonté de l'homme à sa loi divine.

En effet, il ne suffit pas que l'intelligence de l'homme soit suffisamment éclairée pour voir le Vrai, et sa sensibilité assez bien dirigée pour aimer le Bien, il faut encore que sa volonté soit assez forte et pure pour vouloir ce que Dieu veut que nous voulions. Là est pour nous la perfection.

Qu'est-ce que vouloir?

La volonté est la troisième des grandes facultés de l'âme; c'est la compagne inséparable de la pensée et du sentiment. Nous voulons nécessairement ce qui répond à nos idées, ce qui nous fait plaisir. Nous haïssons, nous fuyons naturellement ce qui révolte la raison ou nous cause de la douleur.

La volonté est quelquefois aveugle, instinctive; d'autres fois raisonnée, réfléchie. Elle ne doit jamais être forcée par un autre que nous. Elle ne doit jamais être l'esclave d'un autre que nous-mêmes. Elle est faite pour être libre, c'est-à-dire pour pouvoir choisir entre le bien et le mal. Nous pouvons être privés de cette liberté; on peut nous faire violence, soit en affaiblissant notre intelligence et en la privant de lumière, soit en corrompant notre sensibilité et en la précipitant dans le mal, soit en forçant notre bras par une coercition matérielle. Mais dans l'état régulier, rien ne peut s'emparer de nous-mêmes, personne ne peut forcer le sanctuaire de notre conscience et nous faire vouloir ce que nous ne voulons pas. C'est parce que nous sommes libres de vouloir le bien ou de ne pas le vouloir, qu'il y a du mérite à l'aimer et à fuir le mal. Si, par notre propre nature, ou par une puissance en dehors de nous, nous étions forcés de haïr le mal et d'aimer le bien, nous ne serions pas libres; et alors n'y aurait, dans notre volonté, ni faute ni mérite, ni moralité ni immoralité.

Notre volonté est donc libre, et c'est parce qu'elle est libre qu'elle est morale, qu'elle est méritoire, et que les actes que nous accomplissons sont bons et beaux, ou mauvais et coupables. La grande tâche de l'éducation est de former le cœur de l'enfant de telle sorte qu'il veuille toujours le bien, qu'il le veuille dans toutes les circonstances de la vie, et qu'il le veuille avec force, avec persévérance, en dépit de tous les obstacles et malgré tous les sacrifices.

Cependant l'éducation se borne à diriger la volonté, elle ne peut pas la créer. Elle prend l'homme tel que la nature l'a fait ; elle ne le refait pas à sa guise ; elle le façonne seulement.

Pour le façonner, elle doit le prendre jeune, et guetter pour ainsi dire les premières manifestations de sa volonté, afin de leur donner une direction puissante et sage aussitôt qu'elles apparaissent. Qu'avez-vous à faire à cet égard ?

Les premiers germes de la volonté sont les *instincts*. Il en est qui méritent toute votre attention.

L'enfant éprouve le besoin d'être bien, de s'occuper, d'être encouragé, d'être aimé, d'aimer et d'imiter.

Il exige d'abord que le sentiment du bien-être soit son état habituel : il pleure, il rit, suivant qu'il est bien ou mal, et rien n'est plus digne de votre sollicitude que ces besoins.

Il essaye ensuite, dans son instinct d'activité, de remuer ses membres, de déployer ses forces, de se créer des occupations conformes à ses moyens. Ces occupations ne sont que des jeux ; mais, on l'a souvent dit, les jeux des enfants sont des travaux.

Le besoin d'encouragements et de distinctions qui éclate dans l'enfance est quelquefois si vif en elle, qu'elle fait des efforts prodigieux pour les mériter.

Elle a de même un tel besoin d'aimer et d'être aimée, qu'elle s'attache à qui lui fait du bien, qu'elle sourit à qui lui sourit, et caresse quiconque la caresse.

L'enfant éprouve aussi naturellement les sentiments qu'il voit régner dans d'autres. Il se réjouit ou s'afflige avec ceux qui s'affligent ou se réjouissent. Il sent leurs plaisirs et leurs peines ; il sent ce qu'ils sentent. Ce sentiment instinctif se nomme sympathie, et le Créateur l'a mis dans le cœur de tous les hommes pour en faire des frères. Ceux qui se réjouissent des peines des autres ou qui s'affligent de leurs plaisirs sont dans un état de maladie qu'on appelle envie, jalousie. C'est là, en morale, un vice organique qui peut donner la mort, et qu'on s'efforce de cacher, tant il est honteux. Il faut le guérir avec soin, dès qu'il s'annonce dans le cœur d'un enfant.

L'instinct de l'imitation et celui de l'indépendance, qui en est le correctif, ne sont pas les moins forts de ceux qu'à l'enfance. Apprenez donc à vos élèves ce qui mérite d'être imité, mais faites-leur sentir de bonne heure que, dans ce monde, l'indépendance des uns est toujours modifiée et limitée par celle des autres ; que c'est à force de sacrifices réciproques que l'on parvient à jouir, dans la vie, non pas d'une indépendance absolue, mais de la plus grande liberté qu'il nous est donné d'avoir.

Les *instincts* font naître des *désirs*. Les désirs qui règnent habituellement deviennent des *penchants*. Les penchants auxquels on se livre se changent d'abord en *affections*, puis en *habitudes*. Ils deviennent souvent des *passions*, c'est-à-dire des mouvements violents, impétueux, qui nous aveuglent et nous étourdissent au point de nous entraîner, comme malgré nous, aux plus grandes fautes ou aux plus grandes vertus.

Toute passion qui n'obéit pas à la raison est à la fois une ivresse intellectuelle et une souffrance morale.

Les affections qu'il importe le plus de bien diriger dans l'enfance sont la crainte, la susceptibilité, l'humeur, l'emportement, la colère, la joie, l'espérance, l'engouement. Apprendre aux enfants à maîtriser ces affections, à les soumettre à la raison, c'est là précisément la grande tâche de l'éducation morale.

Le secret d'y réussir, c'est d'unir l'exemple au précepte. L'instituteur qui sait modérer ses affections et qui est maître de lui-même est le seul qui soit le maître de ses élèves. qui ait sur eux de l'autorité, qui leur inspire de la confiance, et qui fasse respecter, avec les vertus qu'il montre, les préceptes qu'il enseigne.

On vous dira souvent que l'instituteur donne l'enseignement, et le père de famille, l'éducation. Rien n'est plus faux, et vous manqueriez au plus beau de vos devoirs, si vous ne concouriez pas à l'éducation morale de vos élèves. Mais comment y concourir?

Voici les vertus ou les qualités que l'enfance doit apprendre à l'école : l'amour de tout ce qui est bien, le goût de tout ce qui est honnête, l'habitude de l'obéissance, de l'attention, du travail, de l'ordre, de la propreté, de la véracité, de la justice, de la bienveillance.

Or, je vous le demande, si vous donnez ces habitudes à vos élèves, n'est-ce pas vous aussi qui concourez à leur éducation ; et si vous n'y concouriez pas, serait-ce la peine que vous tinssiez école? Prenons l'inverse, et nous verrons que ce ne serait pas la peine. En effet, qui pourrait tolérer un école où l'enfant deviendrait malveillant, menteur, malpropre, brouillon, paresseux, distrait, malhonnête, méchant ?

Les obstacles que rencontre le maître dans son œuvre d'éducation sont bien graves. Ce ne sont pas seulement les défauts de l'enfance, la paresse, l'opiniâtreté, la dissipation, la gourmandise, et tout ce que l'on appelle sensualisme qu'il lui faut combattre, ce sont encore le mauvais exemple, l'indifférence, l'amour-propre, la fausse tendresse, les préventions et les mille et une faiblesses de certains pères et de certaines mères. Et il ne faut pas qu'il se flatte de réussir par ses leçons et ses exemples, à moins que l'éducation religieuse ne vienne joindre à son action une puissance et une autorité plus haute que celle de l'éducation morale.

L'éducation religieuse de l'enfance est proprement l'œuvre du prêtre, et l'instruction supérieure dont elle dépend ainsi que la direction intérieure qu'elle réclame, est réservée à son ministère ; mais elle serait bien incomplète, si elle n'était pas sérieusement préparée et sincèrement secondée par le vôtre. Je vous indiquerai donc, à l'article de l'Instruction morale et religieuse, ce que vous avez à faire pour vous mettre en état de remplir cette sainte obligation.

Pour l'éducation morale, voir l'ouvrage de madame Necker de Saussure, *De l'Éducation progressive*, 3 vol. in-8°.

CHAPITRE XVI.

Cours des méthodes d'enseignement. — De la nécessité d'une bonne méthode. — Principes généraux de toute méthode. — Principes généraux de discipline pour toute méthode.

On appelle méthode d'enseignement le principe et les moyens généraux qu'on emploie pour communiquer aux élèves ce qu'ils doivent apprendre.

On conçoit l'importance d'une bonne méthode. En suivre une mauvaise, c'est suivre un principe faux et employer de mauvais moyens. Tout homme qui enseigne doit donc rechercher avec soin quelle est la meilleure de toutes les méthodes, ou plutôt quelle est la seule bonne, car il n'y en a pas deux pour le même maître et les mêmes élèves.

Vous seriez pourtant incapables de faire cette recherche, si vous n'étiez pas en état de distinguer ce qui est bon de ce qui ne l'est pas, et si vous n'aviez pas d'opinion arrêtée sur les conditions que doit remplir une méthode pour mériter votre approbation. Dans ce cas, vous n'auriez d'autre guide que votre caprice, ou le hasard, ou le premier charlatan qui se trouverait sur votre chemin. Il faut donc que vous ayez des règles certaines d'appréciation. Quelles sont ces règles ?

C'est là ce que doit vous apprendre le cours des méthodes. Il ne doit pas et ne peut pas vous donner des pratiques invariables ; il ne doit et ne peut vous donner que des principes qui ne varient pas.

En effet, s'il y a de bonnes méthodes, il n'en est pas une qui soit parfaite, qui soit générale, qui soit applicable à tous les écoliers, dans toutes les localités, dans toutes les circonstances ; et quiconque annonce des méthodes universelles se trompe ou trompe les autres. Cela se comprend. C'est au moyen de ses facultés propres et de sa capacité spéciale que chacun invente ses procédés spéciaux ; c'est grâce à lui-même qu'il obtient ses résultats les plus remarquables ; c'est grâce à l'habileté qui le distingue et avec laquelle il tire parti de ses moyens qu'il excite et féconde l'attention de ses élèves, et c'est grâce à toutes les circonstances dans lesquelles il se trouve que de rapides progrès ont lieu. Mais aucun autre ne se trouve dans les mêmes circonstances, avec les même élèves, la même capacité, la même ardeur. Les intelligences et les volontés, les nécessités et les possibilités varient à l'infini. C'est là ce qui fait le chef-d'œuvre de la création, mais c'est aussi ce qui bouleverse toutes les chimères d'uniformité et d'universalité.

Néanmoins, il y a toujours dans les circonstances où l'on se trouve une méthode meilleure que toutes les autres, et c'est précisément par la raison que tout varie et se renouvelle sans cesse, que les méthodes nouvelles qui viennent d'hommes sages et sérieux, et portent en elles le cachet de l'expérience et de l'autorité de l'inventeur, doivent être accueillies avec faveur. Quand même elles manqueraient de ce titre de recommandation, et ne seraient que des œuvres de bonne

foi et de dévouement, elles pourraient avoir le mérite d'attirer l'attention sur quelque point négligé
dans les études, ou sur quelque moyen de plus d'obtenir des succès. D'ordinaire, il y a de l'imperfection
dans ce qu'on attaque et de l'exagération dans ce
qu'on propose, mais le débat qui s'établit redresse
bientôt les torts, et se termine toujours au profit de
la vérité. L'apparition de nouvelles méthodes est au
moins une preuve de l'intérêt qui s'attache à l'enseignement. Il est des personnes qui se plaignent du trop
grand nombre de méthodes. Les changements, disent-
elles, sont la ruine de l'enseignement, les maîtres ne
sachant plus où ils en sont. Ne partagez pas cette erreur. S'il était des instituteurs qui perdissent la tête
en étudiant et en comparant des méthodes diverses,
il faudrait, au lieu de s'inquiéter de leur trouble, les
diriger vers d'autres carrières. Le maître digne de ce
titre s'instruit à étudier de nouvelles méthodes, et il
en recueille plus de lumières, de certitude et de
moyens de succès pour la sienne.

C'est à vous, précepteurs de la jeunesse, qu'il appartient de juger des changements ou des améliorations prétendues qu'on propose, de choisir dans ce
qu'on invente ce qui peut se pratiquer, et de vous faire
vous-mêmes, non pas la meilleure des méthodes pour
l'univers entier, mais une méthode qui soit bonne
pour votre école. Voici, à cet égard, les règles générales qui doivent vous conduire.

1. Observez bien vos enfants, leurs dispositions et
leurs capacités. Consultez la localité et ses besoins.
Calculez nettement, sans enthousiasme et sans décou-

ragement ce qu'il vous faut, vos moyens d'exécution, leur suffisance, leur insuffisance; puis, prenez votre parti.

II. Et d'abord, ayez en toute chose un but bien déterminé. Tracez le maximum des études que vous voulez faire faire, l'idéal de l'ordre et de la discipline que vous voulez établir, l'influence suprême que vous exercerez sur vos élèves et sur leurs familles. Et quand le but est bien fixé, mettez la main à l'œuvre, fort de votre conscience, de votre dévouement, et de Dieu qui vous a donné votre mission.

III. Dressez toujours un plan de travail. Fixez-en bien les heures et distribuez-en sagement les matières.

IV. Formez surtout vos aides et vos moniteurs, d'abord par vos leçons, puis par votre exemple. Multipliez-vous à l'infini, soyez partout; soyez le plus laborieux, le plus dévoué, le plus persévérant de tous ceux qui sont à l'école.

V. Cependant, n'arrêtez rien à tout jamais, et gardez-vous de cette routine qui est la mort de l'enseignement. Ne changez pas non plus à chaque instant; vous dérouteriez vos élèves, vous ne verriez pas le résultat de vos expériences; vous vous dégoûteriez de vos efforts, et vous apprendriez à vos dépens que le Mieux est l'ennemi du Bien.

VI. Sachez toujours ce que vous prétendez enseigner de manière à pouvoir le dire sans livre. On enseigne mal ce qu'on sait peu, je le sais par mon expérience et par celle des autres. Je n'ai jamais bien enseigné le dessin linéaire, et j'ai rarement vu bien enseigner la grammaire, je vous laisse à deviner pourquoi.

VII. Faites-vous toujours comprendre. Mettez votre langage à la portée de vos élèves, c'est-à-dire de la totalité de vos élèves; car il ne suffit pas que deux ou trois des plus avancés vous comprennent; il faut que tous puissent profiter de vos leçons; ils sont tous confiés à votre cœur et à votre conscience, et nul ne vous est donné pour vous servir à faire briller votre amour-propre ou le sien. En sacrifiant la classe à quelques uns, pour obtenir plus d'éloges ou un avancement plus rapide, on fait un calcul que j'aime à flétrir d'autant plus fortement qu'il est plus généralement excusé.

VIII. Distinguez bien l'enfant de l'adolescent, et l'adolescent du jeune homme. S'il suffit que vous fixiez l'attention de l'enfant ou que vous occupiez sa mémoire, il n'en est pas de même de l'adolescent : il veut savoir la raison des choses, et son jugement demande à s'exercer. Le jeune homme veut aller encore plus loin. Son imagination veut composer; il veut créer, et il sollicite un aliment pour ces nouveaux besoins. Proportionnez donc votre enseignement aux exigences des divers âges. Il vous faut toujours le considérer comme un aliment spirituel que vous présentez.

IX. Pour cela, gardez-vous de laisser s'appauvrir votre trésor. Au contraire, faites sans cesse quelque provision nouvelle; lisez, étudiez, et apprenez surtout par cœur, exercice si précieux et si négligé par la majorité des instituteurs.

X. Le sentiment d'un progrès peut seul vous soutenir à la hauteur convenable. Que vos élèves aient à leur tour ce sentiment si doux. Qu'ils sachent de vous et par vous, qu'en apprenant ils se perfectionnent, s'améliorent et grandissent aux yeux des hommes et aux yeux de Dieu, qui leur a donné la raison et la conscience pour qu'ils se rendent dignes, en écoutant l'une et l'autre, d'une condition meilleure que celle-ci, qui est tout entière de travail et d'épreuves.

XI. N'essayez jamais l'impossible. Travailler pour ménager à d'autres la peine de travailler, penser pour leur éviter la fatigue de la pensée, et raffiner sur les méthodes pour faire de l'enseignement un jeu, c'est là plus folle de toutes les entreprises. On l'a souvent tentée. On a converti les lettres de l'alphabet en bonbons, et la lecture n'a plus été qu'une affaire de gourmandise. C'était pervertir l'enfance, endormir ses facultés, et lui laisser toute l'horreur que sa paresse naturelle éprouve pour le travail. L'étude doit, au contraire, être un effort, parce qu'il faut que le travail devienne une habitude, et que les habitudes ne sauraient se prendre trop tôt. Or faire contracter à un enfant celle du jeu, fût-ce même pour l'instruire, ce serait en faire un joueur et un fainéant pour la vie. Les raffinements ne conduisent à rien, et non seulement il est impossible que l'enfant comprenne et apprenne sans travail ou sans effort, mais son activité se déploierait en dépit du soin que prendrait le maître pour l'arrêter. Il a de la curiosité et de l'ambition, il a l'instinct et l'amour de l'occupation. Dans ses jeux même, il essaie, invente et combine sans cesse. Sans cesse il crée et perfectionne. S'il brise et détruit, il reconstruit et rarrange. Pourquoi ne ferait-il rien de tout cela dans ses études? Et quels progrès ne ferait-il pas avec toutes ces facultés et toutes ces passions, ces moyens si puissants? Excitez un peu ses forces, piquez sa curiosité, nourrissez son émulation, dirigez son inexpérience, et il ira au delà de ce que vous pouviez espérer.

XII. Mais ne le laissez pas aller au delà de ses forces. *Il ne faut ni endormir ni forcer les facultés des enfants; il faut les former avec toute la sagesse que veut la nature, et en obtenir le progrès qu'elle indique, en suivant le développement des moyens qu'elle donne.*

XIII. Les premières études sont les plus importantes; l'intelligence y prend ses allures. Que ces allures soient donc régulières. Que les premières notions, si simples qu'elles soient, soient précises, pures et complètes. Qu'on ne fasse rien apprendre qui ne soit compris, c'est-à-dire expliqué par le maître.

Avancez lentement, pour avancer sûrement; mais avancez sans cesse.

Il est des maîtres qui veulent briller en faisant briller leurs élèves. Ils produisent de petits prodiges qui épuisent trop tôt leurs forces, et finissent par devenir de grands idiots. Et c'est pour s'occuper d'eux qu'ils ont sacrifié les intérêts du plus grand nombre!

XIV. Loin d'avancer trop rapidement avec quelques-uns de vos élèves, revenez souvent sur vos pas avec tous. Répétez avec soin. Les premières études se gravent mal dans les intelligences, et s'en effacent promptement. En négligeant de revenir sur des leçons où tout est nouveau, le mot et l'idée, pour aller toujours en avant, et voir encore des leçons où tout étonne, même l'expression ; l'élève parcourt beaucoup de chemin sans rien apprendre, et par conséquent sans rien savoir. Ce qui est utile, c'est ce que l'on sait ; ce n'est pas ce que l'on a su. Répéter, c'est d'ailleurs examiner de nouveau et plus complétement ; c'est donner à l'esprit le moyen de comparer les premières idées que lui a suggérées une leçon avec celles qu'il conçoit en y revenant. Répéter, c'est donc donner à l'élève le moyen de comparer ce qu'il est avec ce qu'il était, et de s'apercevoir d'un progrès, qui peut être pour lui une source d'encouragement. On ne fait rien dans le monde sans cette confiance, et puisqu'il importe de l'avoir, il est bon de la prendre au début de la vie, à l'école.

XV. Mettez toujours la leçon de l'école en harmonie avec les devoirs de la vie ; faites voir que ce que vous enseignez est bon à quelque chose, et montrez-en l'application. Il reste beaucoup à faire sous ce rapport. En voici des exemples. Tout le monde comprend l'utilité de la lecture et de l'écriture, et c'est un grand point, mais vous ferez néanmoins une réforme bien utile, en faisant lire et écrire ce qui se lit et s'écrit dans les relations habituelles de la vie, des lettres, des comptes, des contrats, des quittances, des effets de commerce, des inventaires. Que de gens encore qui passent six ou huit ans à écrire toutes sortes de choses plus ou moins curieuses, et qui sont obligés de payer un écrivain quand il s'agit d'une affaire de cent francs ! C'est là un inconvénient énorme, on dirait d'une satire sur l'enseignement de l'écriture.

En général, rendez utile ce que vous faites apprendre à vos élèves, et mettez complétement de côté ce qui ne mène à rien.

Si-vous enseignez la géographie, que ce soit d'abord celle de votre département, puis celle de la France, ensuite celle de l'Europe. Vous n'expliquerez les quatre autres parties du monde que s'il vous en reste le temps ; et si vous le faites, vous parlerez de l'Asie et de l'Afrique, pour mieux exposer l'Histoire Sainte, et de l'Amérique, pour mieux faire comprendre l'heureuse diffusion de la foi chrétienne.

Quand vous montrez le dessin linéaire, faites faire des bêches et des charrues, si c'est au hameau ; des machines, si vous enseignez dans une localité qui a des manufactures ; des instruments utiles pour les divers métiers, si c'est dans les grandes villes ou dans les petites.

Dans l'enseignement de l'histoire naturelle, on parle aux enfants d'une foule d'animaux qu'ils n'ont jamais vus, qu'ils ne verront peut-être jamais, et on leur laisse ignorer les qualités du cheval, les soins que demande le mouton, l'éducation que réclament la vache et l'âne.

Dans les leçons qui ont pour objet les notions d'ailleurs si précieuses qu'offrent les sciences, on emploie beaucoup de termes de physique et de chimie qu'on jette dans la mémoire; mais les idées qu'y rattachent les élèves demeurent stériles. On ne leur apprend pas à purifier l'air des appartements, à se

vêtir avec plus de sagesse et d'économie, à se préserver de toutes sortes d'influences malfaisantes ou in-
commodes. On se plaint de ce que l'instruction n'est
pas appréciée chez nous comme ailleurs. Ce qui est
utile se fait apprécier dans tous les pays; mais ce qui
est de pur agrément n'est bon que pour ceux qui aiment à perdre plutôt qu'à faire valoir leur temps.
L'utile avant tout. C'est la règle du bon sens, qui est
tout ce qu'il y a de plus respectable au monde.

XVI. Du moment où votre enseignement sera utile,
il sera aisé; il ne vous fatiguera plus, car il n'ennuiera
plus vos élèves. L'homme apprécie à merveille ce qui
lui est avantageux, et, sous ce rapport, l'enfant lui-
même est homme. Or, si vos leçons viennent à être
goûtées, vous aurez plutôt à modérer l'ardeur de vos
disciples qu'à stimuler leur curiosité ; car l'enfance
est douée d'une telle puissance d'activité, qu'on n'a
qu'à régler ses mouvements naturels pour qu'ils ail-
lent aussi loin que le veut la raison. Et c'est à cela
que doit se borner la discipline d'une école.

Voilà les règles générales de toute méthode. Si
vous êtes en état de bien les saisir, jeunes maîtres,
vous apprécierez facilement quelle est, parmi les différentes méthodes, celle qui convient à vos élèves, et
vous la créerez, si elle n'existe pas. Êtes-vous, au
contraire, incapables de bien comprendre ces principes, oh ! alors, il n'y a pas de bonne méthode pour
vous ; alors ne devenez pas instituteurs , alors suivez
le conseil que Boileau donne aux mauvais auteurs :
« Soyez plutôt maçon, si c'est votre métier. »

En parcourant avec moi les principales méthodes

reconnues, vous verrez qu'il n'en est aucune qui soit parfaite, mais qu'il en est toujours une qui est la meilleure dans les circonstances données.

La discipline se lie si étroitement à la méthode qu'elle en est inséparable ; en effet, elle rend la méthode possible. Sans la discipline, une école est une sorte de chaos ; la discipline seule y maintient l'ordre et la tranquillité; elle favorise et fixe l'attention nécessaire pour l'exécution des différents exercices de l'enseignement. On la regarde quelquefois comme un art difficile, et cette opinion est bien fondée ; car l'établissement de la discipline est chose laborieuse pour beaucoup de maîtres. Il en est pour qui cette œuvre est impossible. Quand vous n'avez pas d'ordre dans vos idées, pas de modération dans vos sentiments, pas de mesure dans vos paroles, et pas de réserve dans vos actes, comment voudriez-vous donner tout cela à des enfants qui n'en possèdent rien encore? Mais si vous avez été vous-mêmes à bonne école, si vous y avez pris des habitudes de calme, de réflexion, de conduite et de tempérance générale, rien n'est plus aisé que de faire régner ces habitudes là où vous êtes le maître.

Le bon instituteur, qui sait bien, qui pense bien et sent bien, enseigne bien et conduit bien. Il n'a pas besoin d'apprendre, de quelque théoricien que ce soit, les règles de la bonne discipline ; il les a dans sa tête, dans son cœur; il les a donc dans sa parole et dans sa vie.

De mauvais maîtres ne l'apprendront jamais ; pour eux, il n'y a pas de discipline possible. Enseignez mal, dites des choses qui passent l'intelligence de vos élèves, expliquez-vous d'une manière obscure et défectueuse, laissez apercevoir à vos élèves que vous ne savez trop ce que vous dites, que vous parlez, pardonnez-moi l'expression, *à tort et à travers*, et vous provoquerez un esprit d'insubordination qu'aucun châtiment ne saurait réprimer. Faites le contraire, soyez instructifs et méthodiques, tempérez par la douceur et la bonté qu'on doit aux enfants la gravité de vos manières et l'autorité de votre langage, et vous pourrez vous dispenser de ces rigueurs qui doivent établir la discipline ailleurs, et qui ont tant de peine à sortir de certaines écoles, quoiqu'elles soient indignes du maître et des élèves qu'elles affligent.

Pour quelques maîtres, maintenir la discipline c'est *donner la discipline*. Croyez-m'en, ces maîtres ne comprennent rien à leur mission. Il faut sans doute des moyens de répression autres que la réprimande, mais il ne faut pas de châtiments corporels. L'application par vos mains de ces corrections irritantes est un *délit* contre vous-mêmes : il vous déshonore, il fait de vous une machine de punition, et vous cessez, en maniant la férule, d'être instituteur ; vous devenez exécuteur de vos plus mauvaises passions. Vous faites un mal plus grand, vous avilissez votre carrière. Or, c'est là commettre une sorte de suicide, quand vous devez songer, au contraire, à relever vos fonctions, à les ennoblir, et à les parer aux yeux du monde de tout ce qu'elles comportent de charmes. Ecoutez quelques règles qui devront vous guider.

I. Voici la première de toutes : Soyez justes, c'est-à-dire n'exigez rien en votre nom ; commandez tout au nom de l'ordre, de la loi, du réglement. Jamais de caprice, toujours de la justice. A l'école, comme dans la société, mieux vaut *prévenir* que *réprimer*; et puisque mieux vaut rendre la faute impossible que la punir, qu'aucun de vos élèves ne soit tenté par la facilité de mal faire et n'en trouve l'occasion.

II. Faites-vous aimer d'eux; il est pour cela un secret qui réussit à l'école comme dans le monde : Aimez vos élèves, et montrez-leur une affection utile.

III. Faites-vous écouter d'eux; faites-leur de bonnes leçons; ayez de bonnes méthodes et surtout une bonne manière d'enseigner. Méditez toujours d'avance ce que vous aurez à dire; parlez nettement, avec une grâce simple et sans affectation, mais comme on parle aux personnes auxquelles on songe à plaire, quand même on aurait le droit de ne leur parler qu'avec autorité. Parlez avec politesse, d'un ton affectueux; ce qui se dit de cette manière produit cent fois plus d'effet que ce qui se dit autrement, et rien n'établit mieux une bonne discipline que les *bonnes manières* du maître.

IV. Ayez un bon réglement de discipline, bien médité, bien complet, légalement autorisé et connu de tous, affiché publiquement, périodiquement lu et expliqué aux élèves.

V. Que dans votre réglement les peines soient proportionnées aux fautes, et graduées : proportionnées, pour qu'il y ait justice; graduées, afin qu'il reste des moyens de répression pour des fautes plus graves.

VI. Les peines *ordinaires*, ce sont la sévérité du regard, l'expression verbale ou symbolique du mécontentement, l'admonition par une ou plusieurs paroles, la réprimande en particulier, la réprimande devant toute l'école, les notes improbatives adressées aux parents, la censure devant le comité local, le maire ou le curé.

Que ces peines vous suffisent.

Il en est d'autres encore : des privations de tous les genres, la mise à genoux, une place à part, le port de quelque signe ou de quelque inscription de blâme, la retenue, la salle de discipline, la tâche spéciale, ce que dans les écoles secondaires on appelait autrefois le *pensum*, et l'exclusion. Toutes ces peines, mettez-les au nombre de celles auxquelles il ne faut recourir que dans des cas *extraordinaires*, car toutes sont destinées à tomber.

VII. Si l'on vient à violer le réglement, il faut punir; car il faut que la loi soit appliquée pour demeurer loi. Mais puisque c'est vous qui, malheureusement, êtes à la fois juge d'instruction, ministère public, tribunal et autorité chargée de l'exécution, ne vous livrez jamais à la colère; demeurez calme, afin que dans ce cumul si extraordinaire d'attributions, ce soient toujours les sentiments du père qui dominent. Oui, ne soyez jamais que père de famille; ce sera le secret de ne jamais vous trouver en conflit ni avec les pères de famille, ni avec les enfants.

La loi ne peut pas dire elle-même qu'elle punit pour corriger; mais vous qui êtes la loi et le législateur, ne manquez pas de le faire comprendre à tous.

VIII. Modérez sans cesse les punitions, d'abord par la manière dont vous les appliquez, ensuite dans la lettre même de votre réglement, afin que l'abaissement des peines marche de pair avec l'amélioration des habitudes et la rareté des fautes.

IX. Qu'il en soit de même des récompenses.

X. La meilleure méthode, c'est un bon maître; la meilleure discipline, c'est encore le meilleur maître.

Voilà les principes généraux. Ils reçoivent des modifications diverses et donnent lieu à des applications variées; mais ils ont leur caractère universel; ils sont d'une éternelle vérité. Toute discipline qui les violerait ferait à la raison et au bon sens une violence qui ne resterait pas impunie.

A la fin de chacune de mes leçons sur cette matière, un certain air de gravité et de surprise se faisait remarquer sur la figure de mes auditeurs. Les uns les comprenaient peu, et les autres venaient d'envisager leur carrière pour la première fois sous un point de vue sérieux. Je m'affligeai d'abord d'avoir été si peu compris, précisément dans ce que j'avais dit de plus important; mais afin de dissiper ce que mon langage avait pu laisser d'obscur, je revenais sur ces matières. Je les reprenais toutes, interrogeant sur chaque principe, sur chaque objection qui pouvait se présenter; et j'en prenais occasion pour recommander à mes élèves de faire un jour mieux que moi, de ne jamais passer outre qu'après s'être assurés qu'ils étaient compris.

Interroger et *répéter* sont dans tout enseignement les plus sûrs moyens de se faire comprendre et de faire faire des progrès; et si ces deux exercices sont le couronnement de toute bonne méthode, ils sont peut-être la base de toute bonne discipline. Quand on ne comprend pas, on est distrait ou ennuyé. Or la distraction et l'ennui enfantent la plupart des délits commis dans les écoles. Enseignez mieux, et vous aurez moins à punir.

Et maintenant que nous avons vu les principes généraux de l'enseignement et de la discipline, venons-en aux méthodes spéciales et aux procédés particuliers.

Voir, dans le *Visiteur des Écoles*, p. 143, le Programme d'un cours de principes d'éducation et de méthodes d'enseignement; et, au *Manuel des écoles primaires, moyennes et normales*, le chap. X, De l'instruction, de son but, de ses principes et de ses moyens ; et le chap. LI, De l'organisation morale des écoles, de la discipline, de l'esprit moral et religieux.

CHAPITRE XVII.

Des méthodes et des procédés. — Des méthodes spéciales ordinaires ou approuvées. — Méthodes individuelle, simultanée, mutuelle.

Les principes généraux que je vous ai présentés s'appliquent à l'organisation générale d'une école, à la totalité de l'enseignement, et à certaines branches de cet enseignement. Dans le premier cas, leur ensemble constitue des *méthodes*; dans le second, des *procédés*; car on doit distinguer entre ces deux termes, puisque celui de *méthodes* embrasse plus que celui de *procédés*. En effet, on doit appeler *méthode* un ensemble de principes et de moyens qui s'appliquent à l'enseignement en général, et *procédé*, un ensemble de moyens qui se rapportent à certaines branches particulières des études. Ainsi, on doit dire *méthode* d'enseignement mutuel ou *méthode* d'enseignement simultané, et *procédé* pour apprendre à lire, ou *procédé* pour apprendre à écrire.

Il est vrai que dans le langage ordinaire on confond quelquefois ces deux locutions si différentes; mais ce n'est pas une raison pour que l'instituteur parle inexactement à son tour.

Quant aux méthodes, on a d'abord pensé que le moyen le plus naturel d'enseigner, c'était que l'instituteur expliquât à chacun de ses écoliers ce qu'il leur importe de savoir, et qu'il proportionnât ses communications à la portée de leur intelligence et de leur curiosité. C'est ce qu'on nomma, il y a longtemps et quand on se mit à combattre cette grande erreur, la *méthode individuelle*. Or si cette méthode était la plus naturelle, quand le maître n'avait qu'un écolier, elle devenait impraticable dans le cas où il en avait beaucoup. Elle fut donc proscrite des écoles.

Mais, si grossière et si absurde qu'elle fût, elle régnait naguère encore dans quelques cantons reculés de nos provinces, et il faut continuer à la signaler comme une calamité.

Il y avait bien des siècles qu'on en connaissait les vices, et on l'évitait avant de lui imposer le nom qui doit la marquer aux yeux de tous.

En considérant le besoin qu'ont les enfants d'être occupés et la nécessité de les occuper pendant le plus de temps possible, on les partagea en classes suivant leurs forces : on donna à tous ceux de la même classe les mêmes livres et la même tâche; on les fit lire, écrire et calculer ensemble, et suivre *simultanément* les mêmes exercices de lecture, d'écriture, de calcul. Le maître s'attacha successivement à toutes les classes, en saisissant d'un travail quelconque celles qu'il quittait pour les autres.

Cette méthode éclipsait la précédente, on la suivait presque généralement, et on l'appelait la méthode *simultanée*. Elle procurait aux élèves l'avantage d'entendre le maître lui-même donner des explications, écouter la récitation, diriger les exercices, corriger les devoirs, et animer le tout de son esprit.

Cette méthode était cependant susceptible de nombreuses modifications. En effet, le maître pouvait réunir les élèves des différentes classes aux mêmes heures, ou donner des heures différentes à chaque classe. Il pouvait faire lire ses écoliers à haute voix tous ensemble, ou les obliger à suivre celui d'entre eux qu'il appelait à la lecture. Il pouvait donner les leçons tout seul, ou se faire assister, soit par un aide, soit par des enfants un peu avancés.

Généralement on suivait mal cette méthode, et le maître seul enseignait tout le monde, c'est-à-dire qu'il abandonnait successivement à elles-mêmes les diverses classes d'une école. Les inconvénients de cet abandon forcé étaient aussi sensibles dans les écoles peu nombreuses que dans les autres, car dans les petites localités les leçons n'étaient suivies que pendant quatre à cinq mois de l'année. Aussi le vénérable La Salle fit-il dans l'enseignement simultané une profonde réforme, lorsqu'il y introduisit une méthode analogue à celle qui était suivie pour l'enseignement secondaire, en créant dans la même école plusieurs classes séparées, en mettant un maître spécial à la tête de chaque classe, et en lui apprenant à subdiviser les classes en sections.

Mais cette amélioration ne fut pas adoptée partout. Elle demandait plusieurs maîtres et plusieurs locaux, et souvent il y avait à peine les ressources nécessaires pour entretenir un seul maître et un local unique. Alors la vue des avantages qui résultaient d'une assistance par laquelle se multipliait l'action du maître conduisit à une autre combinaison, ou une autre méthode. Afin de pouvoir réunir toutes les classes aux mêmes heures, et afin de multiplier les classes suivant toutes les nuances d'inégalité qu'offrent les élèves, on imagina de mettre à la tête de chaque groupe un élève avancé (ou moniteur), bien exercé à son rôle, et de ne réserver au maître que la direction générale de l'enseignement, de la discipline. C'est là ce qu'on appela la méthode d'*enseignement mutuel*, méthode aujourd'hui ancienne, dont je pourrai vous dire l'histoire en temps opportun.

Cette méthode, émanée d'un désir de perfectionnement qui est incontestable, et fondée sur quelques observations ingénieuses, offre l'avantage d'assurer aux élèves un plus grand nombre de leçons, et permet de les occuper constamment suivant leurs facultés. Elle peut exciter d'ailleurs dans leurs rangs une vive émulation, et tend à les former aux meilleurs principes de discipline, aux meilleures habitudes d'ordre social, puisqu'elle apprend à l'enfance le règne de la supériorité au moment même où commence le développement de toute capacité. Mieux que toute autre, elle semble donc adaptée au génie et aux besoins de l'écolier.

Mais, d'un autre côté, elle a de nombreux inconvénients et présente de grandes difficultés. D'abord, elle exige des maîtres très exercés, très capables, sachant voir d'un coup d'œil tout l'ensemble d'une école, suivre constamment la marche de toutes les classes, diriger sans cesse ou du moins surveiller tous les moniteurs, et suppléer à leur insuffisance dans tous les instants.

Être toujours partout, telle est l'obligation du chef d'une école de ce genre; et loin de diminuer la tâche des instituteurs, comme beaucoup d'entre eux se l'imaginent, l'enseignement mutuel l'augmente. En effet, il est indispensable qu'avant ou après les heures de classe, le maître donne à ses moniteurs des leçons spéciales et très soignées. Sans cette précaution, beaucoup trop négligée dans la plupart des écoles, les moniteurs ne communiquent que des notions imparfaites et n'enseignent que leur ignorance. Et quand même on leur prodigue les soins les plus dévoués, on ne saurait, d'enfants qu'ils sont et qu'ils restent, faire des maîtres véritables. Ainsi, ils ne s'expriment d'ordinaire qu'en termes défectueux, et souvent ils découragent leurs camarades par des manières gauches et brusques, les rebutent par des explications insuffisantes, ou les égarent par de fausses directions.

C'est là ce qui ruine tant d'écoles d'enseignement mutuel, c'est là ce qui s'oppose à l'adoption de cette méthode dans les pays où fleurit l'instruction primaire. Et l'on a raison de l'examiner avec soin avant de s'y attacher, car un instituteur médiocre est quelquefois supportable avec la méthode simultanée, tandis que pour réussir dans l'enseignement mutuel, il faut être un maître excellent.

Cette manière de voir est-elle fondée? Je l'ai prise dans les faits, dans beaucoup d'écoles que j'ai vues et dans quelques unes de celles que j'ai fondées; je ne puis que vous renvoyer à cet égard aux écrits où la question est approfondie et quelquefois résolue au moyen d'une méthode mixte, joignant aux

avantages de l'enseignement mutuel ceux de l'enseignement simultané, et variant selon les besoins de
chaque localité, ou selon les capacités de chaque
maître [1].

[1] Voir le *Manuel complet de l'enseignement simultané*, par MM. Lorain et Lamotte, et le *Manuel complet de l'enseignement mutuel*, par
les mêmes.

CHAPITRE XVIII.

Méthodes extraordinaires. — Méthode universelle. — Méthode socratique. — Méthode catéchétique.—Méthode heuristique.

A côté de ces méthodes ordinaires, adoptées dans les écoles publiques et autorisées par la raison qu'elles reposent toutes sur le principe d'un enseignement fait par le maître, ou par des élèves dont il est responsable, il s'en est élevé d'autres qui sont pour la plupart impraticables dans les classes nombreuses, ou qui ne peuvent s'y introduire qu'en partie, et pour certaines branches d'études.

Il n'est guère de maîtres qui ne fassent quelque modification à ce qui est reçu, qui n'aient quelque idée nouvelle. Les personnes qui ont beaucoup d'amour-propre ou peu d'érudition s'exagèrent communément ces sortes d'idées et en font des découvertes, des systèmes, qui doivent tout changer, tout améliorer. A les entendre, leurs méthodes vont éviter aux élèves toutes les difficultés, abréger toutes les études ; enfin assurer un développement égal à toutes les facultés de l'âme. Naguère encore on nous parlait d'une méthode universelle[1]. Elle s'appliquait à toutes les études. Elle prenait l'homme tout entier, avec tou-

[1] Celle de Jacotot.

tes ses facultés, et elle donnait à toutes le développement le plus naturel et le plus complet. Lecture, écriture, grammaire, style, dessin, peinture, musique, calcul et géométrie, elle enseignait tout de la même manière. Partant du principe, que *toutes les intelligences sont égales*, et de celui, *que le meilleur moyen de les développer est de leur fournir l'occasion de se donner à elles-mêmes ce développement*, il importe peu, disait-elle, par où vous commencerez ; apprenez une chose et rapportez-y toutes les autres. Tout se tient dans la science, puisque tout est lié dans le monde. Les sciences s'éclairent donc mutuellement. L'essentiel est d'avoir d'abord une idée claire et complète, et d'y rattacher les autres à mesure qu'un livre d'études, le *Télémaque*, par exemple, le mieux écrit de tous, les présente et en offre le germe ou l'occasion. Enseigner autrement, expliquer aux enfants ce qu'ils ne s'expliquent pas eux-mêmes, c'est laisser s'endormir leur intelligence, c'est en arrêter le réveil, c'est l'*abrutir*. Trop longtemps le maître s'est mis à la place de l'élève, a pensé, a parlé et a composé pour lui : il est temps que l'élève pense, parle et compose ; il est temps, en un mot, qu'il raisonne lui-même et qu'il *s'émancipe*. On ne mange pas pour lui ; c'est lui-même qui mange, boit, dort et digère, se baigne et se vêt. S'il se développe ainsi physiquement, suivant le germe que la nature a fourni et dont les lois du monde ont tracé la marche, laissez-le donc aussi se développer intellectuellement et moralement de la même manière ; la nature a encore fourni le germe et tracé les lois de cet autre perfectionement. Pour accomplir votre tâche, vous n'aurez qu'à fournir aux besoins intellectuels et moraux de l'âme les aliments nécessaires, à peu près comme vous les fournissez aux besoins physiques du corps. Prenez donc un bon livre, le plus moral et le plus fécond en idées, et le mieux écrit que possède votre littérature. Montrez à l'enfant comment on y lit, en lui disant d'abord une syllabe, en y ajoutant ensuite une seconde et une troisième, puis un plus grand nombre, et en faisant sans cesse répéter celles que vous avez fait voir : en peu de temps votre élève saura lire. Quand il saura lire une phrase, il la saura par cœur ; quand il en saura plusieurs, il en interprètera le sens, vous n'aurez qu'à le mettre sur la voie par vos questions, en lui faisant décomposer les lettres, les syllabes, les mots, les phrases, les membres de phrases. Quand il saura une centaine de pages, il possèdera sa langue, et il l'aura belle, puisque ce sera celle du plus pur, du plus élégant et du plus ingénieux de vos écrivains. Il parlera comme lui : comme Fénélon, s'il est Français; comme le Tasse, comme Milton, comme Calderon, comme Schiller, comme Cicéron ou comme Démosthène, s'il est d'une autre nation. Il écrira comme ces grands hommes ; il ne s'agira plus que de lui donner des plumes, du papier et les plus beaux modèles de fine écriture ; car d'après cette méthode, il est inutile de graduer les difficultés, de faire écrire successivement de la grosse et de la fine. Vous direz d'abord à votre élève d'*imiter*, ensuite de *composer*, et vous lui donnerez un sujet. Vous demanderez des définitions, des comparaisons, des parallèles, des tableaux, des narrations, des idées, des images : son génie et sa mémoire l'aideront pour répondre à tout.

Pour l'étude des beaux-arts, donnez à vos élèves ce qu'il y a de plus parfait en gravure, en peinture, en sculpture ; faites copier de prime abord l'Apollon du Belvédère; faites ensuite répéter cette copie jusqu'à ce qu'elle satisfasse l'auteur du travail. De même, pour la musique, faites attaquer de front les chefs-d'œuvre des plus grands maîtres; il ne s'agit au début que de connaître les touches du piano ou les cordes de la harpe, de la guitare et du violon, puis la gamme, les notes, les clefs, les dièzes, etc.

Mais en voilà trop sur ces rêveries d'un pédagogue hors de sens. Et pourtant sa méthode a fait du bien ; elle a fait examiner de nouveau les combinaisons anciennes et en a provoqué de nouvelles. C'est là la destinée ordinaire des innovations ; elles fécondent la pensée et font faire le bien qu'elles ne font pas elles-mêmes. Soyez donc sans préventions à l'égard des nouveautés ; mais rappelez-vous sans cesse que le monde est ancien, que bien des choses ont apparu sous le soleil, que bien des erreurs préconisées un moment comme des découvertes ont été abandonnées à l'oubli un instant après. *Examinez tout et retenez ce qui est bon.* Ce mot, vous le savez, est de saint Paul, qui avait vu tout ce que les villes de Jérusalem, d'Athènes, de Corinthe, de Rome et tant d'autres offraient de monuments, de doctrines et d'institutions.

Je passe de cette informe agrégation de vues, les unes fausses, les autres exagérées, toutes dépourvues du génie de la pédagogie, à une méthode aussi profondément réfléchie qu'habilement employée par celui qui en fut l'auteur, et que néanmoins vous ne pourrez guère adopter dans votre carrière, si célèbre qu'elle soit dans certaines écoles étrangères. Je veux parler de celle que Socrate, ce grand philosophe d'Athènes, suivit avec les jeunes gens dont il se plaisait à former l'intelligence et le cœur, et qu'il ne dédaigna pas d'employer quelquefois avec des hommes d'un âge mûr. Socrate, qui vécut au cinquième siècle avant Jésus-Christ, et qui, plein de zèle pour les mœurs et les lois de sa patrie, mourut victime des inimitiés que lui suscita sa franchise, pensait que ses auditeurs sauraient mieux ce qu'ils trouveraient d'eux-mêmes et ce qu'ils s'expliqueraient à eux, que ce que leur indiquerait un maître. Conformément à cette opinion, il se fit une méthode qui reçut son nom, celui de méthode socratique. Ce profond penseur mettait en avant une idée, un fait, une question quelconque ; il y rattachait une suite d'interrogations qui, d'idée en idée, de fait en fait, de comparaison en comparaison, d'induction en induction, conduisaient successivement à quelque découverte ou à quelque solution importante. C'est d'après cette méthode qu'ont été rédigés par Platon les entretiens que Socrate eut avec ses disciples, ou plutôt les entretiens que Platon aimait à prêter au maître qu'il admirait de toutes les profondeurs de son âme. Des milliers de dialogues ont été composés à l'imitation de ceux-là : Dialogues des morts, Dialogues des vivants, Dialogues pour les adultes, Dialogues pour l'enfance, Dialogues de toute espèce, mais dont un bien petit nombre aurait eu l'approbation de Socrate s'il avait pu les connaître.

L'instituteur devant avoir une idée des méthodes les plus célèbres, et pouvant puiser quelques indications utiles dans celle de Socrate, j'ai dû vous en dire un mot ; mais vous le voyez bien, cette méthode n'est applicable qu'à la partie supérieure de l'enseignement primaire. Là son influence est grande quand on sait en manier les ressources. Plus que toute autre, elle réveille l'attention, forme le jugement et développe les facultés intellectuelles ou morales. L'antiquité chrétienne semble l'avoir affectionnée comme l'antiquité païenne. Aux siècles de l'Église primitive, les évêques et les prêtres la suivirent dans les instructions religieuses des cathécumènes. C'est pour cela qu'elle a pris le nom de *catéchétique*, que S. Cyrille de Jérusalem a donné celui de *Catéchèses* à ses leçons de doctrine chrétienne, et que les livres de religion, rédigés par demandes et réponses, sont appelés *catéchismes*. On suit encore cette méthode dans tous les pays du monde chrétien, car partout on interroge les jeunes catéchumènes sur leur foi. Dans certaines contrées, on fait de ce mode un usage plus fréquent que dans d'autres. Là où les instituteurs sont chargés de l'enseignement religieux, l'*art de catéchiser* est très spécialement cultivé. Il l'est quelquefois avec excès, et alors il forme le raisonnement plutôt que le sentiment, et excite l'imagination plutôt qu'il n'enrichit la mémoire. Quant à vous qui n'êtes pas chargés d'expliquer le catéchisme, mais de le faire réciter, bornez-vous à appliquer *quelquefois* le principe des interrogations suivies à l'Histoire

Sainte, à l'examen des vertus et des vices qu'elle rapporte, à celle des conseils et des leçons de sagesse qu'elle renferme.

On a donné à une méthode qui a beaucoup d'analogie avec le *Socratisme* le nom de *méthode Heuristique* [1], ou *Art de trouver*. Elle consiste à faire passer les élèves par des exercices qui leur font *découvrir* ou *trouver* certaines vérités. Par exemple, au lieu de leur dire, trois *fois quatre font douze*, on les engage à prendre trois fois quatre objets, à les compter et à indiquer le résultat de leur opération. On estime que par suite de cette opération, ils comprendront mieux cette vérité, qu'on leur dit d'ordinaire et qu'ils ne saisissent pas toujours, c'est que la multiplication n'est qu'une addition abrégée. Cela se peut bien, et cela doit avoir ses avantages dans une leçon particulière, dans un enseignement extraordinaire, mais cela n'est pas toujours utile ni applicable dans des classes ordinaires et nombreuses.

Ce principe, qu'il faut amener l'enfant à se faire sa leçon lui-même est contestable dans sa généralité, et son application demanderait une grande sagesse de la part du maître. L'enfant ne peut s'enseigner que ce qu'il sait ; or, d'ordinaire, il sait si peu de chose qu'à peine il offre un point de départ au maître. Une fois un peu avancés, les élèves prennent plaisir, il est vrai, à faire usage de leurs connaissances et se prêtent aux interrogations, aux dialogues les plus utiles ; mais l'art d'enseigner en questionnant est si

---

[1] Mot grec qui signifie *Ce qui sert à trouver.*

difficile et exige de l'instituteur une intelligence si riche et si cultivée, que j'ose à peine vous conseiller de le pratiquer dans certaines conditions.

Voici un exemple qui doit vous faire comprendre à la fois toute l'importance et toutes les difficultés de cette méthode. Il s'agit de faire trouver à l'élève cette double vérité : *l'Avare est sot et malheureux.*

Pour faire saisir à l'enfant la portée de ces vérités, je l'introduirai dans la vie ordinaire. Je serai dans cet exemple beaucoup plus court que vous ne le serez dans vos leçons, et je ne supposerai pas, pour avoir des réponses plus faciles, des élèves bien instruits ; j'en prendrai, au contraire, d'assez ignorants, comme on en trouve partout, et d'une grande et naïve franchise, comme il devrait y en avoir toujours. Ce sera, je crois, le moyen d'être plus instructif pour vous.

Le Maître. Mes enfants, que pensez-vous des avares : sont-ils sages ou sots, heureux ou malheureux ?

Eugène. Je ne sais pas.

Le M. Réfléchissez.

Eug. Je ne vous comprends pas, je ne sais pas ce que c'est que réfléchir.

Le M. Vous allez pourtant répondre tout à l'heure à ma question. Elle n'est pas difficile ; vous le verrez quand vous m'aurez d'abord répondu sur quelques autres. Dites-moi, celui qui ne dépense que ce qu'il faut et qui garde son superflu pour l'avenir agit-il sagement ou sottement ?

Eug. Il agit sottement.

Charles. Il agit sagement.

Le M. Eugène, c'est vous qui vous trompez. Je vous arrête sur votre réponse : vous pensez donc qu'on devrait dépenser chaque jour ce qu'on gagne, et ne pas garder son superflu pour les besoins de l'avenir. Est-ce bien là votre opinion ?

Eug. Non, je vois que je n'ai pas fait assez attention à votre question : j'entendais dire qu'en voulant amasser pour un avenir qu'on n'atteint pas toujours, on vit mal sans y être obligé ; tandis qu'en cherchant moins à s'enrichir, on se nourrirait, on se vêtirait mieux, et on se ménagerait davantage.

Le M. Tout cela est vrai ; mais quand on dépense chaque jour ce qu'on gagne, que reste-t-il pour les jours de maladie, de vieillesse, de nécessité imprévue ?

Eug. Je ne pensais pas à cela.

Ch. J'y pensais. Notre voisin Bernard a mangé tout son argent quand il était jeune ; maintenant qu'il est vieux et qu'il ne peut plus travailler, il est réduit à mendier son pain ; et j'entends souvent dire à mes parents qu'il n'est pas sage de se conduire ainsi.

Eug. Sans doute, et je comprends parfaitement qu'il est sot de se conduire ainsi.

Le M. François, c'est donc sagesse que d'amasser pour l'avenir ?

François. Oui , il faut épargner et économiser, comme on dit, tout ce qu'on peut ; je l'ai entendu dire.

Le M. Ceux qui économisent le plus sont donc les plus sages ?

Fr. Ils sont les plus sages.

Le M. Les avares amassent beaucoup : sont-ils les plus sages?

Fr. Ce sont eux qui gardent le plus pour les jours de maladie et de vieillesse.

Le M. Savez-vous bien ce qu'on appelle un avare ?

Ch. Je le sais, je crois, moi : c'est un homme qui a beaucoup d'argent et qui en dépense peu, afin d'en garder le plus possible pour l'avenir.

Le M. Les banquiers et les receveurs du trésor, qui ont beaucoup d'argent dans leurs caisses, sont-ils des avares? Ils ne dépensent pas du tout cet argent-là : est-ce par avarice ?

Ch. Non, les receveurs versent le leur dans les caisses de l'état et n'en gardent rien pour l'avenir, mais les banquiers....

Le M. Eh bien, les banquiers, et d'autres encore, les gens riches qui font de grandes dépenses et les négociants qui ont de vastes relations, ne peuvent-ils pas avoir beaucoup d'argent dans leurs coffres ou de billets de banque dans leurs portefeuilles sans être nécessairement des avares ?

Ch. Je ne veux pas dire que tous ceux qui en ont beaucoup soient des avares; je veux dire seulement que ceux-là en sont qui ont beaucoup d'argent et qui n'en donnent à personne, qui le gardent pour eux seuls, et qui aiment à le compter ou à le contempler, au lieu de l'employer utilement.

Le M. C'est un peu cela. On appelle *avares* les gens qui ont le moyen de se nourrir, de se vêtir et de se loger convenablement, qui de plus ont le devoir de secourir les pauvres et de leur faire du bien, et qui ne font rien de tout cela, aimant mieux ajouter capital à capital, intérêt à intérêt. Cela est-il sage ou sot?

Fr. Cela est mauvais.

Le M. Sans doute; mais ce n'est pas ce que je vous demande; je veux savoir si c'est sottise ou sagesse de leur part que d'agir ainsi?

Ch. Je ne sais pas bien exactement, je m'en aperçois, ce qu'on appelle sagesse et ce qu'on appelle sottise dans ce cas.

Le M. On appelle sagesse la conduite de celui qui sait et fait ses devoirs, d'abord pour obéir à Dieu, ensuite pour obtenir l'estime et la considération des gens de bien. On appelle sottise la conduite de celui qui n'obéit ni à Dieu, ni à sa raison, ni à sa conscience, et qui se fait haïr et mépriser par les gens de bien. Maintenant, dites si l'avare obéit à Dieu, à sa conscience et à sa raison? Et puis, dites si l'avare se fait estimer et chérir, ou bien s'il se fait honnir et mépriser?

Ch. Il désobéit à Dieu qui nous commande d'être charitables. Il se fait mépriser et honnir, comme vous le dites.

Le M. Ainsi, il se rend coupable envers Dieu qui lui confie des trésors, et avec ces moyens de se faire bénir, il se rend méprisable devant les hommes qui le jugent; est-ce sagesse de se rendre méprisable?

Ch. C'est sottise.

Le M. Mais l'avare est peut-être heureux; il chérit, dit-on, le spectacle d'un coffre plein; il aime le son des écus : c'est un bonheur qu'il n'aurait pas s'il n'avait pas amassé des trésors?

Eug. Oui, l'avare a des moments où il est heureux.

Le M. Pensez-vous, François, que ces moments soient nombreux et qu'ils le dédommagent des peines, des soucis et des tourments qu'il éprouve dans d'autres?

Fr. Je ne sais pas.

Le M. Un homme honni et détesté peut-il être heureux?

Ch. Non, je comprends cela; j'aurais dû le dire plus tôt.

Le M. L'avare, pour mieux garder ses trésors, est obligé de rester chez lui, de veiller sur ses coffres. Il se sépare de tout le monde, même de ses amis; il se défie toujours de ses serviteurs, et quelquefois de ses parents. Pour satisfaire sa passion favorite, celle d'amasser des écus, il renonce aux jouissances du cœur, les plus douces de toutes. Il est l'esclave de son trésor. Il est le prisonnier de celui qu'il tient captif. Quand il sort par hasard, il est toujours dans la crainte d'être volé; s'il l'est, il ne se console pas de son malheur. Sans cesse il s'imagine qu'on le rançonne et qu'on le trompe; chaque dépense lui arrache un soupir; on dirait d'un cheveu qu'on lui tire; il meurt avec des sentiments cruels pour son âme encore plus déchirée de regrets que de remords, car il se reproche d'avoir manqué de charité et d'humanité; il gémit surtout de quitter à jamais la seule chose qu'il aime. Il a fait de son or son dieu; quand il doit s'en séparer, il lui semble qu'il n'a plus de dieu.

Les enfants. Oh! le malheureux...

Le M. Savez-vous maintenant ce qu'il faut penser des avares?

Les Enfants. Oui, oui !

Le M. Je le crois ; mais ne vous imaginez pas que tous les avares se ressemblent ; que tous se nourrissent, s'habillent et se logent mal ; qu'ils sont tous accroupis devant leurs coffres-forts pour en contempler les écus ; qu'ils meurent tous dans les privations, comme ce millionnaire de Londres qui portait dans sa cravate un million en billets de banque, et qui se laissa mourir plutôt que de faire la dépense d'un bouillon à une heure inaccoutumée. Il est des avares de toutes sortes ; il en est même qui, dans certaines occasions, dépensent follement une partie de leurs trésors ; c'est qu'à l'avarice se joint quelquefois un autre vice plus ridicule encore, celui de l'ostentation. Mais en voilà assez pour une première leçon sur ce sujet. Nous en parlerons encore plus d'une fois.

En effet, il est des sujets qui s'épuisent difficilement, et rien n'est défectueux, rien n'est trompeur comme les sèches définitions que nous donnons ordinairement à l'enfance sur les vices et les vertus que nous avons à lui expliquer. Rien ne saurait, d'un autre côté, former l'esprit et le cœur comme une bonne méthode d'interrogations. Mais, je vous le répète, cette méthode n'est pas d'une application aisée. Pour qu'elle soit pratiquée utilement, il faut qu'elle le soit avec une grande habileté, et j'ajouterai maintenant quelques règles à cet exemple.

I. Expliquez d'abord clairement le sujet, le fait, la question sur lesquels vous allez interroger, et ne tentez pas l'impossible, c'est-à-dire d'enseigner par voie d'interrogation ce que des questions ne pourraient jamais faire connaître. Il serait absurde, par exemple, de prétendre enseigner l'histoire par questions ; l'élève n'en sachant rien est incapable de vous répondre. Il en est de même de tous les faits de date, de tous les faits de science. Quand il s'agit de faits moraux, au contraire, de faits d'observation sur lesquels l'esprit de l'enfant a pu s'exercer un peu, il vous sera facile de l'amener à connaître clairement ce qu'il ne voyait qu'obscurément, livré à lui-même.

II. Ayez toujours en vue, quand vous faites vos questions, le but auquel vous allez. Soyez le nautonnier qui dirige constamment sa barque de manière à pouvoir aborder dans l'endroit qu'il a choisi d'avance, et montrez-vous toujours pilote digne d'inspirer une confiance absolue. L'embarras et l'hésitation vous ôteraient toute autorité.

III. Que toujours vos questions se rattachent à la dernière réponse que vous avez obtenue. Quelle qu'elle soit, bonne ou mauvaise, il faut l'accepter. L'enfant doit voir que vous attachez du prix à ce qu'il vous dit, et que, par la supériorité de votre raison, vous êtes à même de le conduire, de l'erreur où il est tombé, à la vérité où vous voulez arriver.

IV. Ne vous impatientez donc d'aucune réponse donnée de bonne foi. Ce n'est pas toujours la faute de l'élève quand il répond mal ; c'est souvent celle du maître dont la question a été obscure, vague, ambiguë. Posez des questions simples, claires, précises et courtes, à la portée de vos auditeurs, et vous aurez des réponses fermes et nettes, si défectueuses qu'elles soient sous d'autres rapports.

V. Que chacune de vos questions éveille l'attention et occupe la réflexion de votre élève. S'il en est de trop difficiles, il en est aussi de trop vulgaires. Evitez celles qui ne provoquent qu'un oui ou qu'un non machinalement articulé. Ne faites pas de ces questions qui ont uniquement pour but de faire répéter l'affirmation ou la négation qu'elles contiennent. Ces questions endorment les enfants et font tort à l'opinion qu'ils doivent avoir de leur maître.

VI. Pour que vos élèves jouissent de tous leurs moyens, mettez-les à leur aise. Pour cela, soyez vous-même à votre aise, c'est-à-dire sachez bien ce que vous voulez enseigner et ayez bien calculé les réponses que vous pourrez obtenir. Préparez donc vos questions avec soin, et, s'il le faut, exercez-vous d'abord par écrit sur cet art si difficile, je vous le répète. Si vous faites mal une première fois, revenez à la charge sans vous décourager. Pour qui veut avec constance, rien dans le cercle des choses raisonnables n'est impossible. Si toutefois cette méthode ne vous réussit pas, renoncez-y d'autant plus vite qu'elle n'est applicable et utile que dans des circonstances données.

Il existe très peu d'ouvrages sur l'art si important et si beau dont je viens de donner les règles. Il en existe sur les procédés spéciaux, et je vous les ferai connaître; mais je dois surtout vous dire qu'on commet souvent une grande faute en étudiant les livres ; qu'on les lit d'un bout à l'autre, au lieu de s'appliquer à essayer et à pratiquer pas à pas ce qu'ils conseillent. Or, quand le livre est lu, il n'est pas compris ; et quoiqu'on se propose de le relire, il arrive qu'on le met de côté et qu'on oublie d'y revenir, c'est-à-dire qu'on a tout à la fois perdu son temps et son argent ; qu'on n'a rien appris, et qu'on s'est découragé pour l'avenir ; que bientôt on n'est plus au courant de rien ; qu'on se fait routinier, qu'on se fait censeur ignorant ou critique acharné de tout ce qui a lieu ailleurs. Or, du moment où la commode routine a pris la place de la méthode raisonnée, et où la vieille pratique a banni les procédés nouveaux, on cesse d'être instituteur, on devient une machine d'écriture, une machine de lecture et une machine de calcul. Sachez-le bien.

Nous passons maintenant du cours des méthodes générales d'enseignement au cours des procédés spéciaux.

Voir, Niemeyer, *Essai sur l'éducation*, trad. de l'allemand, par Durivau, 1 vol. in-18. (L'original, qui en est à la 9e édition, est en 3 vol. in-8° et forme l'ouvrage classique de l'Allemagne.) — Maeder, *Manuel de l'instituteur primaire*.

CHAPITRE XIX.

Cours des procédés pour apprendre à lire. — Lectures à
haute voix.

L'art de lire est aujourd'hui une précieuse nécessité et un devoir public. La loi exige que tout Français
le possède. J'en parlerai d'abord. Dans la règle, l'é-
criture devrait précéder la lecture, et peut-être tout
procédé pour apprendre à lire qui ne part pas de l'é-
criture est-il contraire à la nature des choses, puisqu'on peut apprendre la lecture au moyen de l'écriture, tandis qu'on ne saurait apprendre l'écriture par
la lecture. Il est donc à désirer et à espérer qu'un jour
on arrive à un changement complet sous ce rapport,
et que la priorité soit donnée généralement à l'écriture, qui l'a eue dans l'origine des deux arts. C'est là
une opinion que j'ai depuis longtemps, et que je n'ai
pas cachée à mes auditeurs; mais chef d'une école
d'élèves-maîtres, je n'ai jamais enseigné exclusivement mes idées. Quand on a sur les méthodes quelques vues qui ne sont pas encore adoptées généralement, on les expose et on les confie à la méditation des
hommes capables de les mettre en œuvre, mais on
ne les impose pas. Je fis connaître, et je recomman-
dai au contraire les méthodes reçues, les bonnes s'en-
tend. J'expliquai tout ce que je connaissais moi-même
avec tout le soin qu'exigent ces matières. Beaucoup de
gens affectent un peu de dédain pour tous ces procé-

dés auxquels nous attachons tant d'importance dans les écoles. Qu'importe, disent-ils, qu'on sache lire un peu plus tôt, un peu plus tard ; et puisque toutes les méthodes ont du bon et du mauvais, n'est-il pas indifférent de suivre celle-ci ou celle-là ?

Cette manière de voir est bien légère. Comment ne compâtirait-on pas aux peines de l'enfance et ne s'appliquerait-on pas à les adoucir ? Elle a tant de choses utiles à apprendre, et elle en sait ordinairement si peu en quittant les écoles, que l'art de lui en enseigner davantage et d'une manière plus agréable mériterait bien qu'on y songeât. L'instituteur doit y songer sans cesse, puisqu'il éprouve nécessairement lui-même les peines et les dégoûts qui ennuient ses élèves, et que les mauvaises méthodes lui donnent plus de mal qu'à eux.

Des procédés qui font comprendre plus vite, et qui chaque jour donnent à l'enfant le sentiment si doux du progrès, reposent au contraire l'instituteur lui-même, ils embellissent pour lui des heures que l'on ne saurait trop songer à rendre agréables.

Il est un moyen de rendre intéressantes à la fois pour le maître et pour l'élève les leçons de lecture, c'est d'en faire un art au lieu d'une routine, d'un mécanisme. L'enfant n'est pas fait pour aller comme une machine ; c'est pour ce motif qu'il est mal à son aise quand on l'oblige d'aller de cette manière. En lui apprenant à lire, traitez-le comme un être intelligent. Dites-lui bien de quoi il s'agit, sans entrer toutefois dans d'inutiles discours. Vous le savez, vous distinguez dans la lecture deux choses qui se correspondent, vous reconnaissez des *signes* et vous articulez des *sons*. Or l'enfant aime naturellement à émettre des sons, et il éprouve une sorte de joie à reconnaître des signes. Il vous sera donc facile, si vous avez de l'habileté, de faire aimer cette étude à l'enfance. C'est par les signes que vous commencerez, et comme c'est une chose que vous fournissez le premier à sa curiosité, fournissez-les bien, tracez-les bien sur le tableau noir, ou choisissez bien les tableaux imprimés que vous mettrez entre les mains de vos élèves.

La voyelle que les enfants articulent le plus aisément est l'A, parce qu'il ne faut pour cela qu'ouvrir les lèvres et pousser un son. L'E suppose un petit mouvement de plus ; la langue se relève en haut en même temps que les lèvres s'ouvrent. Il en est de même de l'I ; la langue se relève encore plus et s'approche des dents de la mâchoire supérieure. L'O demande que la langue s'abaisse et que les lèvres se serrent. Il faut qu'elles s'allongent un peu et qu'elles se serrent encore plus pour prononcer l'U.

Les premières consonnes que les enfants prononcent sont aussi celles qui demandent le moins de mouvement dans les organes. Le B, le M et le P sont les plus aisées à articuler : il ne faut, pour le B et le P, que joindre les deux lèvres et les ouvrir avec vitesse. L'articulation de toutes les autres consonnes suppose des mouvements plus compliqués que ceux-là ; et il y a un mouvement de la langue dans le C, le D, le G, le L, le N, le Q, le R, le S et le T. Il faut, pour articuler le F, un son continué plus longtemps que pour les autres consonnes.

Ainsi, de toutes les voyelles, l'A est la plus aisée; et de toutes les consonnes, le B, le P et l'M sont aussi les plus faciles à articuler. Il n'est donc pas étonnant que les premiers mots que les enfants prononcent soient composés de cette voyelle et de ces consonnes, et l'on doit cesser d'être surpris de ce que, dans toutes les langues et chez tous les peuples, les enfants commencent toujours par bégayer *baba, mama, papa.* Ces mots ne sont, pour ainsi dire, que les sons les plus naturels à l'homme, parce qu'ils sont les plus aisés à articuler. Les lettres qui les composent, ou plutôt les caractères qui les représentent, doivent exister chez tous les peuples qui ont l'écriture ou d'autres signes pour représenter les sons.

On doit pourtant observer que la prononciation de quelques consonnes étant à peu près semblable (comme celle du B et du P, celle du C et du S, ou du K et du C dans certains cas ; celle du D et du T ; celle du F et du V ; celle du G et du J ou du G et du K, celle du L et du R), il doit y avoir beaucoup de langues où ces consonnes ne se trouvent pas toutes; mais il y aura toujours un B ou un P, un C ou un S, un D ou un T, un F ou un V, un G ou un J, un L ou un R.

Il ne saurait y avoir moins de six ou sept consonnes dans le plus petit des alphabets, parce que ces six ou sept lettres ne supposent pas des mouvements bien compliqués, et qu'elles sont toutes très sensiblement différentes entre elles. Les enfants qui n'articulent pas aisément le R y substituent le L ; au lieu du T, ils articulent le D ; parce qu'en effet les premières de ces lettres veulent dans les organes des mouvements plus difficiles que les dernières. C'est de cette différence et du choix des consonnes plus ou moins difficiles à exprimer que vient la douceur ou la dureté d'une langue [1].

Mais quelque soin que vous puissiez prendre pour choisir les signes, si les articulations étaient pénibles ou vicieuses, vous n'obtiendriez qu'une lecture irrégulière. Dirigez donc les articulations avec une attention entière. La plupart des enfants contractent par indolence propre, ou par suite de mauvais exemples, l'habitude d'articuler très imparfaitement. En arrivant aux écoles, ils se communiquent les uns aux autres leurs habitudes défectueuses. Pour leur apprendre à bien parler, il faut leur apprendre à bien ouvrir la bouche, à bien desserrer les dents, à bien remuer les lèvres, à émettre des sons purs, en un mot, à prononcer parfaitement.

Je ne vous parle pas ici de circonstances et de procédés extraordinaires, d'un organisme qui serait hors la règle commune, tel que celui des sourds-muets, qui demande des études et des méthodes spéciales. Je vous recommanderai toutefois, à cette occasion, de vous familiariser, quand vous le pourrez, avec les études des sourds-muets qui répandent un si grand jour sur les méthodes ordinaires. Il ne saurait s'imaginer pour vous de lectures plus instructives que quelques écrits de cette nature [2].

---

[1] Buffon, *l'Homme.*

[2] Voir l'excellent coup d'œil publié sur cet enseignement par M. Selligsberger, sous ce titre : *Quelques mots sur les Sourds-Muets.*

On a fait, dans l'intérêt de ces exercices, des recueils de mots où les difficultés sont graduées, qui offrent d'abord peu de syllabes et des syllabes composées de voyelles plutôt que de consonnes. Faites prononcer ces mots, et faites bien remarquer ceux des organes de la voix qu'il faut mettre en jeu pour rendre dans toute leur pureté le son de chaque voyelle, celui de chaque consonne.

Passez ensuite aux phrases, et choisissez toujours des propositions qui offrent un sens simple, naturel, à la portée des élèves, instructif pour leur âge.

Vous arriverez enfin à des maximes de morale et de conduite que vous ferez répéter, réciter par cœur, et à de courtes histoires, que vous ferez raconter ou reproduire à peu près dans les mêmes termes que vous aurez employés vous-mêmes. Dans ces exercices, combattez sans cesse les vices de l'accent ou de l'élocution ; faites remarquer les expressions impropres, et donnez enfin quelques leçons de goût.

Vous direz peut-être que c'est là mettre beaucoup de temps et de soins pour apprendre à lire. Mais vous n'aurez pas de regrets à cet égard, si vous parvenez ainsi à mettre en jeu la curiosité de vos élèves, leur attention, leur mémoire, leur jugement ; car ce sera faire bien des choses en peu de temps, et jeter une bonne base pour tout le cours de leurs études.

Mettez aussi en ligne de compte le plaisir si pur de voir bien réussir les procédés que vous employez.

La question de savoir s'il faut *épeler*, c'est-à-dire assembler les lettres de chaque syllabe, ou bien énon cer les syllabes sans épellation, n'en est plus une aujourd'hui. Vous proscrirez l'épellation, devenue inutile par le *procédé vocal* ou l'énonciation pure et simple du son de chaque lettre. Habituez vos élèves à prendre les lettres pour ce qu'elles sont, le B, par exemple, pour un simple mouvement de lèvres, et non pour Bé. Faites de même pour les autres consonnes. Faites bien comprendre qu'elles ne sonnent pas Cé, Dé, Effe, Gé, Ji, Ka, Elle, Emme, Enne, Pé, Qu, Erre, Esse, Té, Vé, Ixe, Zède, mais B, C ou K, D, F, G, H, J, K, L, M, N, P, Q, R, S, T, V, X, Z. Une consonne est une articulation sans voyelle.

Dès que vos élèves sauront lire tant soit peu, débarrassez-les des syllabes et des phrases qui ne signifient rien ; donnez-leur des propositions qui aient un sens, des livres de lecture qui parlent au cœur et à la raison. Ne les promenez ni dans le vague, ni dans l'absurde. On leur propose souvent des phrases capricieuses et des mots baroques ; on leur donne à lire des niaiseries. Rien n'est plus coupable de la part de l'instituteur que cette absence de respect pour les besoins intellectuels et moraux de l'enfance.

Vous qui bientôt serez maîtres, vous examinerez avec moi les meilleurs tableaux de lecture qu'on a publiés ; vous composerez ensuite vous-mêmes une collection de ce genre, et vous corrigerez mutuellement vos travaux. Vous vous mettrez par là en état de choisir parfaitement ce qu'il conviendra de mettre entre les mains de vos élèves.

Mais de l'art de savoir lire, tel que le possèdent les enfants, se distingue l'art de bien lire, tel que doivent le posséder les adultes, et surtout les instituteurs. Qu'est-ce que cet art ?

C'est celui de lire de manière à se faire écouter avec attention et avec plaisir. Or c'est là une des choses les plus difficiles. En effet, il ne s'agit plus seulement de lire sans hésiter, mais de lire de manière à forcer, pour ainsi dire, votre auditeur à vous comprendre et à s'intéresser à ce que vous lisez. Que faut-il faire pour cela ?

Choisir ses lectures.

Articuler sans pesanteur.

Accentuer sans affectation.

Se faire entendre sans cris et sans efforts.

Comprendre soi-même ce qu'on lit.

Distinguer les genres, et prendre le ton qui convient à celui qu'on lit.

Couper la période, la phrase, la proposition.

Ponctuer en lisant.

Choisir les repos.

Voilà les règles générales. Ces règles, vous les méditerez pour bien les saisir dans toute leur vérité, car sans cela toute règle demeure une formule obscure et stérile. Vous ferez plus, vous les appliquerez, vous les éprouverez à la pratique, et vous les modifierez selon les circonstances, car elles sont susceptibles d'applications très multipliées et très diverses.

En effet, vous trouverez en voulant les appliquer des difficultés de tout genre, l'accent, l'élocution vicieuse de chaque localité, des défauts de prononciation dans chaque individu, des habitudes générales ou particulières auxquelles on tiendra jusqu'à combattre et critiquer, peut-être ridiculiser vos efforts. Vous aurez donc à tempérer votre zèle suivant les circonstances, afin de soutenir votre courage au milieu de tous les obstacles. Commencez toujours par vous rendre compte de toute votre tâche, par étudier tous les vices de l'accent et de l'élocution de la localité où vous serez appelés. Examinez ensuite ce qu'il vous faut corriger dès le début, dès la première génération, ce que vous pourrez reprendre dans des temps plus favorables, et n'entreprenez jamais au delà de vos forces. S'il est important que vos élèves aient un accent pur, il est plus important encore que vous ayez une position nette, et que vous ne tentiez rien qui vous prive de la confiance entière des familles.

La lecture, d'ordinaire si péniblement acquise et considérée comme une science si précieuse, sert malheureusement à peu de chose pour la plupart des écoliers. Ils ont peu de livres instructifs, ou ne lisent pas ceux qu'ils ont, par suite des habitudes prises à l'école. En effet, un enfant qui a lu ses tableaux de lecture et appris son catéchisme, a peu lu ou plutôt il n'a rien lu, car l'étude des tableaux et du catéchisme est un véritable travail, ce n'est pas une lecture. Ce qui fait que la plupart des jeunes gens sortis des écoles lisent peu, c'est qu'ils ne savent que lire, ou ne savent pas lire avec fruit. Dans beaucoup d'écoles on a le Catéchisme historique de Fleury, quelques volumes d'Histoire de France et Maître Pierre. C'est quelque chose. Cependant, Maître Pierre est un livre d'étude qui a besoin de beaucoup d'explications ; l'Histoire de France n'est pas suffisamment comprise par les enfants, et l'excellent Catéchisme historique ne peut donner que ce qu'il renferme, des connaissances d'un ordre religieux. Un bon ouvrage de lecture, bien gradué, exposerait dans un style bien populaire les connaissances les plus utiles sur l'homme, le corps et l'âme, le ciel, la terre, la mer, les rivières, les montagnes, les peuples, les villes, les pays, les produits du sol, l'agriculture, l'économie rurale et domestique, le jardinage, l'hygiène, l'administration, la police, la loi municipale. Mais un ouvrage de ce genre est difficile à faire et il reste encore à désirer.

Ne perdons pas de vue qu'un tel livre est d'autant plus nécessaire, qu'il est plus impossible de tout enseigner à l'école, et qu'il serait plus mal entendu de le vouloir. Il est, au contraire, très avantageux que les élèves acquièrent certaines connaissances par eux-mêmes, qu'ils lisent quelque ouvrage qui leur apprenne à réfléchir sur leurs occupations et leurs intérêts de chaque jour, qui les guide encore quand le maître n'est plus à leurs côtés.

Cependant, si un volume de ce genre est d'absolue nécessité pour la campagne, il ne suffit peut-être pas pour les villes. Là, une suite, une collection de petits traités, dont les exemplaires soient assez nombreux dans chaque école pour être mis entre les mains des élèves, peut seul répondre à tous les besoins, et arracher notre instruction primaire à cet état de pauvreté qui nous afflige au milieu de tant d'autres richesses.

Ce serait là rendre au pays le plus grand des services. Ce serait surtout rendre plus honorable, en l'instruisant mieux, cet état de cultivateur que l'on fuit trop, parce qu'on l'a trop dédaigné et trop négligé. Relevez-le, et vous retiendrez dans des travaux honorables et utiles à l'État une foule d'enfants que la vanité de leurs parents en écarte aujourd'hui.

On redoute cette instruction que je recommande; on la craint précisément par la raison qu'elle pourrait enlever encore plus de bras à l'industrie et à la culture. On aurait raison, si cette instruction était mauvaise, théorique plutôt que pratique, et calculée pour les besoins des villes plutôt que pour ceux des campagnes. Elle serait un péril dans ce cas, et en général toute instruction qui ne s'applique à rien a de grands inconvénients ; mais celle qui améliore le bien-être physique et les habitudes morales de l'homme, qui l'attache au travail, à ses champs, à son atelier et à ses foyers, est toujours utile. Or si vous voulez concourir à cette belle œuvre, graduez bien les lectures; faites en sorte que l'art de lire soit bon à quelque chose, à une étude un peu continuée, à une instruction progressive, prolongée au delà des années d'école.

A côté de ces lectures à faire par vos élèves, il est des localités où il vous faut en faire d'autres; des lectures d'instruction supérieure. Jeunes maîtres, que vous soyez au village, au bourg ou à la ville, vous serez appelés quelquefois à donner des leçons particulières dans les familles aisées. Ce sont là des occupations auxquelles vous ne sacrifierez jamais les devoirs de votre place, mais qu'il vous convient encore de remplir. Or, pour donner ces leçons avec succès, il faut y être préparé avec soin ; il faut un esprit un peu riche et un peu orné ; il faut surtout la connaissance de nos meilleurs auteurs. Vous le savez, il n'est pas de Français instruit qui ne les connaisse. Vous lirez donc Fénelon, et surtout le *Télémaque*, qui est un modèle de style ; vous lirez quelques discours de Bossuet, pour connaître ce qu'il y a de plus magnifique dans l'éloquence de la chaire et de la langue française ; vous lirez quelques volumes de Buffon, pour voir ce que la nature a inspiré de plus sublime à la méditation d'un homme de génie. Vous lirez peut-être *Polyeucte* et le *Cid* de Corneille, *Esther* et *Athalie* de Racine, et quelques livres du poëme de la *Religion*, de Louis Racine, pour avoir une idée de ce que la poésie dramatique et religieuse a produit de plus pur et de plus élevé. Vous pourrez lire quelques beaux vers de Delille, l'*Homme des Champs*, les *Règnes de la Nature*, afin de goûter avec l'un des esprits les plus ingénieux les plaisirs toujours nouveaux que nous offre la merveilleuse fécondité du sol foulé par nos pieds. Vous lirez quelques chapitres des cours de La Harpe et de M. Villemain. Vous apprendrez par cœur plus d'une *Méditation* de M. de Lamartine, et vous aurez sur votre table, à côté du *Petit Carême* de Massillon, les *Études* historiques de Châteaubriand.

Voir, Gallien, *Méthode de lecture*, — Lebrun, *Livre de lecture courante*, — Larroque, *Entretiens sur les éléments des sciences et divers autres sujets*, — L'abbé Daniel, *Choix de lectures*, ou *Leçons abrégées de littérature et de morale*, — Cortambert, Sainte-Preuve et Delafosse, *Connaissances premières*, ou *simples notions sur les phénomènes les plus intéressants de la nature*, — Willm, *Premier livre de lecture*.

CHAPITRE XX.

Cours des procédés pour apprendre à écrire et à dessiner.

L'écriture doit se combiner avec la lecture, et je vous ai déjà conseillé de faire marcher de pair ces deux arts qui se facilitent mutuellement.

L'écriture est une sorte de dessin. Dans l'origine, on dessinait les objets qu'on avait besoin de faire connaître ; on n'écrivait pas les noms des choses, on en traçait l'image. Quand on voulait désigner le *soleil*, on le peignait tel qu'il apparaît, avec un disque ou un cercle et des rayons. Cette écriture, qui était à la fois dessin et peinture, et que nous trouvons encore sur les monuments de plusieurs peuples de l'antiquité, se nommait hiéroglyphique, ou sculpture sacrée, parce qu'on la sculptait sur la pierre avant de la dessiner sur le papyrus. Bientôt elle fut trouvée trop longue. On l'abrégea, et au lieu de figurer les choses elles-mêmes, on en écrivit les noms en caractères ou signes très simplifiés et très courts; au lieu de représenter la chose ou son image, on en représenta le nom, c'est-à dire le son que prononce la bouche pour la désigner. Pour certaines choses, l'écriture est aussi longue que le dessin. Par exemple, il nous faut cinq signes pour représenter le nom du *soleil*, et il n'en faudrait pas autant pour en représenter l'image : on la représenterait par un cercle et un point, tels que les voici ⊙. Mais en ce cas on serait moins clair, car ce signe pourrait s'appliquer à une foule d'autres objets, tandis qu'il ne peut pas y avoir de confusion pour les signes du nom. Ajoutez qu'il est des idées abstraites, telles que celles de justice et de courage, qu'on rend difficilement par des images. Par exemple, la *balance* peut indiquer la justice, et le *lion*, le courage ; mais ce n'est plus là le sens naturel et premier de ces images, ce n'en est plus que le sens *détourné* ou *figuré*. Et c'est là un grand inconvénient. Aussi tous les peuples ont-ils fini par abandonner l'écriture hiéroglyphique ou *idéographique*, celle qui peint des idées, pour l'écriture *phonétique*, celle qui peint des sons par les lettres de l'alphabet. Il faudrait des milliers ou plutôt des millions de dessins pour représenter toutes les idées au moyen de figures ou d'images ; il ne faut que vingt-quatre caractères alphabétiques pour exprimer toutes les notions qu'on peut avoir.

Cependant l'intention est toujours la même ; le mot écrit est encore pour l'esprit, sinon pour les yeux, l'image ou la représentation de l'objet ; et l'art d'écrire, qui s'appelle encore vulgairement l'art de peindre les lettres, se pratique avec les mêmes organes du corps, et avec des instruments et des matériaux analogues à ceux que demandent le dessin et la peinture.

Et partout où la chose est possible, il faut réunir le dessin et l'écriture.

Le dessin peut être moins nécessaire à la campagne que dans les villes, mais il est utile partout. Le cultivateur assez instruit pour esquisser au crayon les nouveaux instruments ou les outils qu'il fait fabriquer, les bâtiments qu'il élève et les champs qu'il vend ou qu'il achète, aura d'immenses avantages sur celui qui est privé de ce talent, et qui souvent ne parvient pas à se faire comprendre. Quand on considère que ces avantages sont le fruit de quelques mois d'application, comment n'y mettrait-on pas ce peu de temps?

Si l'on fait bien de combiner les deux arts, l'écriture et le dessin, je ne dirai pas qu'il faut commencer par le dessin. Il serait désirable que cela se fît, et il est possible qu'un jour le dessin devienne la première occupation d'un enfant, —la nature semble nous indiquer cette réforme à faire dans les habitudes générales ; — mais, en attendant, cet usage est contraire à l'opinion reçue, et ce n'est pas à vous qu'il appartient de la combattre, c'est aux chefs de l'éducation publique à le faire, si jamais ils le trouvent utile. Cela se fera sans doute, quand tout le monde comprendra qu'il est plus facile de dessiner que d'écrire, c'est-à-dire de faire de grandes lignes que de petites, et de faire des traits qu'on est à même de corriger cent fois de suite, que d'en faire d'autres qui ordinairement ne peuvent plus se changer. Or, n'est-ce pas là prouver qu'il est plus facile de dessiner que d'écrire? Commencez toutefois par l'écriture, puisque tel est l'usage.

Dans quelques écoles, on fait d'abord écrire dans le sable ou dans la sciure de bois, soit avec le doigt, soit avec une baguette taillée en forme de crayon. De cet exercice on passe à l'écriture sur une planche noire avec du blanc ou de la craie, et à l'écriture sur l'ardoise ou sur l'ardoise-carton avec un stylet fait également en ardoise ou en bois. On ne donne des plumes, de l'encre et du papier qu'après ces épreuves successives, et quand les élèves ont acquis certaines habitudes d'ordre et de propreté, l'ordre et la propreté étant les deux premières qualités à donner.

Je ne proscrirai rien et je ne vous prescrirai rien à cet égard, car les localités sont diverses, et il en est où il faut avant tout viser à l'économie. Mais je vous dirai que mon expérience personnelle n'est pas en faveur du sable et de la sciure, ni même de l'ardoise, qui raidissent les doigts et appesantissent la main. Cependant faites des essais et des comparaisons ; choisissez vous-mêmes ce qu'il y aura de plus avantageux. Seulement, ne tardez pas à faire écrire ou dessiner. C'est un excellent moyen d'occuper les enfants et de leur donner des habitudes de calme.

Dès qu'on arrive à se servir de plume et de papier, il faut aborder les *principes* de la calligraphie et donner le goût du beau. Tout travail de mécanisme sans raisonnement doit être banni d'une bonne école.

En fait de principes, il faut donner les plus simples et les plus purs. Ils se réduisent à si peu de chose, que l'enfance est parfaitement apte à les saisir.

Il y a d'abord des droites et des courbes, puis des droites plus ou moins inclinées, des courbes plus ou moins circulaires. Apprenez donc, pour le début, à faire beaucoup de droites et de courbes.

Après cela, il y a des traits fins et des traits forts, ou des *pleins* et des *déliés*.

C'est là toute l'écriture. Combiner des déliés et des

pleins, des courbes et des droites, tel est tout le secret de la calligraphie, qui n'est pas l'art de peindre le
discours, mais celui de bien écrire ce que d'autres
ont bien écrit.

J'ajoute une observation qui est essentielle, qu'au
premier abord vous trouverez peut-être un peu subtile,
mais dont un examen plus réfléchi vous fera reconnaître toute l'exactitude, c'est que l'écriture est non seulement un dessin ou une peinture, mais encore une
sorte de géométrie ou d'arpentage.

En effet, chaque lettre a ses deux dimensions, sa
hauteur et sa largeur. Chacune embrasse un certain
espace, espace qui se mesure non pas à la chaînette
d'arpenteur, mais à largeur de bec, même les déliés,
dont la largeur est à peine perceptible. Eh bien, savoir donner à chaque lettre les proportions qui lui
conviennent, et marquer exactement par des droites,
des courbes, des pleins et des déliés, les contours de
l'espace qui appartient à chaque signe, c'est écrire
dans la perfection.

Pour apprendre à écrire ainsi, il faut d'abord étudier une bonne théorie qui trace les lois et réveille le
goût. Il faut ensuite passer par une série d'exercices
faits d'après les meilleurs modèles.

D'ordinaire, et pour façonner la main successivement, on fait bien de commencer par la grosse. Elle
est à la portée de tous ceux qui s'essayent à écrire;
elle fortifie la main délicate, elle donne à la main
rustique un premier degré de flexibilité.

De la grosse, qui n'est l'écriture de personne,
on passe à la moyenne et à la fine ou cursive, qui

est celle de tout le monde. Depuis quelques années, l'Angleterre, qui donne souvent ses modes et ses manières à la France, qui, à son tour, les perfectionne et les épure pour les livrer ensuite à l'Europe, nous a transmis une écriture qui est préférée dans quelques écoles. Les juges impartiaux aiment mieux la demi-anglaise. L'anglaise est trop fine et trop allongée ; elle demande des becs trop allongés et trop fins. Pour la pratiquer avec succès, il faut sans cesse tailler une plume toujours usée. Il vaut mieux modifier ce genre et lui donner un peu plus de corps, pour que la plume elle-même puisse en conserver davantage.

La ronde et la gothique ont à peu près un genre égal de mérite, c'est-à-dire qu'elles sont curieuses pour l'amateur, mais inutiles pour les affaires. Il en est de même des autres variétés et des genres ornés en général. Ce sont des jeux d'artistes, et libre aux artistes de s'y livrer; mais vous en dispenserez vos élèves, et vous les exercerez avant tout et après tout sur l'écriture usitée.

Vous le savez, il est deux moyens de s'exercer en calligraphie, l'un, c'est d'écrire à *main posée*, et d'y mettre tout le temps que demande une écriture parfaite; l'autre, c'est d'écrire aussi rapidement que l'exigent les besoins et les usages de la vie. C'est là l'*écriture expédiée*. Il faut que vos élèves soient également habiles dans les deux modes. Ce serait la perfection que d'avoir une très belle *expédiée*, et il faut toujours davantage se rapprocher de la perfection.

L'écriture est, plus que beaucoup d'autres travaux, un moyen de solide instruction. Elle bannit

la distraction, elle commande une sorte de réflexion
et d'étude qui sont également favorables au développement des idées et à la formation du caractère.
Voyez cet homme embarrassé dans ses récits et dans
ses discours, dès qu'il écrit il est éloquent ; il lui vient
des idées nombreuses, belles et élevées ; il trouve
des expressions charmantes , des tours de phrases
riches et harmonieux. C'est que l'écriture lui permet de réfléchir. Elle fait plus, elle invite à réfléchir.
Profitez de cet avantage, et en donnant à vos élèves
des modèles bien peints, donnez-leur-en surtout qui
contiennent de bonnes choses, à leur portée. Aussitôt
que la main est un peu exercée, faites rédiger quelques petits récits ; de là, passez à tous les genres de
composition qui peuvent entrer dans l'enseignement
général, mais évitez d'en faire de stériles rhéteurs,
s'exerçant sur des sujets d'imagination, abus dont j'aurai à vous parler encore ailleurs.

L'écriture est un des meilleurs exercices pour apprendre l'orthographe : il faut l'employer à des dictées bien graduées. Et, à cet égard, vous ferez une remarque curieuse, celle que tout se lie dans la nature
morale et intellectuelle de l'homme ; qu'une écriture soignée conduit naturellement à une écriture
conforme aux règles de la langue et de l'orthographe ;
que l'élève le plus attentif à la forme des lettres est
aussi celui qui étudie le mieux la combinaison des
mots en Grammaire et en Syntaxe.

Rangez hardiment parmi les règles de la bonne
écriture la propreté des cahiers et la netteté des devoirs
qui s'y inscrivent. Ces deux choses aussi se lient, et

méritent des primes d'encouragement. Je connais des visiteurs qui commencent les inspections par les cahiers, et il est de fait que rien n'est plus propre à donner une idée générale de la tenue d'une école.

Pour avoir une belle écriture, il est une condition impérieuse : c'est d'avoir une bonne plume. La bonne plume facilite même la bonne rédaction, et les hommes les moins sujets aux illusions ont fait la remarque, que les pensées se présentent plus nettes, la phrase plus élégante et l'image plus pure sous une plume bien taillée que sous une autre. On dit d'un écrivain distingué, qu'*il a une plume bien taillée*. Il y a du vrai dans cette figure. Apprenez donc à vos élèves à bien tailler leurs plumes et à ne jamais se contenter d'une écriture vulgaire. Il est un vieux préjugé qui se maintient chez quelques personnes, c'est que pour avoir *l'air comme il faut*, il convient d'écrire ou du moins de signer en caractères à peu près illisibles. Faites que cette absurdité passe de mode, qu'une belle écriture, et surtout une signature simple et lisible, passent pour des indices d'une bonne éducation. L'opinion est sévère pour ceux qui parlent mal ; ne souffrez pas que vos élèves écrivent mal.

Déjà le dessin est envisagé sous ce point de vue, et avec raison, car il annonce une éducation un peu soignée. C'est donc à bien juste titre que la loi recommande de le propager. Il donne des habitudes et procure des avantages dont rien autre ne peut tenir lieu. Vous le verrez dans les leçons de géométrie et d'arpentage, de physique et d'histoire naturelle, de greffe et de taille ; vous le verrez encore mieux dans la vie pratique et à chaque instant. C'est d'ailleurs un art facile. Je l'ai dit, qui sait écrire sait dessiner, et qui sait dessiner sait écrire. C'est le même art sous deux formes, et ces deux formes se secondent mutuellement, au point que pour bien les acquérir, il conviendrait peut-être de commencer par le dessin, de passer ensuite à l'écriture, et de revenir au dessin pour donner le fini à l'un et à l'autre de ces deux exercices.

En effet, les lignes droites, les courbes, les angles, les ovales, les carrés, les triangles, les polygones, les cercles, les prismes et les cônes : voilà les éléments ou les traits fondamentaux des lettres. On pourrait donc faire précéder l'écriture du tracé de ces figures, et aussitôt qu'un élève serait capable de les former d'une manière suffisante, il faudrait le faire écrire.

Mais cette méthode demandant des moyens d'exécution qui ne sont pas encore à la disposition de toutes les localités, vous suivrez l'usage général, vous ferez écrire avant de faire dessiner. Toutefois, dès que vos élèves sauront écrire lisiblement, il convient de les perfectionner simultanément dans la calligraphie et dans le dessin.

Le dessin linéaire doit toujours précéder le dessin ombré, auquel vous donnerez peu de temps, ici ou ailleurs, car le dessin linéaire suffit dans la plupart des conditions. Mais quand il est bien enseigné, il développe singulièrement les facultés de l'enfance. Vous l'enseignerez bien, car les procédés à suivre sont simples. Montrez d'abord la manière de tracer la figure et nommez-la. Puis, faites-la suivre, faites-la nommer, et exigez que vos élèves en fassent eux-mêmes la définition.

Ce dernier point est l'essentiel. Les définitions que feront vos élèves pourront être mauvaises d'abord ; mais vous les corrigerez ; elles finiront par devenir bonnes, et elles auront cet avantage, que le travail de vos élèves sera compris. J'ai vu des maîtres qui faisaient dessiner toute chose, même les machines les plus compliquées, sans jamais rien expliquer : leurs écoliers n'ont tiré aucun fruit du labeur le plus assidu. J'ai vu d'autres maîtres se donner une peine infinie pour faire à la fois des dessinateurs et des raisonneurs ; je les ai vus raisonner et dessiner sans cesse à la place de leurs élèves. C'est là une méthode aussi maladroite que la précédente. Prenez un recueil de dessins avec des explications ; faites-en copier les planches ; apprenez-en les explications pour vous, et mettez-vous en état de les communiquer comme si elles étaient de vous. Elles ne vous seront véritablement utiles qu'autant que vous les posséderez à ce point, et que vous serez en état de rectifier les définitions que vous ferez faire aux autre.

Werdet, *Cahier complet d'écritures*, — Le même, *Modèles d'écriture cursive mixte*, — Le même, *Méthode rationnelle pour l'écriture*, — Cornevin, *Dictées et modèles d'écritures*.

Cours méthodique de Dessin linéaire, applicable à tous les modes d'enseignement, par M. L. Lamotte, — Bouillon, *Principes de dessin linéaire*, — Le même, *Principes de perspective linéaire*.

CHAPITRE XXI.

Grammaire. — Orthographe. — Cacographie. — Analyse grammaticale. — Analyse logique. — Analyse pragmatique ou analyse des choses. — Étude de quelques écrivains classiques. — Rédaction des leçons. — Compositions de style.

Après le cours de religion et de morale, qui a pour but d'apprendre à bien penser et à bien agir, l'enseignement de la grammaire est le plus important de tous.

Il a pour but d'apprendre deux choses, à bien parler et à écrire correctement, c'est-à-dire conformément aux règles que suivent les personnes les mieux élevées et les plus instruites.

Vous voyez combien cet art est important. Il l'est d'autant plus qu'il tient davantage à l'art de bien penser. En effet, on ne parle bien et l'on n'écrit régulièrement qu'autant qu'on a la pensée juste et nette. Aussi l'enseignement grammatical se compose-t-il de plusieurs parties qu'il importe de bien distinguer et de bien répartir dans un cours d'études.

Ici, à l'école normale, nous verrons dès la première année les éléments de la grammaire, ceux de l'analyse grammaticale et ceux de l'orthographe.

Dans la seconde année, nous reviendrons sur ces études élémentaires, nous les approfondirons, et nous y ajouterons l'analyse logique, l'analyse pragmatique et les exercices de style.

Mais je m'attacherai surtout à vous exercer vous-mêmes dans l'art si difficile d'enseigner la grammaire.

A cet effet, je commencerai toujours, et je vous invite à commencer un jour, vous aussi, par *expliquer d'avance* toutes les leçons qui doivent être apprises par cœur. Le langage des grammairiens est non seulement très concis, il est très abstrait. Il se compose d'une suite de règles ou de formules générales. Or il est inutile et *cruel*, — remarquez ce terme, — de faire apprendre par cœur des règles ou des for-- mules auxquelles l'intelligence n'attache pas de sens précis.

Et c'est pourtant ainsi que procédaient autrefois la plupart des instituteurs. Aujourd'hui même, il en est encore un grand nombre qui n'expliquent le texte d'un livre qu'après l'avoir fait apprendre, c'est-à-dire après avoir donné à leurs élèves la mauvaise habitude de ne pas se rendre compte de ce qu'ils étudient; car les forcer à vous réciter ce qu'ils ne comprennent pas, c'est les obliger à prendre une habitude qui va contre la nature de l'intelligence.

Gardez-vous d'une aberration aussi déplorable.

Quand vous avez donné vos explications, tout n'est pas fini : vos élèves les ont-ils saisies ? Assurez-vous-en par des interrogations précises. J'ai souvent interrogé sur la grammaire, et j'ai eu quelquefois de belles réponses, mais j'ai rarement rencontré un élève qui attachât des idées nettes aux termes techniques.

Demandez aux plus habiles ce que signifient ces mots : *l'adjectif sert à qualifier le substantif*, et vous serez surpris du vague où ils sont sur le sens du mot *qualifier*, qu'ils emploient sans cesse.

Cependant, gardez-vous de la folie des études étendues. On apprend trop de nos jours; on apprend trop de choses, parce qu'on apprend mal. Enseignez peu et répétez beaucoup. Questionnez beaucoup : tous mes conseils sont là. Surtout, décomposez bien ce que vous enseignez, analysez.

L'analyse grammaticale est utile.

L'analyse logique est plus utile encore.

La plus utile, c'est l'analyse pragmatique ou celle des choses.

L'analyse grammaticale est souvent pratiquée trop tôt. Il faut savoir un peu raisonner pour comprendre la nature du nom substantif et le rôle que joue ce roi de la phrase, soit en personne, soit par le pronom et par le verbe, quand il est sous-entendu. L'enfant ne doit jamais être une sorte de machine. Ne le faites pas analyser machinalement; ne lui montrez que ce qui est à sa portée. Bornez-vous d'abord à faire comprendre et reconnaître le *substantif* et le *pronom ;* vous passerez à *l'article* quelques jours plus tard.

Quand vos élèves connaîtront bien ces mots, vous leur expliquerez encore le *verbe* et l'*adjectif*.

Vous leur donnerez ensuite de nouveaux délais pour le reste.

Pour achever leurs études sous ce rapport, vous leur ferez comprendre enfin le *participe* et l'*adverbe* , en mettant tout à fait à la fin la *conjonction*, l'*interjection* et la *préposition*, ordres de mots qui demandent une intelligence un peu exercée pour être bien saisis.

Vous ne donnerez de tableaux de grammaire à vos élèves qu'après cette *introduction orale*. Et si vous faites bien, avant de leur faire lire quelques lignes de grammaire, vous leur en expliquerez toujours le contenu. Les *enfants ne comprennent pas la grammaire*; notez-vous bien ce fait-là, il est constant; qu'il soit constamment devant vos yeux. Ils la comprendront quand vous l'aurez expliquée d'abord; jamais autrement; il n'est pas de grammaire qui soit à leur portée, pas même la plus *facile des grammaires*.

On dit qu'en général la grammaire n'a d'autre avantage pour les écoles populaires que d'exercer la mémoire; elle en a un qui est immense, celui de former le raisonnement. La grammaire, on peut le répéter, est la logique du peuple.

Exigez-en un autre résultat : que vos élèves sachent l'orthographe. Soyez pour cela d'une exigence pleine et entière, et sachez bien qu'en orthographe, il n'est rien de petit, de secondaire. Demandez donc que le point et la virgule se mettent avec autant d'exactitude que le point-et-virgule, les deux points, le point d'exclamation et le point d'interrogation. Qu'il ne manque ni accent grave, ni accent aigu, ni accent circonflexe, ni apostrophe. Que chaque faute soit comptée comme faute, lettre fausse, ou surabondante, ou absente. L'exactitude a peu de prix, dit-on, en orthographe; mais elle est d'une importance majeure en éducation. J'aime beaucoup les leçons, les dictées et les thèmes d'orthographe, car ces exercices apprennent aux élèves ces quatre choses : à faire attention à des règles, à réfléchir sur ce qu'ils ont écrit, à comprendre une faute, à en rougir, à vouloir s'en corriger. Eh bien, je vous le demande, ne sont-ce pas là autant de choses de haute importance ?

J'y attache un tel prix que j'ai une horreur invincible pour les fautes d'orthographe et une horreur bien plus grande encore pour toute indifférence qu'on affecte à cet égard. Il est un moyen incroyable et détestable qu'on emploie dans quelques vieilles écoles pour combattre la mauvaise orthographe. C'est la mauvaise orthographe. En effet, on dicte de la cacographie ou de l'écriture fautive qu'on fait corriger. Il ne se conçoit rien de plus maladroit, j'allais dire de plus coupable. Quoi ! vous ne vous contenteriez pas des fautes que feront naturellement vos élèves, vous leur en trouveriez et vous leur en supposeriez d'autres, vous les leur dicteriez vous-mêmes ! Désirant leur montrer le bon chemin, vous les conduiriez par les mauvais ! Autant vaudrait, pour leur faire pratiquer la vertu, les faire passer par les vices. Non, non, cela n'est ni concevable ni tolérable. Vous proscrirez la cacographie, triste invention de quelque cerveau malade, que des hommes estimables n'ont pu suivre un instant que sur l'autorité de conseillers imprudents.

Faites autre chose : prenez les devoirs de vos élèves tels qu'ils sont ; corrigez-en les fautes devant tous ; rendez raison des règles qu'ils ont violées ; faites, des erreurs de quelques uns, des leçons pour tous. Ce sera bien assez de cacographie.

Pour aller un peu au delà des études d'orthographe, de grammaire et d'analyse grammaticale, vous ferez faire à l'élite de vos élèves l'analyse logique des phrases.

Quelle est l'importance de l'analyse logique ?

L'analyse grammaticale se borne aux mots. Elle fait reconnaître à laquelle des huit ou neuf classes du discours chacun d'eux appartient. L'analyse logique décompose le sens même d'une proposition renfermée dans une ou plusieurs phrases, ou dans une période, qui n'est qu'une réunion de phrases offrant une idée plus ou moins complète et développée.

Tout, dans l'analyse logique, se rattache donc à la proposition. On appelle proposition une opinion qu'on énonce, une pensée qu'on expose, un jugement qu'on porte. Les mots, *Dieu est juste*, renferment une proposition. Chacun de ces mots a une fonction différente à remplir dans la phrase. *Dieu*, c'est le *sujet*, c'est-à-dire la personne ou la chose dont on parle. *Est*, c'est le *verbe*, c'est-à-dire le mot qui exprime ce qui est, ce qui se fait, le rapport qu'il y a entre *Dieu* et *juste*. *Juste*, c'est l'*attribut*, c'est-à-dire le mot qui désigne la qualité qu'on attribue à Dieu.

Le sujet est ordinairement exprimé par un substantif, mais il peut l'être aussi par un pronom : *il fait chaud* ; ou par un adjectif : *le* BLEU *repose la vue* ; ou par un infinitif : MÉDIRE *est une infamie* ; ou même par une autre proposition : PROTÉGER LES MÉCHANTS *est nuire aux bons*.

Souvent l'attribut et le verbe sont réunis en un seul mot. Les deux mots, *Je lis*, tiennent lieu de ces trois : *Je suis lisant.* Quelquefois le sujet, le verbe et l'attribut se confondent en un seul mot. *Oui,* veut dire : *J'ai entendu,* ou *J'ai été entendant,* ou *La chose est entendue,* ou même, *La chose est entendue par moi comme par vous.*

À l'attribut, au verbe et au sujet se joignent souvent d'autres mots qui les expliquent, les modifient, ou en complètent le sens. Dans cette phrase : *L'homme avare est un être toujours malheureux, avare* complète l'idée d'*homme ; toujours* détermine la durée de la chose ; *malheureux* complète l'idée d'*être.*

Souvent, pour compléter une proposition, on en ajoute une autre. *Les passions rendent malheureux,* cette phrase paraît entière, et elle se comprend ; cependant elle se complète davantage et explique une vérité plus instructive, si j'ajoute une autre proposition, celle-ci, par exemple : *Les passions rendent malheureux ceux qui s'y livrent en aveugles.*

Quelquefois des phrases entières qui devraient compléter une proposition sont sous-entendues. *Voilà,* veut dire : *Voyez ici la chose,* ou *Voyez ici la chose dont il est question et que vous désirez voir, la chose que j'ai promis d'expliquer.*

On le voit, une seule période de phrases, une seule phrase, un seul mot, peut renfermer plusieurs propositions. Si elles sont quelquefois sous-entendues, elles sont communément exprimées. Quand je dis : *Les heureux qui se livrent à l'orgueil, les malheureux qui s'abandonnent au désespoir, les grands qui ne connaissent que l'ambition, les petits qui se plaisent dans l'intrigue, sont à plaindre ;* quand je dis cela, ma période renferme quatre jugements, et par conséquent quatre propositions. C'est comme si je disais : *Les heureux sont à plaindre, les malheureux sont à plaindre, les grands sont à plaindre, les petits sont à plaindre.*

Cependant ma proposition ne dit pas que *tous* les heureux, *tous* les malheureux, *tous* les grands, *tous* les petits sont à plaindre ; il n'y a dans ce cas que les heureux *qui se livrent à l'orgueil*, les malheureux *qui se livrent au désespoir*, les grands *qui ne connaissent que l'ambition*, les petits *qui se plaisent dans l'intrigue.*

Ces petites phrases intercalées, qui *déterminent* ceux des heureux, des malheureux, des grands et des petits qu'on doit plaindre, se nomment des *phrases incidentes déterminatives.*

Il y a aussi des *phrases incidentes explicatives.* Dans celle-ci : *mon père, qui a quatre-vingts ans, n'a pas pu se rendre à la réunion ce matin,* les mots, *qui a quatre-vingts ans,* constituent une *phrase incidente explicative ;* les mots, *qui s'est tenue ce matin,* constituent une phrase incidente qui peut être à la fois explicative et déterminative.

Tels sont les principes généraux de l'analyse logique. Et maintenant que nous venons de les examiner, vous apprécierez aisément l'importance d'une étude qui forme le jugement autant que l'analyse grammaticale exerce l'attention et la réflexion.

On y fait d'autres distinctions encore. On distingue les propositions principales relatives des propositions principales absolues, les sujets et les attributs simples et incomplets, des sujets, des attributs composés et complexes. Vous suivrez jusqu'au bout cette curieuse étude ; mais vous examinerez avec soin jusqu'à quel degré il convient d'y entraîner vos élèves, même les plus forts, car ces remarques n'ont qu'une utilité secondaire, quand on les compare à celles de l'analyse pragmatique.

En effet, ce que l'analyse logique offre de plus instructif, ce ne sont ni les termes de l'art, ni les formes de la phrase, c'est l'examen de la pensée elle-même. Or l'analyse de la pensée, c'est l'analyse de la chose même exprimée par la phrase, et il n'est personne qui ne voie que l'étude de la pensée elle-même est plus importante que la décomposition de sa forme logique.

On ne sent pas encore généralement, je le sais, combien cette analyse est nécessaire, indispensable ; mais pour le comprendre, voyez avec un enfant la première ligne d'un ouvrage que tout le monde croit entendre, qu'on met souvent entre les mains des jeunes gens comme un ouvrage élémentaire : j'entends le *Télémaque*, que j'ai déjà nommé et dont je vous recommande la lecture si vous êtes dans le cas de donner des leçons dans certaines familles. Prenez-en la première phrase. Je suppose qu'un élève encore ignornat, mais déjà curieux lise cette ligne, *Calypso ne pouvait se consoler du départ d'Ulysse*, et qu'il désire la comprendre, qu'il fasse des questions à son maître, que son maître veuille bien lui répondre, voici dans ce cas le dialogue qui s'établira entre eux :

L'ÉLÈVE. Qu'est-ce que signifie le mot Calypso ?

LE MAITRE. C'est le nom d'une déesse.

L'él. D'une déesse? Je ne savais pas qu'il y eût des déesses.

Le M. Il n'y en a pas; mais les Grecs se sont imaginé qu'il en existait.

L'él. J'ai pourtant entendu dire que les Grecs sont chrétiens et qu'ils ont la croix sur leur bannière.

Le M. Je ne parle pas des Grecs modernes, mais des Grecs anciens.

L'él. Existe-t-il donc encore *des Grecs anciens* ?

Le M. Non, il n'y en a plus. Ceux qui vivent dans les temps modernes se nomment Grecs *modernes*.

L'él. L'auteur du *Télémaque* était-il un Grec moderne ou un Grec ancien?

Le M. Ni l'un ni l'autre, il était Français.

L'él. Français? Comment se nommait-il ? Qui était-il ?

Le M. Mais prenez la première page du volume, le titre, et vous y trouverez son nom et sa qualité. C'était l'illustre Fénelon, un de nos plus grands écrivains, et un des plus saints prélats de l'église, archevêque de Cambrai sous le règne de Louis XIV.

L'él. Et un archevêque du temps de Louis XIV croyait à l'existence de la déesse Calypso?

Le M. Non, il n'y croyait pas, et il entendait bien que ses lecteurs n'y crussent pas non plus.

L'él. Mais il a fait un livre sur Calypso?

Le M. Vous savez ce que c'est qu'une fable. Ce livre est une belle et grande fable, pleine de leçons d'une haute sagesse et écrite dans un style admirable. C'est ce qu'on appelle en littérature un *chef-d'œuvre*, et c'en est un aussi en morale et en politique.

L'ÉL. Qu'est-ce que la morale et la politique?

Le M. La morale est la science de nos devoirs; la politique est la science des droits et des devoirs des gouvernements et des peuples.

L'ÉL. Est-ce que le *Télémaque* contient une morale et une politique pour les déesses?

Le M. Le *Télémaque* n'est pas un livre écrit pour des déesses; c'est au contraire un livre composé pour l'éducation d'un jeune prince, le duc de Bourgogne, petit-fils de Louis XIV.

L'ÉL. Est-ce qu'un livre fait pour un prince peut être bon pour moi?

Le M. Il y a dans ce livre de belles et bonnes choses pour tout le monde.

L'ÉL. Le duc de Bourgogne en a-t-il profité? a-t-il été un bon roi?

Le M. Il était d'abord peu studieux et assez mauvais élève. Il est devenu ensuite fort sage, et le *Télémaque* lui a sans doute inspiré une partie de ses bons sentiments; mais il est mort jeune; il n'a pas régné.

L'ÉL. Pourquoi ce livre se nomme-t-il le *Télémaque?*

Le M. Il y est souvent question de Télémaque, fils d'Ulysse.

L'ÉL. Qui était Ulysse?

Le M. Roi de la petite île d'Ithaque et un des héros grecs qui entreprirent le siége de Troie, et qui renversèrent cette ville.

L'ÉL. Qu'est-ce que c'était que la ville de Troie?

Le M. C'était une ville de l'Asie mineure, située à quelques lieues des bords de la mer.

L'ÉL. A quel prince appartenait-elle?

Le M. Au roi Priam, père d'un grand nombre d'enfants, dont les plus fameux se nommaient Hector et Pâris.

L'él. Pourquoi les rois de la Grèce allèrent-ils détruire sa capitale ?

Le M. Pâris, dans son voyage en Grèce, avait enlevé Hélène, femme de Ménélas, roi de Sparte, et les princes grecs firent la guerre à Priam pour le forcer de rendre Hélène à son époux.

L'él. Et Priam ne l'a pas rendue ?

Le M. Non, il a mieux aimé soutenir une guerre de dix ans et exposer sa capitale, son royaume, sa famille et son peuple aux vengeances des Grecs et à une ruine commune, que de faire un acte de justice.

L'él. Quel faible père et quel mauvais roi ! Il n'y aurait plus, je pense, ni père ni roi comme lui aujourd'hui ?

Le M. Certes, non.

L'él. La ville de Troie a-t-elle été complétement ruinée, ou bien en est-il resté quelque chose comme de celle de Jérusalem ?

Le M. A peine en distingue-t-on les vestiges aujourd'hui.

L'él. Mais tout cela est-il vrai, ou en est-il d'Ulysse, de Télémaque, de Troie, de Priam, d'Hélène, de Pâris et d'Hector comme de Calypso ; je veux dire si tout cela est une fable ?

Le M. La ville de Troie, Ulysse et les autres personnages que vous nommez ont existé ; mais on a débité beaucoup de fables sur ces sujets, et le *Télémaque* de Fénelon est un récit de l'invention de l'auteur.

L'ÉL. Si je le lis, me direz-vous ce qui est vrai et ce qui ne l'est pas ? Cela vous fatiguera peut-être ?

LE M. Ce n'est pas la fatigue que je craindrais ; mais je serais souvent embarrassé si j'essayais de vous satisfaire, car on ne sait plus guère distinguer la fable de l'histoire.

L'ÉL. Je pense que Fénelon s'est attaché à l'histoire autant qu'il a pu.

LE M. Il a pris les traditions telles qu'il les a trouvées dans les auteurs grecs, et il les a souvent amplifiées.

L'ÉL. Cela est-il plus amusant ?

LE M. Il pensa que cela serait plus instructif.

L'ÉL. Je profiterai de tout ce que vous m'expliquerez ; mais je n'en sortirai pas, je crois. Par exemple, vous dites qu'Ulysse a existé, que Calypso n'a pas existé, et que Calypso *ne pouvait pas se consoler du départ d'Ulysse* : comment une personne qui n'a pas existé a-t-elle pu ne pas se consoler du départ d'une autre personne qui a existé ?

LE M. Mais ce n'est pas moi qui vous dis que *Calypso ne pouvait pas se consoler*, c'est l'auteur qui le dit, et il peut le dire, puisqu'il suppose que Calypso a existé.

L'ÉL. C'est juste ; mais d'où Ulysse est-il donc parti, et pourquoi Calypso a-t-elle été inconsolable de son départ ?

LE M. La suite du livre vous le dira.

L'ÉL. Je vais en continuer la lecture avec une attention extrême, mais je crains de m'y perdre. —

La plupart des jeunes gens continuent cette lecture

sans s'interrompre et sans qu'on les interrompe. Qu'on juge du profit qu'ils en tirent par la foule de questions que fait naître une seule ligne ! Et pourtant, il n'est aucune de ces questions qui ne soit nécessaire; il en est cent autres, au contraire, que j'ai supprimées, et qu'un bon maître doit élever, qu'il doit éclaircir s'il veut faire lire un tel ouvrage avec fruit.

On voit par cet exemple combien l'*analyse des choses* est importante. Elle est mille fois plus utile que l'analyse grammaticale ou que l'analyse logique, si instructives elles-mêmes.

Je sais bien que le *Télémaque* n'est pas lu dans beaucoup d'écoles, et j'en félicite les élèves et les maîtres, car ce livre n'a pas été fait pour les classes populaires, et il n'y est d'aucune utilité. Je sais que les livres qu'on y lit ordinairement demandent moins d'explications, et je m'en applaudis, car tous les maîtres ne sont pas disposés à donner les réponses qu'on pourrait venir leur demander. Cependant, il est nécessaire de faire analyser dans chaque livre les choses que tout le monde doit comprendre, et que trop souvent les élèves ne comprennent pas.

L'analyse des choses sera la couronne de votre enseignement, et vous appliquerez cette analyse à toutes les parties des études, quelque populaires, quelque élémentaires qu'elles puissent être. Sachez-le bien, sans cette analyse, vous n'apprenez rien à vos enfants; vous en faites des machines de lecture, d'écriture, de dessin, de calcul, de récitation ; vous n'en faites pas des hommes.

Mais je vois bien quelles sont vos résolutions : je

connais votre dévouement ; je sais que les facultés intellectuelles et morales de la jeunesse trouveront en vous des guides éclairés , et c'est avec ravissement que je porte mes regards sur l'avenir des communes de France qui vous appelleront dans la carrière.

Les leçons de style et les exercices de composition me donneront l'occasion de vous montrer sous un nouveau jour l'importance de cette analyse.

Le style est la forme que vous donnez à votre pensée lorsque vous écrivez. Bien écrire, c'est avoir un bon style, comme bien parler est avoir un bon langage. L'un et l'autre de ces arts, je vous l'ai déjà dit, tiennent à l'art de bien penser , et il est hors de doute que des études de *logique* faciliteraient singulièrement vos études de style. Mais l'art du raisonnement est un art fort abstrait, qui vous enlèverait des moments trop précieux , et qui trouverait trop peu d'applications dans votre carrière pour qu'il fût utile de vous y arrêter. L'analyse logique de la phrase et l'analyse pragmatique des ouvrages que vous lirez suppléeront à une étude que vous ne pouvez faire. Vos leçons de style et vos exercices de composition se borneront, par conséquent, à l'art de rendre la pensée de la manière la plus nette, la plus simple et la plus régulière.

Afin d'arriver à ce résultat, vous rédigerez , de la manière la plus lisible et la plus intelligible que vous pourrez, les principales leçons de l'école normale , en respectant dans vos rédactions toutes les règles de l'orthographe et de la ponctuation.

Vous vous exercerez sur un certain nombre de sujets, non pas d'imagination, mais d'utilité réelle. Comme instituteurs, vous aurez à correspondre avec le président du comité local et le président du comité supérieur, avec l'inspecteur des écoles primaires, le recteur de l'Académie, le maire de la commune, le sous-préfet de l'arrondissement, le préfet du département. Vous aurez peut-être à m'écrire pour me consulter sur les nouvelles études que nous établirons ici dans quelques années, sur les cours et les conférences auxquelles vous pourriez être appelés. Comme greffiers de la mairie, vous aurez d'autres écritures, d'autres rédactions à faire. C'est là-dessus, c'est uniquement sur des matières utiles et positives que je vous ferai composer, et que vous ferez composer un jour vos élèves, si vous en avez qui soient assez forts pour tenter quelques rédactions.

Avant de composer, il faut toujours examiner, approfondir, connaître dans son ensemble et dans ses détails le sujet qu'on veut traiter. C'est ce que, dans l'enseignement plus élevé, on appelle le travail de *l'invention* : pour vous, c'est une sorte d'analyse des choses.

Quand les matériaux sont trouvés, il faut les classer, les ranger dans l'ordre le plus convenable, c'est-à-dire qu'il faut faire le plan de l'édifice avant d'en élever les murs. C'est ce qu'on appelle la *disposition*.

Quand la disposition générale est bien arrêtée, on exécute en détail, et on rédige avec soin. Quand la première rédaction est terminée, on la revoit sous le rapport de la clarté des idées et de la propriété des termes ; on procède à la correction , on soigne le style : c'est ce qu'on appelle l'*élocution*.

Après ce travail, on passe à la mise au net, à la transcription , et l'on soumet le tout à la critique du maître. On demande ses conseils ; on se hâte d'en profiter pendant qu'il en est temps encore, et pour cet avenir où l'on sera privé de ses directions.

Petite Grammaire des écoles primaires, par MM. Lorain et Lamotte, 8e édition.

Nouvelle Grammaire française, par MM. Meissas, Michelot et Picard.

Nouvelle Grammaire française, par MM. Noël et Chapsal.

Manuel des Synonymes français, par A. Bonnaire.

Voir, à l'Appendice, IX, une liste de sujets de composition.

CHAPITRE XXII.

Notions d'histoire et de géographie ancienne et moderne. — Notions spéciales sur l'histoire et la géographie de la France. — Notions sur la sphère ou éléments de cosmographie.

Il est tracé aux écoles normales un programme précis pour ces études si riches, mais qui peuvent si facilement entraîner trop loin. Nous ne saurions donc mieux faire que de suivre ce document aussi ponctuellement que possible, d'après les méthodes recommandées, c'est-à-dire l'œil toujours sur la carte, et d'après les meilleurs livres autorisés. Vous connaissez ces programmes et vous en comprenez les questions ; vous vous préparez à répondre sur chacune d'elles au jour des examens ; mais ce dont il s'agit surtout pour vous et pour moi, c'est de savoir comment vous enseignerez un jour l'histoire et la géographie, sous quel point de vue, dans quelle mesure, par quels procédés ?

Cette direction vous est donnée dans le plus important des enseignements primaires, l'instruction morale et religieuse. C'est sous le point de vue de l'histoire sainte que vous devez enseigner l'histoire et la géographie anciennes, et c'est encore à l'histoire de la religion que vous devez rattacher l'histoire moderne. Dans toute l'Europe, et particulièrement en

France, la véritable civilisation commence avec l'introduction du christianisme. Il ne faut pas toutefois que vous vous efforciez sans cesse de rappeler ce point de vue; il suffit qu'il domine dans votre pensée et qu'il vous serve de guide.

Quant à la mesure dans laquelle vous devez enseigner l'histoire et la géographie, il est évident qu'il faut consulter les besoins des localités, et que ce sont les circonstances qui motiveront le plus ou le moins d'étendue que vous donnerez à vos leçons.

Je crois que vous enseignerez fort peu l'histoire ancienne, si ce n'est en vue de l'histoire sainte, et à mesure que vous indiquerez les rapports que le peuple de Dieu a eus avec les Égyptiens, les Arabes, les Perses, les Babyloniens, les Chaldéens, les Phéniciens, les Syriens, les Grecs et les Romains.

Il vous faudra bien, pour vous faire comprendre, donner quelques notions de géographie ancienne, mais soyez-en bien sobres, car sans cela vous ne sauriez être utiles.

Pour l'histoire moderne, celle de la France, que vous pourrez raconter, vous donnera sans doute assez fréquemment l'occasion de jeter un regard sur les destinées des autres nations de l'Europe; mais que cela se borne à un regard au dehors, le pied fixé sur le sol de la patrie; sans cela, vous vous perdriez dans un dédale de faits extérieurs, de dates et de noms propres qui n'apprendraient rien à vos élèves. Enseignez donc peu de chose, mais que tout ce que vous enseignez soit parfaitement su de vos élèves.

Par quels procédés enseignerez-vous?

I. Pour l'histoire, que ce soit au moyen de votre parole et de vos récits plutôt qu'au moyen d'un livre. Les livres sont rarement compris; ils sont secs et froids; ils sont peu faits pour les écoles populaires. En racontant vous-mêmes, vous êtes les maîtres de donner ce qu'il faut et comment il faut.

II. Faites vos leçons d'histoire ou de géographie toujours le doigt sur la carte. Que vos élèves sachent, par la vue, de quel pays et de quel peuple il s'agit.

III. Qu'ils sachent aussi dans quel siècle et à quelle époque se passent les événements. Sachez vous-mêmes les dates importantes.

IV. N'employez jamais de termes difficiles sans les expliquer, et sans vous assurer par des interrogations qu'ils sont compris. L'histoire est un des meilleurs moyens de donner de saines notions de morale et de conduite publique.

Mais il faut pour cela qu'on s'attache à certains faits et à certains personnages réellement importants, et qu'on approfondisse un peu tout ce qu'ils présentent d'instructif. Non seulement c'est là un excellent moyen de répéter les faits; c'en est encore un d'en tirer quelques unes de ces leçons qui se gravent si profondément dans les jeunes âmes, et qui y déposent des germes si féconds de saines pensées et de sentiments solides.

Voici un exemple de ce procédé.

LE MAÎTRE. Eugène, quels sont ceux des rois de France qui sont devenus les plus célèbres?

EUGÈNE. Charlemagne, François Ier, Louis XIV.

LE M. Charles, dites les plus célèbres après ces trois.

CHARLES. Je ne sais pas bien ce qu'on appelle des princes célèbres.

LE M. Ce sont ceux dont on a le plus parlé de leur temps, et dont on parle le plus de nos jours.

CH. Ceux dont vous nous avez le plus parlé, ce sont Saint Louis et Henri IV [1].

LE M. Sans être aussi célèbres que ceux que vous venez de nommer, il en est plusieurs qui se sont fait admirer par leurs actions ou leurs bienfaits.

EUG. Ce sont Clovis, Robert le Fort et Charles VIII.

LE M. Quels sont ceux auxquels l'affection générale de la nation s'est le plus attachée?

VICTOR. Saint-Louis, Louis XII et Henri IV.

LE M. Ce sont donc là les plus aimés de nos rois : sont-ils les plus dignes d'être aimés, et étaient-ils les plus aimables?

V. On ne nous a jamais dit que Louis XII fût très aimable, mais puisqu'il a beaucoup aimé le peuple et qu'il lui a fait beaucoup de bien, je pense qu'il était digne d'amour.

LE M. Henri IV n'en était-il pas plus digne encore, lui si bon, si aimable, si affable, si spirituel, si brave et si distingué par toutes les qualités de l'esprit et du cœur?

V. Tout le monde préfère Henri IV, et beaucoup d'historiens, nous avez-vous dit, l'ont surnommé *le Grand*.

---

[1] L'enfant répond mal, mais il ne peut pas répondre autrement ; il ne peut pas savoir quels sont ceux des rois de France dont on a le plus parlé de leur temps et dont on parle le plus de nos jours.

Le M. Cependant Louis XII a été surnommé le *Père du peuple*, et l'épithète donnée à Henri IV n'a pas la même valeur.

Pierre. Henri IV a souvent fait la guerre, et peut-être les embarras qu'on lui a donnés et les haines qu'il a soulevées l'ont-ils empêché de mériter le nom de Père du peuple ?

Le M. Savez-vous des faits qui prouvent qu'au besoin il eût mérité ce titre ?

P. Je le crois. Il voulait que le simple paysan eût chaque dimanche la poule au pot ; il était économe et suivait docilement les conseils de Sully, son excellent ministre.

Le M. Pensez-vous que l'on aime Henri IV pour sa bravoure, sa gaieté et ses bons mots plus que pour son bon cœur et son amour pour ses sujets ?

P. On l'aimerait encore, je crois, s'il n'avait été que brave, spirituel et gai ; mais je pense qu'on l'aime davantage, parce qu'il a été bon et affectueux pour tout le monde.

V. S'il avait été méchant, on ne l'aimerait pas du tout.

Le M. Pourquoi dites-vous cela ? Y a-t-il dans l'histoire de notre nation des faits et des personnages qui attestent qu'on garde rancune à certains princes, au point de ne pas leur rendre la justice qui leur serait due sous d'autres rapports ?

P. On n'aime pas Louis XI ; on le déteste. Il a fait du bien ; mais il a été méchant et cruel. On le craignait pendant sa vie ; on l'a maudit après sa mort.

Le M. François Ier est-il aimé comme Henri IV ; comme lui était-il spirituel et brave ?

Joseph. Non, il l'était d'une autre façon. Il a aimé les lettres ; il a montré de la valeur au champ de bataille et de la constance dans l'adversité, et ces brillantes qualités lui ont valu de grands éloges ; mais il était frivole et prodigue, et c'est de lui que le *Père du peuple* a dit : *Après nous, ce gros garçon-là gâtera tout.* On ne le hait pas comme Louis XI, parce qu'il était bien meilleur ; mais on ne l'aime pas comme Henri IV, parce qu'il était moins bon.

Le M. Saint Louis est-il aimé comme Henri IV.

J. On en parle moins et en d'autres termes, mais il est plus respecté et plus vénéré.

Le M. Si ce n'est pas le même amour qu'on éprouve pour lui, ce n'est donc pas de l'indifférence ?

J. Oh ! non, on ne saurait être indifférent à l'égard d'un si saint roi, d'un prince qui a donné de si belles institutions au royaume.

Le M. Est-ce de la vénération seulement, ou bien est-ce encore de l'admiration qu'on éprouve pour lui ?

J. On admire sa bravoure, sa fermeté et sa constance ; on vénère sa piété.

Le M. Il était bon comme Henri IV ; il était juste et économe comme Louis XII, et brave comme François Ier. Comme Henri IV et Louis XII, il aimait le peuple, allégeait ses charges et augmentait ses libertés : pourquoi est-il moins présent à notre pensée que ces trois princes ?

J. Il est plus ancien. On ne s'en souvient pas autant.

Le M. Et si vous compariez Charlemagne aux quatre rois dont nous parlons, à qui donneriez-vous la préférence?

P. Plus grand guerrier, plus sage législateur que tous les quatre, il régna sur un empire plus vaste et fit de plus grandes choses dans des temps difficiles. Mais il fut cruel envers les Saxons, et on ne dit pas qu'il fût gai ni spirituel, ni bon comme Henri IV.

Le M. Il ne nous reste donc pour lui que de l'admiration. Et Clovis, comparé à tous ces souverains, quel rang prendra-t-il dans nos sentiments?

Henri. Il est bien plus ancien que Charlemagne, et cela nous empêche peut-être de savoir s'il fut bon, s'il aima le peuple et s'il lui fit du bien; nous savons seulement qu'il fut un conquérant et un barbare.

Le M. Mais sans ce barbare et ce conquérant, la France n'aurait pas eu si tôt sa religion et sa civilisation.

J. Je le respecte, mais je ne l'admire pas beaucoup.

Le M. Paul, quel sentiment éprouvez-vous pour Louis XIV?

Paul. Je l'admire. Il fut d'abord heureux conquérant et protecteur éclairé de tous les genres de talents; il finit par tomber dans l'adversité, mais il y montra une noble fermeté d'âme.

Le M. L'aime-t-on comme Henri IV?

P. Non; il était trop fier de sa naissance, trop glorieux de sa grandeur, trop vain de sa personne et de ses triomphes.

Le M. Résumons maintenant. Dites-moi, non pas

celui des rois de France qui est le plus aimé, mais celui qui a le plus fait pour être aimé?

P. Il me faudrait pour cela savoir beaucoup plus de choses que je n'en sais, et ce sera pour moi une raison d'apporter désormais une attention plus profonde à l'étude de tous les faits que vous nous direz.

———————

Tel doit être en effet l'un des résultats de ces interrogations. Faites-les donc souvent. Ne commencez jamais un nouveau récit sans avoir fait rappeler les anciens, et au lieu de raconter froidement le passé, animez-le constamment, en mettant les choses et les personnes en scène, comme si tout se passait sous vos yeux et ceux de vos élèves. L'histoire n'est utile qu'autant qu'elle est enseignée d'une façon un peu dramatique et que j'appellerai vivante.

L'enseignement de la géographie est plus aisé. Vous pouvez suivre un ouvrage et même en faire apprendre le texte par cœur, à la condition seulement de montrer toujours la carte du pays et d'animer sans cesse ces leçons, naturellement froides, par des indications d'histoire ou d'histoire naturelle, des rapports de voyageurs, des questions qui fixent l'attention. Ces questions sont plus utiles et plus nécessaires qu'on ne pense, car la plupart des enfants ne s'intéressent aux leçons de géographie qu'autant qu'on les interroge.

Voici un exemple sur la manière de questionner. L'élève lit dans son *petit Abrégé* cette ligne, qui se trouve à peu près dans tous : *Paris, situé sur la Seine, une des plus grandes villes de la terre, est la capitale du royaume de France.* Qui ne s'imagine qu'un écolier comprend une phrase si simple? et que de maîtres qui passent outre sans faire aucune question! Que d'élèves qui apprennent à réciter ces mots, qui ont l'air de les comprendre, et qui n'y attachent guère d'idées nettes! Eh bien, je suppose un élève habitué à demander des explications sur ce qu'il ne comprend pas, et un maître désirant qu'on l'interroge pour s'instruire véritablement, voici le dialogue qui s'établira sur la phrase en question. Ce sera l'élève qui questionnera et le maître qui répondra.

L'ÉLÈVE. Ce nom de *Paris* est-il le même que celui de Pâris dont il est question dans le *Télémaque*, et vient-il des Grecs ?

LE M. On a cru cela, on l'a dit autrefois; mais il n'est plus personne qui ait cette opinion.

L'ÉL. D'où vient donc ce nom ?

LE M. D'un peuple ou d'une population qui habitait ce pays anciennement, au temps de Jules-César, et qui se nommait *Parisii*.

L'ÉL. Je ne sais pas quand a vécu Jules-César, ni qui il a été.

LE M. C'est le plus illustre des généraux et des consuls de l'ancienne Rome.

L'ÉL. A-t-il fait une visite aux Parisiens ?

LE M. Oui, les armes à la main. Il a conquis et subjugué la Gaule ou l'ancienne France.

L'ÉL. Y a-t-il longtemps de cela ?

LE M. C'était cinquante ans avant la naissance de Notre-Seigneur Jésus-Christ, ou au commencement de l'ère chrétienne, d'après laquelle nous datons aujourd'hui.

L'él. Comment Paris est-il situé *sur* la Seine ? Est-ce comme Venise, qui est située *dans* la mer ?

Le M. C'est une manière de parler, une locution incomplète, pour dire *sur les bords de la Seine,* ou sur *les deux rives de la Seine.*

L'él. La Seine est-elle un grand fleuve ?

Le M. Il y en a de plus grands en Europe, le Danube, par exemple, dont le volume d'eau est plus fort et le cours plus long ; mais la Seine est la plus grande rivière de la France.

L'él. Y a-t-il de plus grands fleuves dans les autres parties de la terre que l'Europe ?

Le M. Oui, le Nil en Afrique, le Gange en Asie, le fleuve des Amazones dans l'Amérique du Sud, le Mississipi dans l'Amérique du Nord.

L'él. L'eau de la Seine est-elle bonne ou mauvaise à Paris ?

Le M. Elle est excellente ; mais il faut la faire filtrer avant de la boire.

L'él. Qu'est-ce que cela veut dire ?

Le M. Filtrer, c'est une opération très simple pour clarifier l'eau. On a pour cela de grands vases de grès ou des fontaines qui contiennent un fond de sable ou de charbon, à travers lequel on fait passer l'eau de la rivière. C'est au moyen de cette précaution qu'elle est excellente.

L'él. Je lis que Paris est une des plus grandes villes de la terre : n'est-elle pas la plus grande de toutes ?

Le M. C'est la plus grande des villes de France.

L'él. Dans quels pays en trouve-t-on de plus grandes ?

Le M. Il n'y a que deux pays, l'Angleterre et la Chine, où il y en ait de plus grandes.

L'él. Quelle est la grandeur de Paris?

Le M. Voulez-vous savoir quel espace ou qüelle surface Paris occupe, ou quel est le nombre de ses habitants?

L'él. Je pense que si l'espace qu'il occupe est grand, il y a d'autant plus de maisons et d'autant plus d'habitants.

Le M. Il y a des villes qui occupent un plus grand espace que Paris, et qui comptent moins d'habitants.

L'él. Comment cela est-il possible?

Le M. La ville de Moscou renfermant beaucoup de jardins dans son enceinte, et ayant des maisons moins élevées, occupe plus de superficie et compte moins d'habitants que Paris.

L'él. Je comprends maintenant; mais combien Paris compte-t-il d'habitants?

Le M. Entendez-vous la population fixe ou la population flottante?

L'él. Je ne sais pas ce qu'on appelle la population *flottante*.

Le M. On compte à Paris beaucoup d'étrangers qui n'y sont pas établis, qui n'y font qu'un séjour passager, les uns pour faire des études ou pour apprendre des métiers; les autres pour suivre des affaires de commerce et d'industrie ou des intérêts de position sociale; d'autres encore pour voir ce que Paris offre de plus curieüx : c'est ce qu'on appelle la *population flottante*. Elle est tantôt forte, tantôt faible.

Quand les Anglais affluent un peu extraordinairement, quand règne la paix et que les arts et le commerce fleurissent, on peut compter à Paris de trente à quarante mille étrangers. Il y a d'ailleurs une population qui demeure fixe et qui dépasse neuf cent cinquante mille âmes.

L'ÉL. C'est donc près de cinq fois la population de Lyon?

LE M. Oui, on compte à Lyon cent cinquante mille habitants.

L'ÉL. Paris seul renferme donc autant d'habitants qu'une centaine de villes comme Quimper ou Draguignan?

LE M. Oui, et s'il équivaut par sa population à plusieurs milliers de villages, il surpasse par ses richesses certains royaumes. La recette et la dépense ou le budget de Paris est de plus de quarante millions de francs.

L'ÉL. L'Angleterre et la Chine, dites-vous, ont des villes encore plus grandes que Paris?

LE M. On compte un million deux cent mille habitants à Londres, capitale de l'Angleterre, et deux millions à Pékin, capitale de la Chine.

L'ÉL. Pourquoi ces grandes villes se nomment-elles *capitales*?

LE M. On ne donne pas ce nom à certaines villes par la raison qu'elles sont grandes, mais par la raison qu'elles sont la résidence de la tête ou du chef de l'état. *Capitale* vient de *caput*, mot latin qui signifie *tête, chef.*

L'ÉL. Puisqu'il y a des villes plus grandes que Paris

il y a sans doute aussi des royaumes plus grands que la France ?

Le M. La Russie est plus grande que la France. Elle forme la neuvième partie de la terre habitable. Elle est un empire. On donne aux pays des titres analogues à ceux que portent les chefs qui y règnent.

Avez-vous autre chose à me demander sur la ligne que vous avez lue ?

L'él. Je crains d'avoir abusé de votre complaisance à me répondre, et je vais en lire une autre.

Je supprime beaucoup de questions que ferait un élève encore plus curieux que celui que j'ai fait parler, questions toutefois qui seraient de nature à rendre une leçon de géographie encore plus instructive et plus amusante.

Dans l'école normale, on joint aux leçons de géographie des notions élémentaires sur la sphère ou la cosmographie. Ces notions, vous les possédez bien, par la raison que vous les avez reçues à la suite de vos études de géométrie et d'arpentage, et que nous avons mis à votre disposition des globes et d'autres appareils sans lesquels ces théories ne sauraient être saisies. N'essayez donc pas de les enseigner dans les écoles élémentaires ; elles n'y seraient d'aucun avantage, et elles sont mieux réservées aux écoles supérieures. Mais ce qui est utile partout et à la portée de toutes les intelligences, ce sont de belles leçons sur les principaux phénomènes du ciel, sur l'apparition d'un certain nombre d'étoiles qui jouent un rôle trop remarquable dans la vie de l'homme des champs pour ne pas frapper son attention.

Vous donnerez donc des notions de météorologie et d'astronomie; mais des notions tout à fait populaires, sans nulle prétention de langage scientifique. C'est là toute la cosmographie qui revient aux écoles primaires ordinaires.

Letronne, *Premières notions de géographie, de chronologie et d'histoire.* — L'abbé Daniel, *Abrégé chronologique de l'histoire universelle.* — Ansart, *Petite Géographie moderne.* — Meissas et Michelot, *Géographie sacrée.* — Les mêmes, *Atlas élémentaire de géographie moderne.* — Les mêmes, *Cartes murales.* — Ansart et Rendu fils, *Cours d'histoire universelle pour les Écoles normales primaires.*

CHAPITRE XXIII.

Arithmétique. — Algèbre. — Géométrie. — Arpentage. —
Mécanique. — Sphère plus approfondie.

En arrivant à ces études plus difficiles et en cherchant les meilleurs procédés pour les étudier et les enseigner, je vous ferai remarquer d'abord leur importance, puis leur caractère spécial.

Leur importance est nouvelle dans l'enseignement primaire. Sauf l'arithmétique, tout le reste y était étranger naguère. Aujourd'hui tout y est indispensable ; les besoins du temps en font une nécessité, et, à vrai dire, c'est la partie la plus directement utile, la plus productive de vos leçons, je dis productive pour ceux qui les reçoivent. Cela est moins sensible dans l'enseignement élémentaire ; mais dans les écoles supérieures, l'utilité réelle est le point de vue dominant.

Maintenant quel est le caractère spécial de ces études un peu plus difficiles et plus élevées ?

Jusqu'ici il s'est agi d'exercices où tout se réduisait à l'art d'écrire la pensée des autres, ou d'exprimer la nôtre elle-même d'une manière régulière par l'écriture ou la parole, ou de savoir les événements qui se sont passés avant nous sur la terre, ou de connaître ce globe et ses divisions avec tout ce qui se trouve de plus remarquable sur sa surface, et les phénomènes les plus curieux que nous voyons au ciel.

Tel est l'objet de l'écriture, du dessin, de la lecture, de la grammaire, de la géographie et des notions de cosmographie.

Dans la nouvelle série d'études où je vous appelle, il est question de connaissances à tel point différentes, qu'après les avoir acquises on aborde les autres, la géographie et la cosmographie, par exemple, sous un point de vue entièrement nouveau.

Mais en quoi ces connaissances diffèrent-elles réellement des précédentes, et quelles sont les méthodes nouvelles que nous devrons suivre pour les étudier? C'est ce que va nous apprendre un coup d'œil sur chacune de ces études.

La première d'entre elles, l'arithmétique, n'a pour objet qu'une seule chose, l'art de compter les quantités ou les nombres de tout ce qui dans le monde peut s'évaluer en chiffres. Ces mots seuls vous montrent que c'est là un travail bien spécial et bien nouveau, auquel ni le sentiment ni l'imagination ne prennent aucune part, qui n'exerce que les facultés intellectuelles, et qui exige une grande attention.

Il vous faut exciter puissamment cette attention sans l'épuiser, sans l'affaiblir, et il vous faut surtout éviter, dans les exercices qu'on fait faire à l'enfance et dans l'étude des règles qui président à ces exercices, que vos élèves ne deviennent une sorte d'instruments à calcul. Pour cela, il n'est pas de moyen plus puissant que le calcul de tête.

C'est par là qu'il faut commencer.

Ainsi , expliquez bien ce que vous entendez par nombre, unité, dizaine, centaine.

Faites ensuite comprendre les mille et entrevoir le million et le milliard.

Prenez, s'il le faut, avec les commençants, de petites pierres, des grains, ou quelque autre objet comptable.

Passez de là à des lignes et à des chiffres tracés sur le tableau pour représenter les nombres entiers.

Expliquez enfin les demis, les tiers , les quarts , les cinquièmes, les dixièmes, les vingtièmes, les centièmes, les millionièmes.

C'est là une première série d'exercices pour le calcul de tête. N'espérez rien de vos élèves sans ces explications préalables. Une fois bien données, elles serviront de base au calcul supérieur comme aux opérations des quatre règles et du système décimal.

Mais d'abord , faites souvent calculer de tête, et en général faites peu calculer par écrit. Ce calcul tue les jeunes intelligences ; c'est l'intelligence qu'il faut le plus occuper, ce ne sont pas les doigts.

Le calcul sur le tableau est préférable au calcul sur le papier ou sur l'ardoise, parce qu'il met l'élève qui opère dans la nécessité de parler.

Vous expliquerez surtout le système décimal, et vous ne manquerez pas d'en faire ressortir d'une manière sensible la clarté et la simplicité. S'il n'est point accompagné du raisonnement , il fait des machines , et ces machines cessent d'aller du moment où le maître ne les pousse plus.

Pour le système métrique, il n'y a qu'un seul procédé qui donne des idées nettes : c'est de présenter des modèles de tous les genres de poids et de mesures.

Commencez d'abord par faire comprendre sur un globe ce que peut être le mètre ou la quarante millionième partie d'un cercle terrestre.

Montrez ensuite en nature et en figure, en bois et sur le papier, le mètre, le décimètre, le centimètre, le millimètre, et sur le terrain, le décamètre, etc.

Obligez chaque élève de se faire à lui-même celles de ces mesures qui sont praticables. Il n'est pas de baguette, pas de bande de carton qui ne soit bonne à cet usage.

Après le mètre, faites faire le mètre cube, en bois ou en carton, pour bien expliquer ou plutôt montrer le stère et ses divisions ; le décimètre cube, pour montrer le litre et ses parties décimales ; le centimètre cube, pour donner l'idée de la quantité d'eau distillée qu'il peut contenir, et qui pèse un gramme.

Faites faire enfin, sous les yeux de vos élèves, ou bien par eux, un poids de cinq grammes, dont neuf dixièmes de cuivre et un dixième d'argent, pour avoir le poids du franc.

Vous donnerez ainsi, en huit jours, plus d'idées saines que d'autres n'en donnent en six mois de théorie. Vous montrerez aussi comment toutes ces études se lient, comment celle du système monétaire, par exemple, tient, en arithmétique, aux études de chimie.

En toute chose vous ne sauriez trop, maîtres de la jeunesse, vous appliquer à rendre votre enseignement pratique. C'est pour vous le seul moyen d'être utiles et de vous faire apprécier.

Eclairez donc toujours la théorie par des exemples.

J'ai vu quelquefois des élèves qui opéraient à merveille sur des centimètres et des décimètres sans avoir la moindre idée de ces mesures, ou qui savaient parfaitement qu'il en fallait dix ou cent pour faire un mètre, mais qui appelés à tracer sur le tableau une ligne de la longueur d'un décimètre commençaient d'ordinaire par dire : Je *suppose* que voici la longueur du mètre, comme s'ils devaient vivre avant tout de suppositions. On ne saurait trop le dire, cette méthode des suppositions, utile dans les hautes recherches, celles des savants, est absurde et funeste dans vos travaux.

En géométrie, il s'agit d'autre chose qu'en arithmétique; il ne s'agit plus seulement de combiner des chiffres, il s'agit de mesurer l'étendue et l'espace, la ligne droite, la ligne courbe, la surface plane, la surface courbe ou sphérique, toutes les lignes, toutes les surfaces, toutes les distances ou toutes les dimensions possibles. Ces quantités se réduisent ou se traduisent aussi en nombres; mais elles ne s'expriment pas toutes en chiffres; il en est qu'on représente plus aisément d'une manière plus vague par les lettres de l'alphabet; et ces exercices demandent généralement une contention d'esprit encore plus grande que ceux du calcul.

Que vous ayez à opérer avec des lignes, des chiffres ou des lettres, attachez-vous toujours à être compris. Ne faites pas un pas en avant que vous ne soyez suivi de tous les élèves de votre classe, et formez des sections ou des classes nouvelles de tous ceux qui restent en arrière. En géométrie, on ne fait plus un progrès dès qu'on cesse d'être à la hauteur de la leçon du jour, et cet enseignement surtout veut que les élèves soient constamment interrogés sur ce qu'ils voient.

A la géométrie et à l'arithmétique se rattache une science qui calcule les nombres et les quantités au moyen de chiffres, de caractères alphabétiques et de quelques signes spéciaux, science que vous connaissez sous le nom d'*algèbre*. Elle exige des facultés intellectuelles encore plus exercées que la géométrie, et vous n'en parlerez pas dans l'enseignement élémentaire; mais comme vous devrez en donner des notions dans les écoles supérieures et dans les écoles industrielles, il est nécessaire que vous fassiez de l'art de bien l'enseigner une étude spéciale aussi.

Sachez-le bien, ce n'est ni pour exercer les facultés intellectuelles de vos élèves, ni pour faire vous-mêmes quelques progrès dans les sciences, que vous devez enseigner l'algèbre, la géométrie ou l'arithmétique ; c'est uniquement pour être utiles à vos élèves, et vous avez à passer rapidement sur toutes les explications qui ne trouvent pas d'applications directes.

L'application la plus directe de la géométrie, c'est l'arpentage ; c'est l'art de mesurer la surface de la terre, art ancien et toujours indispensable, art pour lequel vous étudiez la géométrie, car c'est uniquement pour en appliquer les notions à l'arpentage que vous apprenez cette science.

Toutefois ce n'est pas pour être en état de faire vous-mêmes des travaux d'arpenteur que vous faites cette étude, c'est pour en faire faire à vos élèves : en diriger, cela sera honorable ; en faire vous-mêmes, cela serait peu convenable. Vous devez donc étudier, encore plus que l'arpentage et la géométrie, l'art d'enseigner la géométrie et l'arpentage, et pour cela, faire des meilleurs procédés à suivre pour cet enseignement l'objet de vos méditations particulières pendant tout le temps qu'on vous y instruit.

C'est ici une règle absolue : ne dites jamais un mot de la géométrie dans les écoles primaires, où vous ne devez pas donner des notions élémentaires et diriger quelques exercices d'arpentage.

En mécanique, nous nous bornons aux définitions des machines les plus simples. Vous proportionnerez cet enseignement aux besoins de la localité où vous serez appelés à le donner.

Quand tous ces cours seront faits, nous reviendrons, comme je viens de l'indiquer, sur le cours de géographie et de cosmographie. C'est alors que vous étudierez le globe terrestre et les globes célestes sous des points de vue de nouveaux : ce sera de l'arpentage en grand que vous ferez dans l'étude de la terre, et de la géométrie en grand que vous ferez dans l'étude de l'univers.

Et vous le verrez, à la fin ce sera mieux que de la science, ce sera de la méditation morale, de la contemplation religieuse. J'aurai à vous en parler une autre fois encore, quand il sera question du dernier et du plus grave de nos cours.

Vernier, *Petite arithmétique raisonnée.*

Saigey, *Les poids et mesures du système métrique,* ramenés à leur simplicité primitive, conformément à la loi de 1858. — Le même, *la Pratique des poids et mesures du système métrique.* — Le même, *Problèmes d'arithmétique et Exercices de calcul.*

Vernier, *Géométrie élémentaire,* conformément au programme publié par l'Université.

Lamotte, *Traité élémentaire d'arpentage et de lavis des plans.*

Astronomie élémentaire, par M. A. Quetelet, directeur de l'observatoire de Bruxelles.

CHAPITRE XXIV.

Notions des sciences physiques et de l'histoire naturelle applicables aux usages de la vie. — Définitions de la zoologie, de la botanique, de la minéralogie, de la technologie.

Si la série d'études dont je viens de vous entretenir a des caractères spéciaux, celles dont j'ai à vous parler maintenant, les notions des sciences physiques, forment encore un groupe à part. Elles ont un objet différent, mettent en jeu un autre ordre de facultés intellectuelles, et exigent même d'autres procédés.

D'abord leur objet est d'étudier l'organisation de la nature d'après ces trois grandes divisions qu'on appelle ses trois règnes. L'étude du règne animal est appelée *zoologie*; celle du règne végétal, *botanique*; celle du règne minéral, *minéralogie*.

Ensuite, c'est le jeu des forces de la nature et des lois qui y président qu'on se propose d'étudier, et lorsqu'on observe ces forces dans leur jeu habituel, on arrive à une série de faits et de lois dont l'ensemble constitue la *physique*.

Lorsqu'on va au delà et qu'on cherche plus que le jeu des forces, c'est-à-dire lorsqu'on étudie la substance des corps eux-mêmes, et qu'on essaye de les décomposer et de les recomposer, on arrive à un autre ensemble de faits et de lois qui constitue une autre science, la *chimie*.

Il faut la vie d'un homme pour approfondir chacune de ces sciences, qui se divisent chacune en une série de branches, et dans lesquelles nul n'arrive au terme. C'est assez vous dire qu'il faut vous y borner à des notions élémentaires, et qu'il s'agit pour vous de les effleurer, mais non de les étudier.

Il vous en faut pourtant des notions précises, et mieux vaudrait n'en pas entendre parler que d'en prendre des idées fausses.

Comment parviendrez-vous à en acquérir de bonnes?

D'abord, en vous attachant exclusivement au programme prescrit par l'autorité [1], sans chercher un seul instant à aller au delà.

Ensuite, en ne perdant pas une seule définition, une seule explication, une seule expérience.

Enfin, en recueillant pour l'avenir des notes exactes sur les leçons que vous recevez ici, et qui, nécessairement incomplètes, se bornent à vous donner des directions positives pour des études ultérieures.

Dans les écoles élémentaires, vous n'enseignerez que peu de chose de ce que vous en saurez; mais tout ce que vous en saurez vous y sera utile. Il vous sera nécessaire dans les écoles supérieures. Vous y enseignerez la zoologie en vous attachant surtout à l'étude de l'homme,

---

[1] Voir à l'*Appendice*, X.

ou l'*anthropologie*. Mais vous saurez bien que vous n'êtes pas médecins, et que vous n'avez pas à enseigner l'*anatomie*, ou la *physiologie*, ou la *pathologie* (science des maladies), ou l'*hygiène* (l'art de s'en préserver); que vous n'êtes pas philosophes, et que vous n'avez pas à enseigner la *psychologie* : vous saurez que vous êtes simples instituteurs primaires chargés de donner des notions populaires sur l'organisme physique, moral et intellectuel de l'homme.

Quand vous aurez bien montré que l'homme, ou l'espèce humaine, forme dans le monde une classe d'êtres à part, vous passerez aux diverses classes d'animaux, pour en indiquer rapidement l'organisme et les mœurs, en vous arrêtant davantage aux animaux domestiques, dont nous avons su nous faire des aides si utiles. Une bonne collection de dessins donnera plus de clarté à ces leçons.

Il en sera de même des notions beaucoup plus courtes que vous donnerez sur la botanique. Les dessins vous seront utiles aussi; mais vous aurez plutôt recours à la nature qu'à l'art, et cela sera d'autant plus aisé que vous vous bornerez davantage aux plantes et aux végétaux qu'il importe à vos élèves de connaître.

Vous ne vous laisserez pas entraîner à esquisser, à propos de botanique, des cours d'*agriculture* et d'*horticulture*, mais vous donnerez des indications, vous fixerez des jalons pour ces cours. Vous en donnerez surtout pour la *technologie*, ou l'art de convertir en marchandises, par les métiers si nombreux et si divers que pratiquent les artisans, ceux des produits de la terre qui doivent subir des transformations.

La *minéralogie* devra donner lieu aux mêmes indications, et vous pourrez même laisser entrevoir dans
ces leçons toute l'importance et toute la beauté de la
géologie, l'étude spéciale de la composition de la terre
dans toutes ses couches accessibles à l'investigation
de l'homme. Mais c'est à la première de ces couches
que vous vous arrêterez, pour donner quelques principes d'engrais; encore ne le ferez-vous qu'en passant, et pour y revenir dans un cours spécial d'agriculture.

A l'école normale, il faut des cabinets de minéralogie et de zoologie; il faut un petit herbier. Quant
à l'école primaire, il n'y a pas de mal que vous ayez
un peu de tout cela ; mais ne perdez à cela ni votre
temps ni votre argent.

Les notions de physique et de chimie ne sauraient
se donner non plus sans quelques appareils. Si vous
ne les avez pas, n'essayez pas de cet enseignement; ce
serait vous condamner avec vos élèves à des études
stériles. Si vous avez ces appareils, expliquez-les, faites-les dessiner d'après nature, soignez-les et les con-
servez comme des objets du plus grand prix; mais ne
craignez jamais d'y recourir pour une explication ou
une expérience, et ne les enfermez jamais dans votre
chambre, afin qu'on ne s'en prive pas dans la seule
crainte de vous déranger.

Je ferai une dernière observation sur ces études.
Elles ont une terminologie spéciale, empruntée non
plus au grec et au latin, mais à toutes les langues connues. Ne souffrez jamais qu'on les aborde sans y être
suffisamment préparé, ni qu'on en estropie les termes

par une orthographe barbare. J'ai vu des cahiers de bons élèves fourmillant de fautes de ce genre, et si j'ai toujours rougi de cette négligence pour l'établissement où je la remarquais, j'en ai toujours accusé les professeurs plus que les élèves.

Delafosse, *Précis élémentaire d'histoire naturelle*, avec 300 figures.

Binet Sainte-Preuve, *Notions sur la physique, la chimie et les machines*, développées dans l'ordre du programme officiel.

CHAPITRE XXV.

Cours de musique et exercices de plain-chant. — Exercices de gymnastique. — École d'agriculture et fermes-modèles. — Greffe et taille des arbres.

Après cette série d'études, qui demandent la plus grande contention d'esprit, j'arrive à un ordre d'exercices instructifs encore, mais procurant en même temps une sorte de délassement; ce sont : le cours de musique et les exercices de plain-chant, les exercices de gymnastique, les études et les travaux d'agriculture et d'horticulture, et le cours spécial de greffe et de taille des arbres.

Je réunis par conséquent dans le même chapitre les directions que j'ai à vous donner sous ces rapports.

L'étude de la musique est une des plus importantes pour votre position future. Vous serez chantres et organistes très probablement, et quand même vous ne le seriez pas, vous auriez plus d'une occasion de vous rendre utiles, soit en dirigeant les études musicales de quelques élèves, soit en éclairant de vos conseils les pères de famille qui vous les demanderont.

Pour vous-mêmes, la musique sera souvent un délassement précieux et le plus convenable de tous, car il en est qu'il ne peut pas entrer dans vos vues de chercher au dehors.

Vous ferez donc des études complètes, et vous y

joindrez, d'après l'excellente méthode qui vous est recommandée, tous les exercices nécessaires pour n'en pas rester à de vaines théories.

Mais vous ne ferez pas de la musique une passion qui vous aveugle sur son importance, et vous prenne le temps que vous devez à d'autres études.

Vous n'en ferez jamais ni un métier ni un moyen de lucre; cela serait indigne de votre raison et de votre position.

Vous ne vous exercerez, même dans vos moments de loisir, que sur des instruments dont il convient à votre dignité de se servir.

Ici nous vous offrons d'autres délassements, les exercices de gymnastique, que vous appréciez maintenant malgré vos préventions d'autrefois, et qui sont encore assez générales, mais qui disparaîtront même au village pour faire place à une opinion qui vous permettra peut-être de les introduire partout. Quand on dit qu'ils sont inutiles à la campagne, où le grand air et les travaux manuels entretiennent la santé, on ne considère pas que ces travaux appesantissent le corps et donnent de la raideur aux organes, tandis que la gymnastique en entretient à la fois l'agilité et la souplesse, et qu'elle est précisément le remède de cet engourdissement qui jette tant de laborieux cultivateurs dans l'inaction d'une vieillesse prématurée. Travaillez donc à combattre ces préjugés comme tant d'autres, mais sachez toujours que vous êtes appelés à les éclairer sans les braver.

Vos cours de greffe et de taille, vos travaux d'agriculture dans notre ferme-modèle, et ceux d'horticulture dans notre verger, notre potager et notre pépinière, vous offrent d'autres moyens d'instruction sous la forme du délassement.

Vous ne devez jamais être agriculteurs ni pour vous ni pour les autres. L'agriculture ne convient qu'aux cultivateurs de profession ; elle vous prendrait un temps dont vous ne pouvez pas disposer. En petit, elle vous abaisserait aux yeux de vos élèves et de leurs familles ; en grand, elle exigerait des capitaux que vous n'avez pas. Mais vous éleverez des cultivateurs, et vous devrez par conséquent avoir des notions générales sur le sol, l'ensemencement, l'assolement et les travaux des champs.

L'horticulture vous convient davantage, et partout vous pouvez en donner quelques leçons, éclairer l'opinion sur l'amélioration des espèces au moyen de la greffe, accélérer le progrès de la végétation au moyen de la taille. Vous pourrez surtout donner des exemples.

Le séjour à la campagne, dont tout le monde vante les charmes, mais que tout le monde ne sait pas chérir, n'est agréable qu'autant qu'on s'attache *à la campagne*, qu'on y suit quelques travaux. La nature est belle, vue en grand, dans ses formes majestueuses, dans les magiques couleurs qui décorent la surface de la terre et l'aspect des cieux ; elle est belle encore dans les phénomènes de chaque jour et de chaque saison ; belle dans sa vie et dans sa mort, dans toutes les métamorphoses qui se succèdent depuis janvier jusqu'à décembre. L'homme qui s'intéresse à ce beau drame et qui en suit les faits, l'intrigue et le dénoûment, en

16.

observateur studieux, puise à une source sacrée une foule d'idées et de sentiments qui ne se trouvent qu'à cette source, et dont l'influence est admirable. Celui qui se livre aux travaux champêtres contracte peut-être, par les fatigues qu'ils donnent, quelques habitudes de lenteur et de simplicité rustique ; mais il y trouve toujours un calme et une pureté d'âme, des goûts de modestie et des principes de loyauté qui lui offrent une riche compensation à ces inconvénients. Celui qui voit chaque jour le lever et le coucher du soleil, celui dont l'œil se baigne souvent dans cet or pur, doit avoir le cœur pur et l'esprit élevé.

C'est sous ces points de vue que j'ai appris à connaître la vie des champs. Je me suis conformé à ses principes. Mon prédécesseur avait des terres qu'il exploitait, que j'eusse pu exploiter à mon tour, mais que je préférai louer, car il m'a toujours semblé que le maître de la jeunesse ne devait pas être laboureur. Je faisais labourer assez de terrain pour récolter les provisions de l'année, mais je ne labourais pas. Dans les petites localités, un instituteur peut être réduit à cultiver ses champs ; mais, dans ce cas, c'est moins un instituteur qui cultive qu'un paysan qui tient école. Ce peut être un homme très estimable ; mais il est dans l'exception. Aussi les communes, les conseils généraux et le trésor de l'état sont-ils venus au secours de tous les maîtres de la jeunesse, pour leur rendre la justice et la position qui sont dues aux instituteurs publics dans un pays civilisé.

Cependant, tout en évitant de me faire laboureur, je me fis agriculteur en théorie. Je voulus rendre service en étudiant la culture des champs, en observant les anciennes pratiques et en indiquant les nouvelles découvertes, les inventions de tout genre. Je communiquai aux pères de famille, quelquefois même à mes élèves, le fruit de mes observations. On secoua d'abord la tête; on me fit entendre poliment que je sortais de ma sphère. Le succès des expériences que je fis faire dans mes champs parla mieux que moi : j'acquis un grand crédit. Le monde est ainsi fait; il aime mieux *voir qu'entendre;* faites des essais, ayez des succès, et vous aurez converti les plus récalcitrants.

Cependant les livres et les journaux me manquaient. Nous avions une société d'agriculture ; on y faisait de fort belles lectures; on plantait des espèces nouvelles et on semait des graines peu connues; on fumait plus savamment la terre; on lisait de nombreux journaux de culture qu'envoyaient d'autres sociétés. Je fus admis à profiter de ces ressources.

Je puisai dans plusieurs bons ouvrages d'agriculture, de physique et de chimie les notions les plus applicables ; je les expliquai à mes moniteurs, et je parvins à les populariser autour de moi.

Supérieur par ses études à ceux qui l'entourent, mais familier avec leurs idées et leur langage, l'instituteur doit ainsi mettre à leur portée, traduire dans leur idiome particulier les connaissances qui lui sont offertes à lui-même sous des formes plus difficiles.

Ce qui attache le plus à la campagne, ce sont les bois, les prés et les jardins. Je suis si passionné pour la culture des jardins, que pour cela je ne craignis pas de mettre la main à l'œuvre. Planter un arbre ou un oignon de fleurs, ennoblir les espèces par la greffe ou semer les graines et recueillir les fruits, tous ces travaux ne sont pas indignes, ce me semble, d'un homme de notre classe. Voici ce que j'ai fait : Les peintres commencent par porter leurs dessins et leurs couleurs sur la toile; ils font d'abord le tableau; ils mettent une sorte de coquetterie à le faire voir sans encadrement : le cadre vient plus tard. Je fis pour mon jardin tout le contraire : je commençai par la clôture de bois; j'en fis soigner la forme; je lui fis donner cette couleur gris-perle qui tranche si bien sur le vert de la végétation, et bientôt à ce cadre vint répondre un joli dessin de plantation. Je mis quelques touffes de lilas et de roses dans les angles; tout le reste fut pelouse, arbres et arbustes fruitiers, légumes et fleurs. Les espèces furent réunies, soit par masse, soit en ligne. Toujours l'œil sur chaque plante, la serpette en main, combattant à leur naissance le faux bourgeon et la mauvaise herbe, bannissant des chemins, par leur élévation et une couche de gravier fin, toute espèce d'humidité, et emportant de ces travaux la ferme résolution de combattre de même toute espèce de vices dans la mission plus grave que j'avais à l'école, je fis de mon jardin ce que doit être un jardin d'agrément, l'endroit le plus délicieux que possède un propriétaire. Mon école fut moralement de niveau avec le jardin, mais ils furent moins à moi qu'à tout le monde. On vint admirer, après mes élèves, mes belles pêches, mes grosses prunes, mes bonnes pommes et mes excellentes poires, mes fleurs rares. On me demanda des greffes, et l'on m'imita avec passion. Tout ne réussit pas, car c'est un art délicat que celui de la greffe ; cependant ce qui fut couronné de succès suffit pour attirer l'attention des villages voisins sur mes améliorations matérielles aussi bien que sur les autres.

J'avais puisé mon savoir dans les livres, et je ne les avais pas toujours compris. Il n'y en a malheureusement pas un seul qui soit tout à fait à la portée du jardinier, du laboureur ou du journalier. On dirait que nos livres se font pour les savants bien plus que pour ceux qui ne le sont pas. C'est, de la part des auteurs, une erreur qu'on ne saurait trop combattre, et l'on ne saurait trop recommander ce langage clair et simple qui est le seul bon, et dont il serait plus facile à nos écrivains qu'à ceux des autres peuples de donner l'exemple.

Les communes de Vauxbonne et de Cerisaye (c'est le chef-lieu de canton que j'ai habité) avaient quelques terrains à peu près incultes, servant de pâturage, ne produisant presque rien. On avait essayé de les vendre, mais personne n'en avait voulu ; ils ne produisaient rien. J'en acquis quelques uns ; je les plantai d'acacias et de peupliers, car le bois nous manquait. Au bout de quelques années, tout fut acheté, tout fut planté en peupliers et en acacias, et tout fut source de produit.

Bientôt ces communes auront plus de bois qu'elles

n'en consommeront, et elles donneront à celles qui les entourent une leçon qu'on ne perdra pas.

Ailleurs aussi beaucoup de terrains, de places, de grandes routes et de chemins vicinaux manquent encore de cette belle et utile parure que donnent les arbres. Je crois les instituteurs appelés à prêcher de parole et d'action pour cette bonne œuvre, à seconder de toute l'autorité de leur crédit les conseils et les ordres de l'administration. Je n'ai jamais vu la nudité de certains cantons de la Lorraine, de la Champagne et de quelques unes de nos provinces du Midi, sans m'en attrister profondément. Rien ne produit, rien ne décore et rien n'assainit comme un arbre bien planté et bien suivi pendant ses premières années. Voyez-en la preuve sur la belle route de la Caussade à Montauban, et sur tant d'autres que je pourrais citer à l'honneur de nos préfets, de nos sous-préfets et de nos maires.

Mes plantations ne m'ont pas enrichi : je suis pour cela resté trop peu de temps à Cerisaye et à Vauxbonne. Mais je crois qu'un jour elles rendront largement à ma famille, et lui feront honneur. Les plantations seules n'enrichissent pas. Ce furent l'économie et l'ordre qui me donnèrent cette modeste fortune qui me suffit, et pour laquelle je fis comme Sully, qui tous les ans mettait *quelque chose* de côté. C'est le meilleur moyen de s'assurer des ressources pour l'avenir. Or, les garder jusqu'au bout est souvent aussi difficile que de les conquérir. Il y a pourtant, pour conserver ce que nous ont valu nos travaux, un moyen bien simple ;

c'est d'être honnête homme et de ne faire affaire qu'a-
vec d'honnêtes gens.

Cela se traduit ainsi : *N'achetez jamais à vil prix;
ne traitez jamais avec des gens adroits, mais bien avec
des gens droits ; ne recherchez jamais au delà d'un intérêt légitime, et ne déplacez jamais un capital bien
placé.*

Wilhem, *Nouveaux tableaux de lecture musicale et de chant élémentaire.*

Quicherat, *Tableaux élémentaires de musique,* appropriés à toutes les
méthodes d'enseignement.

Mathieu, *Nouvelle méthode de plain-chant.*

———

Amoros , *Manuel de gymnastique.*

———

Franklin, *La Science du bonhomme Richard.* — De Jussieu, *Simon de
Nantua.*

———

Raspail, *Cours élémentaire d'agriculture et d'économie rurale.*

———

Francœur , *Éléments de technologie.*

———

Ch. Dupin, *le Petit Producteur français.*

———

CHAPITRE XXVI.

Cours de rédaction des procès - verbaux — Tenue des registres de l'état civil. — Rapports de l'instituteur avec l'autorité municipale.

Le cours de rédaction des procès-verbaux et celui de tenue des registres de l'état civil n'ont rien de commun avec votre mission d'instituteur ; vous n'en parlerez jamais à vos élèves, pas même à ceux des écoles supérieures. Encore moins aborderez-vous avec les uns ou les autres ces questions de droit administratif ou ces théories de droit public qui s'y rattachent si aisément, et qu'on y a rattachées si stérilement et si imprudemment dans quelques localités. Ces enseignements sont réservés aux hautes écoles, où ils peuvent être dirigés par des hommes pleins de science et d'expérience ; de telles études sont déplacées dans les écoles primaires, où elles ne sauraient être approfondies.

Ce n'est donc pas pour vos élèves que vous prenez ici des leçons de rédaction relatives aux procès-verbaux de police et d'administration municipale, c'est uniquement pour être en état de remplir dans des communes peu considérables les fonctions de greffiers de mairie. Ce n'est en effet que dans les petites communes que vous serez appelés à les remplir. Dans les communes importantes, on n'aura pas besoin de recourir à vous, le maire et ses adjoints rédigeront eux-mêmes tous les actes de leur ministère avec les greffiers de leurs bureaux, et vous voudriez vous rendre utiles sous ce rapport, que vous n'en trouveriez pas le temps, tant les travaux de l'instituteur sont importants et nombreux.

Pour vous mettre en état de bien faire dresser les actes en question, saisissez d'abord bien ce dont il s'agit, en portant une attention complète à la théorie qui vous est donnée dans ce cours, et en soumettant tous les doutes, toutes les incertitudes et toutes les obscurités qui peuvent rester dans votre esprit à la suite d'une leçon, aux lumières et à l'expérience du professeur dès le commencement de la leçon suivante.

Rien ne sera plus aisé, quand vous aurez saisi la théorie, que de bien copier des exemples et de vous faire ensuite pour votre usage particulier des modèles de chaque espèce d'actes.

Quand plus tard vous serez appelés à dresser des actes, commencez toujours par prendre des notes exactes et par recueillir des renseignements complets.

Puis rédigez avec soin les minutes.

Enfin, mettez l'acte au net avec une exactitude et une orthographe qui soient à l'abri de toute critique.

En général, laissez-vous appeler à ces fonctions, mais ne les recherchez jamais, et ne vous y livrez pas avec une prédilection qui vous fasse négliger l'école. Si douce que puisse vous paraître votre intervention dans les affaires de la commune, elle a ses peines et ses inconvénients pour vous. Il est des procès-verbaux qui donnent lieu à des mesures fâcheuses pour les parties intéressées, et il se rattache des débats pénibles même aux actes de l'état civil. Quelque minime que soit la part que vous y preniez comme rédacteur, elle vous attirera des amertumes et des hostilités, peut-être même des persécutions, et moins vous serez employés à ces actes par l'autorité municipale, plus vos rapports avec elle seront faciles.

Ces rapports méritent de votre part une grande attention. Il faut qu'ils s'établissent bien et se maintiennent bien.

Il faut pour cela d'abord que des deux côtés on s'en fasse les idées les plus justes.

Pour ce qui vous concerne, considérez que l'autorité municipale est suprême dans la commune; qu'elle le soit toujours pour vous. Il en existe d'autres ; mais que celle-là vous suffise. Si elle est incomplète ou ignorante, éclairez-la, aidez-la, mais ne la fuyez pas, ne la discréditez pas, n'en appelez à nulle autre ; car je ne suppose pas que jamais il se présente de ces cas extrêmes où vous seriez obligés d'en chercher une plus haute.

En ce qui concerne les idées que cette autorité doit apporter dans ses rapports avec vous, ne soyez exigeants que dans l'intérêt de votre école et de vos fonctions. Ne le soyez pas dans l'intérêt de votre personne et de votre amour-propre. Nous croyons souvent à tort que les autres ne nous rendent pas justice, quand c'est nous qui ne nous faisons pas rendre justice, nous qui ne donnons pas de nous l'idée qu'on devrait en avoir, nous qui ne rendons pas les services que nous devrions rendre, et qui nous feraient apprécier d'une manière plus conforme à nos vœux.

L'opinion qu'on prendra de vous et le crédit que vous aurez au début pourront n'être pas justes ; mais l'autorité que vous exercerez et la considération dont vous jouirez quand on vous connaîtra mieux seront le résultat naturel de cette connaissance.

Il pourra vous paraître quelquefois que l'on soit plus disposé à l'exigence qu'à la bienveillance. Ne l'êtes-vous pas vous-mêmes ? L'homme n'est-il pas ainsi fait, et chacun de nous n'a-t-il pas à s'adresser tous les matins cette simple et grave recommandation : moins d'exigence et plus de bienveillance ?

L'opinion sera toujours à votre égard sévère plutôt que bienveillante, et les dispositions de l'autorité municipale seront l'expression de l'opinion générale : ne les considérez jamais sous un autre point de vue. Vous n'êtes pas le serviteur d'un seul, vous êtes l'instituteur de la commune, et vous ne verrez dans les exigences du maire que celles du chef de la commune. C'est à ce titre que vous lui devrez la déférence et la soumission. Ce serait une situation irrégulière, s'il en était autrement, si l'on exigeait de vous la même soumission et la même déférence pour des vues et des opinions ou même des préventions personnelles. Dans ce cas, vous examineriez devant votre raison et votre conscience ; je ne vous renvoie pas plus haut, parce qu'il n'y a rien de plus haut, car

Dieu est là. Mais qu'il vous préserve de ces situations irrégulières, et vous protége, s'il juge utile de vous im poser des épreuves !

Grün, *Guide et formulaire* pour la rédaction des actes de l'état civil et des procès-verbaux.

Le même auteur, *Notions élémentaires du Droit français*.

CHAPITRE XXVII.

Cours d'instruction morale et religieuse. — Rapports de l'instituteur avec l'autorité ecclésiastique.

Voici enfin le dernier de vos cours, le plus important de tous. Il constitue un enseignement à part, car
ce n'est plus ici des lois et des forces de la nature, du
nombre et des grandeurs des objets, ou de leur quantité et de leur étendue qu'il s'agit; ce n'est pas non
plus de l'art de penser et de parler selon les règles
du langage : c'est du devoir de penser, de parler
et d'agir selon les règles de la morale et de la religion,
ou selon les lois divines qui président aux destinées
du genre humain. Déjà vous connaissez les facultés
qui sont données à l'homme pour qu'il puisse remplir ces destinées ; maintenant vous allez voir comment on amène ces facultés à obéir aux lois qui gouvernent l'ordre moral du monde. Or, c'est là une
étude bien grave et bien importante.

Elle est d'un genre à part, et elle ne met pas en
jeu seulement telles facultés morales et intellectuelles
ou telles autres; elle les réclame toutes, car la religion les met toutes au service de la même autorité,
elle les gouverne et les domine toutes au nom de Dieu.

Au premier aspect, on dirait cependant que cette
étude n'est pas la plus importante pour vous, ni

la plus spéciale ; qu'elle n'a ce caractère que pour les ecclésiastiques chargés du glorieux privilége d'enseigner la religion et la morale. En effet, vous n'êtes pas chargés de ces leçons. Vous êtes appelés à les seconder, à les préparer et à les répéter, mais non pas à les donner. N'est-il pas naturel dès lors que vous en fassiez un objet secondaire ?

Mais d'abord vous êtes non seulement des fidèles, vous êtes au nombre de ceux des fidèles qui doivent l'exemple aux autres.

Ensuite, vous devez à vos élèves plus que l'exemple ; vous leur devez, et vous donnerez aux jeunes générations toutes les directions, toutes les habitudes, tout l'esprit et toute la puissance d'une éducation morale et religieuse.

Et comment seriez-vous en état de remplir cette tâche, si vous n'aviez fait vous-mêmes une étude complète de ces règles et de ces devoirs ? Quelle autorité conserveriez-vous sur les jeunes esprits, si la supériorité que vous devez avoir dans toutes les connaissances vous faisait défaut précisément dans celles qui ont, aux yeux de leurs familles, la plus haute importance ?

Tout vous fait donc un devoir de vous y appliquer, tout jusqu'à la nécessité de satisfaire les juges auxquels vous demanderez votre brevet.

Vous consacrerez à cette étude deux années au moins, peut-être trois. Vous verrez dans la première année l'*histoire sainte*; dans la seconde, le *culte* et le *dogme*; dans la troisième, la *morale*. Vous suivrez à cet égard des directions supérieures à celles que je pourrais vous donner : livrez-y toutes les facultés de votre esprit et de votre cœur, et apprenez non seulement à savoir et à dire ; mais apprenez à croire et à pratiquer ; apprenez surtout à donner l'exemple aussi bien que la leçon.

Vous aurez sans cesse à donner l'exemple : à l'école, à l'église, dans la vie publique, dans la vie privée. Partout vous aurez à seconder l'autorité ecclésiastique, et vous aurez constamment avec elle d'intimes rapports.

Vous dirigerez souvent la musique ou le chant des offices ; vous remplirez les fonctions de sacristain comme celles de chantre et d'organiste. Dans toutes ces obligations, vous serez associé à l'action religieuse du prêtre, et vous serez souvent considéré comme son aide. Il faut qu'il puisse compter, non pas sur le concours de votre personne et sur votre présence matérielle, mais sur votre coopération sincère, sur vos sympathies pour les cérémonies du culte, sur votre foi aux doctrines qu'il prêche.

Posséder une instruction morale et religieuse aussi complète que peut l'être celle d'un fidèle, ce ne sera là encore que la chose première pour vous. La seconde chose, la chose supérieure pour vous, ce sera d'aimer la religion et d'en pratiquer les préceptes d'une manière aussi exemplaire que l'exigera le salut des âmes qui seront confiées à votre direction.

Nos facultés morales et religieuses n'arrivent à ce degré de développement que par une étude et une application sincères, que par cette vie de recueillement et de surveillance qu'on appelle la vie pieuse,

Vous savez à quelles sources on puise les inspirations que demandent les exercices de cette vie, de quelles directions spirituelles et de quels conseils religieux nous avons besoin pour nous y livrer avec fruit. Vous vous rapprocherez donc de celui qui a cure de votre salut, non plus seulement comme du chef de votre paroisse, mais comme du meilleur ami, du plus sûr conseiller et du directeur légitime de votre âme.

Et dans ces mots, je vous ai tracé toute votre conduite à son égard. Ce que je pourrais ajouter serait de trop, mais je vous dirai que si vous ne voyez pas dans le chef de votre paroisse le pasteur de votre âme, s'il n'en est pas le meilleur ami et le conseiller le plus intime, quelque sentiment de respect et de déférence que vous ayez d'ailleurs pour son caractère personnel ou son autorité ecclésiastique, jamais vous n'aurez avec lui de rapports complets. Que lui donnez-vous, quelle preuve de confiance ou d'amitié, si vous ne lui accordez que ce que vous ne sauriez lui refuser, l'estime et les égards, et si vous lui enlevez précisément la seule chose à laquelle tienne sa conscience de prêtre, la direction de votre vie spirituelle?

Il ne s'agit donc pas de vous dire : prêchez d'exemple, pratiquez les devoirs publics et prenez part aux sacrements pour satisfaire l'opinion. Ce sont là sans doute de fort sages avis, mais c'est de la sagesse à demi, de la prudence stérile. Soyez mieux inspiré, soyez plus chétien, soyez fidèle de cœur.

Votre situation n'est régulière que par là, et j'ajoute : Que Dieu vous préserve des situations irrégulières, de celles où, dans le chef de votre paroisse, l'homme viendrait à effacer le prêtre et mettre des passions humaines à la place de toutes les choses divines qui sont les priviléges de sa dignité et les devoirs de sa charge. Il peut plaire à Dieu de vous jeter dans ces épreuves, et si c'est lui qui vous y conduit, il vous y dirigera jusqu'au bout. Mais si vous ne deviez qu'à vous, qu'à vos fautes, à vos imprudences et à vos négligences des dispositions d'esprit qui seraient selon la justice plutôt que selon la charité, vous auriez hâte de vous examiner sérieusement, et vous découvririez le remède du mal en remontant à sa source.

Appliquez courageusement ce remède, et sachez que le sacerdoce des âmes sait comprendre bien des fautes et guérir bien des plaies; n'est puissant qu'autant qu'il guérit les unes et pardonne les autres.

Livre d'instruction morale et religieuse à l'usage des écoles primaires élémentaires et supérieures.

A. Rendu, *Considérations sur les écoles normales primaires.*

Le même, *Traité de morale.*

Brun, *Des moyens d'éducation morale et religieuse* pour la jeunesse protestante dans les écoles primaires.

CHAPITRE XXVIII.

Cours pratiques. — Écoles d'application annexées à l'école
normale.

Le plus grand des devoirs que vous ayez à remplir à l'école, c'est de vous mettre à même, non pas de savoir tout ce qu'on vous y enseigne, ni même de savoir beaucoup—cette obligation, si stricte qu'elle soit, n'est que secondaire, — mais de vous rendre aptes à bien enseigner ce que vous savez. C'est là votre tâche véritable, le but final de tout; le reste n'est que moyen. Vous n'êtes pas ici pour vous; vous y êtes pour ceux qu'on vous confiera ailleurs; c'est pour eux que le département vous envoie chez nous, et c'est à eux que se dévoueront votre bon esprit et votre bon sens.

C'est ainsi que l'état apprécie votre noviciat. Aussi vous a-t-il donné partout, à côté de l'école normale on de l'école de théorie, des écoles d'application ou du moins une école pratique.

En principe, il serait à souhaiter que l'on pût adjoindre à chaque école normale cinq écoles pratiques, une salle d'asile, une école élémentaire du mode mutuel, une autre du mode simultané, une école supérieure et une école d'adultes. C'est cet ensemble d'ins-

titutions accessoires qui fait du magnifique établissement de Versailles l'école-modèle des écoles normales
de la France, et qui en fera l'école-modèle de l'Europe.
Mais une telle magnificence ne saurait se retrouver
partout, et il faut se borner ailleurs au nécessaire. Le
nécessaire , en fait d'école pratique, c'est une école
élémentaire placée dans l'enceinte même de l'école
normale.

Comment organisera-t-on cette école et comment y
conduira-t-on les élèves-maîtres de la manière la plus
fructueuse?

Et d'abord l'ecole sera-t-elle *mutuelle*, ou *simultanée*, ou mixte?

Nous avons donné plus haut, pour résoudre cette
question, les principes généraux. Ils sont toujours mo-
difiables d'après des considérations spéciales. Dans
chaque localité, il faut se conformer aux nécessités et
aux vues dominantes. Mais aussi, dans chaque localité, un chef habile sait corriger les inconvénients d'une
méthode exclusive par les modifications même qu'elle
comporte.

Que si le mode dominant est mutuel, donnez-
lui les avantages de la simultanéité par la force
des moniteurs; s'il est simultané, donnez-lui les
avantages de la mutualité par la multiplication des
sections.

Dans tous les cas , que l'école soit excellente, mais
que l'entrée en soit interdite aux élèves tant qu'elle
ne l'est pas, à moins qu'on n'ait l'intention d'imiter
ceux qui prétendent enseigner l'orthographe par la
cacographie. Mais d'après ce principe, il faudrait

qu'elle fût aussi mauvaise que possible, et vous voyez à quelles effrayantes conséquences mènerait une théorie aussi insensée !

Il faut de plus que l'école demeure bonne. Pour qu'une école demeure bonne, il est indispensable qu'elle soit faite par un bon maître, et c'est ici que gît une des plus grandes difficultés. Si l'école pratique est dirigée par des élèves-maîtres, elle devient une simple machine à expériences, une mauvaise école. Si elle n'est pas dirigée par eux, ils voient enseigner, mais n'apprennent pas à enseigner eux-mêmes. Toutefois, il est un remède à ce double mal, c'est la direction des classes ou des sections par les élèves-maîtres, sous la direction de l'école par l'instituteur ; seulement cela demande, de la part de ce dernier, une extrême habileté et une complaisance parfaite. Dès que manquent ces deux choses, les bons rapports ne s'établissent pas, et tout fonctionne mal à l'école. L'ordre parfait n'existe guère que là où l'instituteur, sorti lui-même de l'école normale assez récemment, est aussi disposé que les élèves-maîtres eux-mêmes à recevoir les conseils du directeur commun de tous, et où tous, directeur, instituteur et élèves-maîtres, préparent ensemble les leçons de l'école pratique, observent bien tous les exercices, et en font l'objet de communications régulières, religieusement suivies.

J'ai vu des écoles pratiques où chaque jour on essayait quelque tâtonnement nouveau, où le lendemain on abandonnait tout ce qu'on avait suivi la veille, où se croisaient dans tous les sens tous les modes et tous les systèmes. J'en ai vu d'autres où se faisait le contraire de tous les principes de pédagogie professés à l'École normale ; où les élèves-maîtres, simples spectateurs ou aides avilis, voyaient pratiquer ou appliquaient eux-mêmes les procédés les plus routiniers et les plus condamnés. Je puis dire plus, j'ai vu beaucoup de bonnes écoles élémentaires indépendantes des écoles normales ; j'en ai vu peu de bonnes unies à ces institutions. J'espère que celle où je vous mène est une exception.

Mais ce n'est pas une raison pour ne pas vous mener ailleurs. L'instituteur, pendant qu'il est en ville et en cours d'études, doit voir, sous l'œil de son chef, tous les genres d'écoles. Vous verrez celles que dirigent ces modestes corporations qui trouvent tant de force dans leur dévouement ; vous verrez les salles d'asile, conduites avec tant d'affection par les dames, leurs surveillantes naturelles. Vous verrez l'école supérieure, où les études se font avec une sorte d'avidité qu'explique suffisamment le besoin d'instruction qu'éprouve une jeunesse sur le point d'entrer dans la pratique des arts et des métiers, école où la discipline devient par là même une chose secondaire, mais où la méthode est d'une importance extrême. Vous verrez enfin une autre institution où ce double caractère est plus prononcé encore, une école d'adultes où il ne s'agit plus de discipline, mais où l'organisation des cours doit être entendue de telle façon qu'il ne soit pas perdu une seconde d'un temps qui a déjà le plus haut prix pour les élèves.

Vous apprendrez dans ces visites, chacune précédée et suivie de conseils de ma part, et de méditations de la vôtre, à vous préparer pour votre avenir, selon toutes les chances qu'il pourra vous présenter, et pour toutes les obligations qu'il lui plaira, de vous imposer.

CHAPITRE XXIX.

Cours de perfectionnement. — Rapports de l'instituteur en fonctions avec l'école normale. — Conférences entre instituteurs. — Rapports de l'instituteur avec ses collègues. — Bibliothèques d'instruction primaire. — Examens périodiques. — Distribution de prix.

Les plus belles études sont imparfaites, et les notions les plus exactes perdent avec le temps de leur précision et de leur clarté. Il faut donc continuer sans cesse à s'instruire, à compléter ce qu'on sait un peu, à rectifier ce qu'on sait mal, à apprendre ce qu'on n'a jamais su.

C'est pour cela que sont institués dans chaque école normale des cours de perfectionnement pour trois catégories d'instituteurs : 1° ceux qui n'ont pas été assez heureux pour suivre des cours réguliers et complets, et qui sont encore assez jeunes pour profiter des soins qu'on leur donne, et avec de l'intelligence et de la volonté on est toujours dans ce cas; — 2° ceux qui sont appelés, par les progrès même qu'ils ont faits et les succès qu'ils ont obtenus, à aller plus loin encore ;— 3° ceux qu'il importe d'entretenir dans la pratique des méthodes qu'ils ont vues aux écoles normales, et de familiariser davantage avec certaines branches de l'enseignement qu'ils sont appelés à donner.

Dans l'origine, les cours de perfectionnement n'étaient qu'une institution transitoire, fondée au profit de ceux des maîtres déjà en exercice qui n'étaient plus au courant des choses et des procédés.

Aujourd'hui, c'est une institution permanente en faveur de ceux des instituteurs auxquels l'autorité porte une bienveillance spéciale, en raison des services qu'ils sont appelés à rendre. Y être appelé est donc, sinon une faveur, du moins une distinction. C'est le seul point de vue sous lequel je vous ferai envisager la question ; c'est le seul qui soit assez honorable pour soutenir les efforts auxquels vous serez appelés dans ces leçons ; car il ne faut pas vous le dissimuler, ces efforts doivent être grands. Il s'agit dans ces cours de faire ces deux choses : revoir la plupart des matières de l'enseignement primaire, et apprendre de meilleurs procédés de communication.

Les matières qui sont à revoir sans cesse, c'est l'art d'écrire et de parler, c'est la grammaire, l'orthographe, la rédaction. Or, sous ce rapport, vous viendrez au cours de perfectionnement avec des idées bien différentes de celles que vous aviez à l'école normale : vous aurez eu occasion de vous convaincre de l'insuffisance de vos études pour une foule de cas, et vous apporterez aux leçons qui vous seront offertes une attention bien plus fructueuse.

Il en sera de même des notions que l'on vous donnera des sciences physiques et de l'histoire naturelle, ou des idées qu'on pourra vous communiquer sur l'horticulture et l'agriculture. Sachant le parti que vous en pourrez tirer, vous les recevrez parfaitement, et vous indiquerez vous-mêmes les questions sur lesquelles vous désirerez plus de lumières.

Pour les méthodes et les procédés, votre point de vue sera changé aussi. En mettant la main à l'œuvre, vous aurez découvert bien des lacunes dans vos théories ; l'expérience de chaque jour vous en aura fait remarquer de nouvelles, et pour être à même de les combler, vous observerez avec une curiosité bien plus vive et bien plus utile les progrès qu'on aura faits à l'école normale depuis votre première sortie.

Ces cours achevés, vous reviendrez donc à la tête de votre école, avec plus d'instruction et plus d'autorité, car la distinction que vous aurez obtenue par votre appel à l'école normale vous vaudra un plus haut degré d'estime et de considération publique.

Il ne vous suffira point par conséquent d'avoir été appelés une ou deux fois à ces cours ; vous voudrez y assister le plus souvent que vous pourrez, et tous les trois ans au moins.

Dans l'intervalle de ces appels si honorables et si utiles à la fois, vous tâcherez de suppléer aux avantages qu'ils procurent en vous tenant au courant de tous les progrès de l'enseignement, soit par des visites faites à l'école normale, si vous en êtes rapprochés, soit par une correspondance bien méditée.

Vous suppléerez aussi en partie à ces avantages par ceux que vous retirerez des conférences avec vos collègues les instituteurs de la même circonscription.

Prenez à ces conférences une part complète et un intérêt sérieux. Elles ont ce triple objet : de mettre en commun les lumières et les expériences de tous, de vous exercer à l'art de l'enseignement et de la rédaction par les communications orales ou écrites que chacun est appelé à y faire ; de fonder des centres d'instruction ou des bibliothèques pédagogiques, dont les ressources, sans cesse augmentées, puissent tenir les instituteurs au courant de toutes les améliorations.

Ces conférences auront par conséquent à vos yeux une grande importance ; vous y assisterez régulièrement ; vous préparerez avec soin les travaux que vous y présenterez, les communications que vous y ferez sur la situation de votre école ou sur les questions générales de l'enseignement et de l'éducation. Vous ne souffrirez jamais que ces belles réunions dégénèrent ou tombent, que les petites choses y prennent la place des grandes ou que l'amour-propre et ses jalousies, l'indifférence et ses tristes fruits, la frivolité et ses aberrations envahissent des assemblées consacrées aux plus graves travaux qui puissent vous occuper.

Vous aurez, pour éviter ces catastrophes — je vous prie de noter ce mot — un réglement précis [1], la vigilance d'un président distingué par ses connaissances et son rang, celle de toutes les autorités qui portent un intérêt sérieux à l'éducation publique.

Quant aux bibliothèques, j'ajouterai quelques conseils. Je parlerai d'abord de celles que vous devez avoir auprès de vous, pour les pères de famille, pour vos élèves et pour vous. Une bibliothèque est un des

---

[1] Voir, à l'*Appendice XI.*

meilleurs moyens de répandre de l'instruction, et il en faut répandre.

Ces passions si grossières, ces préventions si vives qui se maintiennent encore au milieu de notre haute civilisation dans quelques classes inférieures de la société, quel mal n'y produisent-elles pas? Et voulez-vous toujours laisser circuler ces flammes incendiaires, ces éléments de désordre, ces germes de perturbation? Non, sans doute, vous ne le voulez pas. Eh bien, le seul moyen qui puisse diminuer ces maux, s'il ne peut les faire disparaître, c'est plus d'instruction et plus de réflexion, plus de pouvoir de l'homme du peuple sur lui-même, plus de calme et de raison. Comment lui donnerez-vous tout cela?

J'entends dire : « Il n'y a que la religion qui soit assez forte pour dompter les passions. »

Je le sais; mais elle n'est forte que là où elle est secondée, et elle ne l'est pas partout. Elle est un peu ébranlée dans les esprits, et s'il dépend de vous, en quoi que ce soit, de la rétablir dans toute sa puissance, faites ce que vous pouvez. La raison publique, l'antique bon sens, la sagesse des peuples, tout cela aussi a son prix. Votre mission est de faire valoir tout cela, et votre devoir est d'y employer non pas les moyens qui sont à la disposition des autres, mais ceux qui sont à la vôtre.

On s'effraie aisément des difficultés qu'on rencontre, dès qu'on ne considère que les obstacles, et l'on abat un courage qui a besoin d'être entier. Voyez plus loin et plus haut, et marchez.

« Les frais sont énormes, le résultat est incertain, le danger est possible : à d'autres à faire le premier pas, » voilà le langage ordinaire.

Mais il n'appartient jamais à d'autres de faire le bien que vous jugez utile, que votre conscience vous inspire et vous montre.

Le danger est dans le mauvais choix des livres, dans l'abus. Eh bien, vous ne ferez pas de mauvais choix, et l'abus des jouissances intellectuelles ne doit guère vous alarmer. S'il y a quelques savants qui lisent trop, il n'y en a pas beaucoup, et ce n'est pas de savants qu'il s'agit ici, c'est de paysans. Pour eux, le résultat d'un peu plus d'instruction ne sera qu'un peu moins d'ignorance. Si quelques bonnes idées qui vous arrivent vous font du bien, à vous qui recevez l'instruction de toutes parts, jugez du bien immense qu'elles feront à celui qui n'en a guère et qui n'a que ce moyen de s'éclairer.

L'énormité des frais n'est pas une objection sérieuse ; Dieu merci, l'argent ne manque pas en France pour les bonnes œuvres.

Il n'y a d'ordinaire que le premier pas qui coûte. Le premier pas, pour avoir des bibliothèques populaires, sera un premier livre. Ayez-en un seul, bien choisi, bien facile, bien intelligible, bien populaire ; qu'il soit goûté, qu'il fasse du bien dans quelques familles, dans une commune, dans une école, et vous obtiendrez secours et assistance partout.

Vous seriez bien pauvre, et il n'y aurait pas un bon citoyen dans votre commune, dans votre canton, si vous ne trouviez pas avec lui quelque moyen de vous procurer un volume utile, et si, vous et lui, vous ne parveniez pas ensemble à joindre un second volume au premier, et un troisième au second.

Mais ce ne sont point les premiers secours qui vous manqueront, et vous ne serez pas de ces gens qui ne savent rien commencer sans tendre la main à d'autres ; vous ferez le premier fonds ; vous aurez le mérite et la jouissance de vous placer à la tête du mouvement. Ce sera votre affaire plus que celle de tout autre.

Je vous recommande donc la fondation de trois espèces de bibliothèques populaires, qui sont de votre domaine :

Celle du canton ou de l'arrondissement, pour tous les instituteurs du ressort ;

Celle de la commune, pour les pères de familles ;

Et enfin celle de l'école, pour vos élèves.

La première est la plus pressante ; elle vous est indispensable. De quel droit porteriez-vous aux regards de tout le monde le titre d'instituteur public, si vous ne saviez pas ce que l'instruction primaire est dans les meilleures écoles, si vous ignoriez ses plus beaux progrès et ses meilleures méthodes ? Or, quel autre moyen avez-vous de vous mettre au courant de ce qui s'est fait ailleurs, et de ce qui se fait chaque jour, si ce n'est l'étude des bons livres qui se publient sur votre travail de chaque jour ? Une association entre vous et vos collègues, une réunion de vos moyens et de vos efforts peut seule suffire pour acheter les journaux et les traités d'éducation, les ouvrages d'étude et d'enseignement qui vous sont nécessaires.

Vous vous réunirez donc à tous ceux de vos collègues qui sont dignes du titre de maître, qui ont du zèle et de la capacité; vous vous concerterez avec eux, sous la présidence d'un membre du comité ou de l'inspecteur des écoles, pour l'établissement au chef-lieu d'une *bibliothèque des instituteurs.*

Le maître du chef-lieu sera votre bibliothécaire, votre caissier; il recevra vos petites cotisations, fera venir les livres, les inscrira sur un registre, les mettra en circulation, les recueillera et en répondra à l'association.

Tous les trois mois, vous vous assemblerez pour débattre vos intérêts; tous les deux ans, vous vous partagerez les volumes que vous aurez acquis de vos deniers, à moins que le comité ne trouve moyen de prendre votre fonds de livres à son compte.

Mais c'est peu d'avoir des livres. Un livre n'est rien, c'est ce qu'on y apprend qui est tout. Il est indispensable que vous fassiez des lectures sérieuses. Du moment où vous cessez de lire, vous cessez d'apprendre; du moment où vous cessez d'apprendre, vous reculez pour tomber. Lisez chaque jour. Faites des notes chaque jour. Relisez-les tous les soirs, et ne vous couchez jamais sans avoir fait un progrès, acquis une notion utile ou recueilli une observation applicable à votre grande et belle mission.

Cependant, ce ne sera proprement de votre part qu'un bel égoïsme que de réunir une petite bibliothèque, un *nécessaire* d'instruction primaire pour les maîtres. Il faut faire plus, créer une petite bibliothèque pour les pères des famille, bibliothèque que vous consulterez encore, mais qui profitera aussi à d'autres. Un bon livre tiendra lieu de la conversation du cabaret, du café. Quand il y aura quelques bons volumes de plus dans une commune, il y aura beaucoup de mauvaises querelles de moins, et peu à peu y disparaîtront ces scènes pénibles qui surviennent si souvent dans les ménages, où l'on dépense en quelques heures la petite épargne dont la famille devait vivre pendant toute la semaine.

J'avais établi à Cerisaye, à mes frais, une bibliothèque de trente à quarante volumes. Je donnais ces volumes à lire à tous ceux qui étaient en état d'en profiter, et je n'acceptais rien de personne. Quand on eut vu l'utilité de ces lectures, on se cotisa, et tout le monde voulut donner quelque chose : nous eûmes les moyens d'acheter plus de livres qu'il n'y en avait de bons. Aujourd'hui qu'il se publie tant d'excellents volumes, chacun peut mieux faire que ce que j'ai fait. Mon premier fonds se composait de *voyages* médiocres ; que d'excellents voyages nous avons maintenant, que de beaux livres de tout genre ! Remarquez cependant que chaque localité a ses besoins particuliers, et faites vos choix avec l'homme qui connaît le mieux l'habitant du pays. Proscrivez toute espèce de contes propres à exciter l'imagination plus qu'à former le jugement, les contes de fées, par exemple, qui sont si absurdes partout, et qui feraient tant de mal dans les campagnes. Il en serait de même de tous ces livres où l'on fait fortune à si bon compte, et où il est fait abstraction de toutes les peines inséparables de la vie humaine.

Il y a pour vous un intérêt profond à conserver quelques rapports avec ceux qui ont quitté votre école.

Le jeune homme n'ayant plus rien de commun avec l'instituteur, dès qu'il n'a plus rien à en apprendre, dédaigne aisément des fonctions qu'il cesse de trouver utiles. Si, au contraire, vous continuez à l'instruire et à le guider par quelques lectures; si, jusqu'à la fin de sa carrière, vous restez son conseiller et son maître, votre position à son égard est supérieure. L'opinion qu'on a de nous dépend toujours de nos moyens de faire le bien, et le respect de vos écoliers pour votre personne sera toujours conforme à celui qu'auront pour vous leurs familles. D'un autre côté, les familles vous estiment en raison de l'utilité dont vous êtes pour elles autant qu'en raison de l'affection que vous portent vos élèves, et je considère la troisième branche des bibliothèques populaires, la bibliothèque de l'enfance, comme un des meilleurs moyens de gagner cette affection.

Il y a le dimanche, les jours de fêtes, et même chaque jour de l'année, des moments que vos élèves pourront employer à quelque lecture. Ne leur fournirez-vous pas de livres? Ayez une trentaine de volumes, et vous serez pourvus pour quelques années. Habitez-vous une ville, choisissez des traités où figurent d'honnêtes et de loyaux artisans; êtes-vous au village, que ce soient des histoires de laborieux et de sobres cultivateurs. Tout livre fait pour les enfants ne saurait être mis indistinctement entre les mains de tous, et les contes du château sont loin d'être utiles dans la chaumière. Donnez à chaque classe de la société ce qu'elle peut comprendre, ce qu'elle doit savoir. Que je vous cite un seul exemple. Les idylles de Gessner sont charmantes ; mais, croyez-m'en, ces délicieuses fictions ont fait à celui qui vous parle un mal infini. Il a eu longtemps l'imagination remplie de scènes pastorales, de choses comme il n'y en a point, même dans les plus romantiques vallées de la Suisse, et comme il n'y en a jamais eu, même en Arcadie. Évitez ce mal.

Cependant, tous les volumes de la bibliothèque de l'enfance ne doivent pas se trouver dans l'armoire de l'école ; il faut en répandre quelques uns dans les familles. Le meilleur moyen de le faire, c'est une distribution de prix, chose si belle qu'elle me paraît ce qu'il y a de mieux imaginé au monde. En effet, une distribution de prix est une fête pour le maître, pour les élèves, pour les pères de famille, pour les autorités. Émotions délicieuses des mères, venez attester le bonheur que donnent ces solennités ! Souvenirs du jeune homme, souvenirs du vieillard, venez déposer en faveur de ces fêtes ! Il n'en est pas qu'on se rappelle avec plus de bonheur. Oui, telle en est l'influence morale qu'il y aurait une sorte de tort à ne pas les instituer dans chaque commune. Si les classes élevées ont peu besoin de fêtes, si elles trouvent assez d'heures de loisir et de méditation dans leur genre de vie, le peuple, au contraire, manque dans le sien de certaines époques qui le saisissent un peu, qui le mettent fortement en présence de sa pensée, et lui laissent des impressions profondes. Les fêtes dont je parle, les distributions de prix, prendront peu de temps, répandront beaucoup d'idées, intéresseront tous les âges, et exerceront sur les rapports des différentes classes de la société une influence heureuse.

C'est à vous, maîtres de la jeunesse, à en provoquer partout.

On vous objectera peut-être leur inutilité. On dira qu'il ne convient pas d'exciter l'émulation par des prix, que c'est établir une sorte de marché entre le travail et la récompense, que c'est détruire la moralité dans ses germes, réveiller l'amour-propre, et avec lui l'envie et toutes les passions les plus funestes. C'est être bien sévère, et peu d'accord avec la nature des choses. En effet, partout le travail et la sagesse obtiennent leur récompense, et il est tout naturel de croire qu'en voyant les succès de ses camarades les plus studieux, l'enfant, qui n'est pas plus mal inspiré que l'homme, se laissera gagner par l'émulation générale. Or, c'est là précisément le but de cette institution. En récompensant le travail, elle punit la paresse et fait voir à chacun, dès son bas âge, ce qu'il verra dans le monde pendant toute la durée de sa carrière : c'est que l'application et la bonne conduite assurent des avantages. Récompenser le travail n'est pas établir un marché entre la vertu et son prix, c'est suivre la nature ou, pour mieux dire, la Providence. Accorder à la jeunesse les encouragements qu'elle mérite, ce n'est pas exciter des passions qu'elle n'a pas : c'est donner aux sentiments que Dieu a mis dans son cœur la direction la plus convenable ; c'est les attacher aux lois et aux voies de la vertu. Ne voyez-vous pas que l'homme à tout âge a besoin d'encouragements, et que celui qui les mérite les obtient ?

Promettez-moi donc, jeunes maîtres, que vous instituerez des distributions de prix ; que vous essaierez d'en établir dès votre entrée en fonctions, et que si vous échouez une première fois contre quelques difficultés, vous ne cesserez de faire tous les ans de nouveaux efforts, jusqu'à ce qu'enfin vous ayez réussi. Il faut toujours de la persévérance dans le bien.

D'abord, fixez un jour, un beau jour de printemps ou d'été, et qu'à défaut de salle votre fête ait lieu en plein air et que toute la commune y prenne part.

Une fois le jour fixé, que chacun reçoive de vous sa tâche avec vos instructions pour la bien remplir. Vous verrez que dès ce moment vous tiendrez vous-même des notes plus exactes, vos élèves prépareront mieux leurs leçons, seront plus attentifs aux vôtres, soigneront mieux leurs dessins et leurs cahiers, chanteront avec plus d'attention et prendront, en vue du public, qui, dans leur imagination, les observe déjà, un peu plus de gravité et une tenue meilleure.

Quand le grand jour approchera, ce sera par vos élèves mêmes que vous ferez faire le relevé de vos registres et de vos notes; ce seront eux-mêmes qui, d'après ces registres de la vérité, se décerneront les prix. Vous assisterez à leurs opérations, vous les dirigerez conjointement avec quelque membre du comité; mais vous garderez l'impartialité la plus complète. Vous ne favoriserez pas les riches, cela serait odieux; vous ne favoriserez pas même les pauvres, parce que faveur n'est pas justice.

Il y a mieux à faire pour les pauvres. Je me bornerai à vous dire ce que j'ai vu, heureux si les impressions qui vous resteront de mes paroles peuvent guider un jour votre cœur. Remarquez que je ne vous parle pas de ce que j'ai vu au village. Là il y a peu de pauvres ; et les instruire ou les habiller par charité est peu de chose pour les familles aisées ; mais il n'en est pas de même dans les villes , où les pauvres sont nombreux. Eh bien, dans une de nos grandes villes qui compte dix-huit écoles gratuites pour des enfants de cinq à quatorze ans, huit salles d'asile pour des enfants de trois à cinq ans, quatre ouvroirs pour de jeunes filles pauvres de sept à dix-sept ans, j'ai vu donner des prix à tous ceux qui en méritaient. C'étaient des pièces d'habillement de la valeur de deux à quatre francs. Quelques semaines avaient suffi pour tout préparer. Un appel avait été fait aux familles. Les unes s'étaient réunies pour travailler en commun au milieu d'innocentes et utiles distractions ; les autres avaient employé chez elles quelques moments que leur laissaient les soins de leur ménage. Beaucoup avaient associé leurs dons à ces travaux, mais personne n'avait fait de ces efforts qui ne peuvent se répéter tous les ans ; seulement on eût dit qu'un ange de charité avait communiqué à tous les cœurs ses nobles inspirations et ses inépuisables trésors.

J'ai vu des distributions de prix plus animées, plus bruyantes et non moins belles : elles étaient encore relevées par des dons pour les pauvres ; mais, de plus , elles étaient précédées de courses, accompagnées d'épreuves gymnastiques, et suivies de légers repas, le tout au milieu de la foule, sur le vaste plateau de hautes montagnes. Un vieillard, un homme qui avait joué un rôle dans l'état, jouissant de toutes les douceurs d'une retraite honorable, dirigeait cette fête, où il me semblait voir le sage Mentor, non plus attaché aux pas d'un seul prince, mais à ceux d'une jeunesse pauvre et nombreuse, également ravie de sa présence et de ses dons.

Je le sais, il n'est pas facile de faire la même chose dans des circonstances différentes et dans d'autres localités. Aussi je ne vous trace pas de règles, et si je vous propose des exemples, ce n'est pas pour vous donner une leçon, c'est pour en appeler à votre cœur, à votre juste et généreuse ambition. Vous ne tromperez pas notre attente. Vous ne vous endormirez pas dans la routine; vous vous instruirez sans cesse, et vous essaierez de faire un peu de bien.

Pour que vos distributions de prix soient réellement fructueuses, ayez soin qu'elles soient précédées d'examens.

C'est chose difficile que de bien examiner une école.

Il est des examinateurs naïvement faciles, indulgents à l'excès, toujours ravis, constamment enchantés d'apprendre que les enfants savent quelque chose. Ces examinateurs sont une calamité pour les études, ils les feraient mourir si cela était possible.

Il en est d'autres qui se plaisent à étaler leur science et à se faire valoir eux-mêmes. Leurs questions, au dessus de la portée des élèves, font l'ennui et la risée de ceux qui sont condamnés à les subir; leurs jugements sont trop sévères, et leur présence décourage au lieu de faire du bien.

Il en est qui font tout en courant. Il en est d'autres

qui ne finissent jamais; il en est qui s'attachent à quelques élèves de prédilection; il en est qui n'interrogent que sur leurs études favorites. Toutefois, s'il en est de mauvais, il en est aussi de bons, qui savent questionner et faire répondre d'une manière également admirable. Mais je crois que les bons examinateurs sont aussi rares que les bons maîtres.

Pour le progrès d'une école, il faut des examens précis, sévères, complets, consciencieux. Il faut pourtant que le cœur soit pour quelque chose dans la manière de juger comme dans celle d'interroger les enfants. Aussi le meilleur examinateur, c'est le bon maître [1].

Jeunes amis, quand vous dirigez les examens, montrez-vous dignes de cette tâche, et faites que chacun de vos élèves puisse se faire valoir; n'en faites valoir aucun. Ils s'en apercevraient tous. Il est des maîtres qui ont le tort de faire briller tels de leurs disciples aux dépens de tous les autres. Sacrifier ainsi la majorité au petit nombre, à ceux dont on espère ou récompense ou honneur, c'est manquer à tous les devoirs.

Vous suivrez tous vos écoliers avec le même dévouement, et par de fréquentes répétitions vous les mettrez tous à même de répondre aux examens d'une manière satisfaisante. Vous aurez il est vrai plus de peine, mais un plus grand nombre de vos élèves en recevront des éloges, et si toute l'école est bonne, c'est à vous que s'adresseront les encouragements qu'on lui

[1] Voir sur cette question le *Visiteur des écoles*, p. 165.

donnera. Lorsqu'au contraire il n'y aurait que trois ou quatre élèves distingués, c'est à leur ardeur extraordinaire, à leur capacité spéciale, ce n'est pas à vous qu'on attribuerait leurs succès.

La plus grande distinction qu'on puisse accorder à des élèves, c'est de leur permettre de parler, de réciter des fables, des dialogues, des discours. Il n'est rien qu'ils ambitionnent plus que cet honneur; mais c'est une raison pour ne l'accorder qu'avec une grande circonspection. En effet, la jeunesse en tire vanité, et des *parades* faites sans choix auraient de graves inconvénients. Il est un moyen de faire de ces jeux une chose utile, c'est de choisir toujours pour les récitations ceux des élèves qui n'y voient qu'un simple amusement d'écolier ou un exercice de mémoire.

Au moyen de toutes ces précautions, vos examens, vos distributions de prix et vos exercices publics ne produiront que du bien, et en produiront beaucoup. Ce n'est pas sans une jouissance profonde pour vous que vous serez témoins des touchantes émotions de tous, des affectueux rapprochements entre les familles, entre les citoyens et les fonctionnaires qui caractérisent ces fêtes.

Je ne vous parle ni des œuvres de bienfaisance ni des plaisirs vulgaires dont on a coutume d'accompagner certaines fêtes. Ces accessoires ne sont pas inutiles pour l'effet général; mais ils ne sont pas indispensables.

Ce qui l'est, c'est qu'un écolier soit non seulement suivi et bien surveillé pendant l'année, encouragé dans ses efforts, et récompensé de ses succès, mais qu'il ne

retombe pas dans l'ignorance en sortant de l'école ; que
le jeune homme sans conseils ne soit pas livré à ses passions ou à celles des autres ; qu'il ne soit pas la proie
du premier charlatan, du premier agent d'affaires qui
s'attachera à ses pas; mais qu'au contraire, il soit sans
cesse instruit de ses devoirs, éclairé sur ses droits,
dirigé dans l'accomplissement de ses obligations, et
qu'il le soit par le meilleur des guides. Vous serez
ce guide, et si vous suivez les moyens que je viens de
vous indiquer, si vous fondez des bibliothèques populaires, si vous instituez des examens et des distributions de prix, si vous vous liez par ces institutions
avec les pères, avec les familles et avec les chefs de la
commune, vous aurez tout l'ascendant que vous devez souhaiter.

Brougham, *Observations pratiques sur l'éducation du peuple.*

CHAPITRE XXX.

L'instituteur membre du comité supérieur. — Publications sur l'état de l'instituteur primaire en France et à l'étranger.

Je suis arrivé au terme de mes récits et de mes conseils, sinon au terme de ma carrière. Il ne me reste plus à vous entretenir que d'une seule situation un peu importante où je me sois trouvé, et où vous vous trouverez à votre tour, celle de membre du comité supérieur. La loi a voulu que dans chacun de ces conseils il se trouvât un instituteur, et elle a eu raison de le vouloir, non pas seulement pour honorer une classe de fonctionnaires utiles, mais pour assurer aux écoles tous les avantages de l'expérience spéciale qui les distingue.

En effet, si vous êtes désigné par l'autorité supérieure pour faire partie d'un comité, persuadez-vous bien que vous y êtes appelé beaucoup moins pour donner à vos travaux un grand encouragement que pour associer à ceux du comité une grande expérience et un grand dévouement de plus. Aussi avez-vous à y remplir certaines obligations spéciales.

Il est d'abord, non pas convenable seulement, mais obligatoire pour vous que vous assistiez régulièrement aux séances, et que vous preniez à toutes les affaires l'intérêt le plus sincère et le plus soutenu.

Quelle opinion fâcheuse ne donneriez-vous pas de vous par une conduite opposée, et quel intérêt auriez-vous à réclamer pour votre école, si vous n'en accordiez pas aux autres ?

Il est encore obligatoire, et non pas convenable seulement, que vous connaissiez les affaires aussi bien que qui que ce soit. La juridiction des comités embrasse tout ce qui concerne et tout ce qui intéresse l'instruction primaire ; elle s'étend ou se rétrécit suivant les vues, les lumières et le zèle de ceux qui les composent, et suivant les besoins ou les progrès de la localité qu'ils surveillent et qu'ils dirigent. Vous consulterez à cet égard l'*esprit* de la loi comme sa *lettre* [1] ; et si vous devez bien vous garder de vouloir passer au delà, vous ne voudrez, en aucun cas, rester en deçà. Vous aurez donc à porter votre attention la plus religieuse sur un grand nombre d'objets de la plus haute gravité.

Vous voudrez d'abord connaître par vous-mêmes les meilleurs documents et les rapports les plus exacts sur toutes les écoles du ressort, et sans vous laisser entraîner à la vanité d'aller inspecter vos confrères, vous prendrez part, comme un confrère, à toutes les visites compatibles avec vos obligations fondamentales, celles d'instituteur. Vous vous abstiendrez des autres, car ce serait mal de votre part que de négliger les devoirs qui vous sont confiés pour aller voir si d'autres remplissent les leurs.

La connaissance d'une école se compose d'une

---

[1] Voir le *Visiteur des écoles*, p. 17.

série d'éléments les uns plus importants que les autres. Vous laisserez de côté les choses qui sont peu de votre compétence, pour celles qui vous sont plus familières. Si les questions de la convenance et de la salubrité du local, celles du traitement du maître et de ses rapports avec les autorités reviennent naturellement à d'autres, en revanche, celles de l'enseignement et de la discipline, tout ce qui concerne les méthodes et les livres, la surveillance et la direction des mœurs, l'organisation et la conduite d'une école, réclament votre dévouement et vos lumières. Vous ne sauriez être en défaut sur ces questions : vous les étudiez chaque jour, et vous devez nécessairement les posséder mieux que tout autre. Et toutefois plus que nul autre vous avez besoin de vous éclairer chaque jour avec une attention nouvelle pour ne pas tomber dans la routine et dans les préventions de ces hommes qui, à court d'idées, voudraient jeter toutes les intelligences dans le même moule, et faire plier sous le même joug les localités les plus diverses.

Il est un seul moyen, un seul, de rester au courant du progrès, c'est de se mettre au courant des publications qui l'exposent.

Il est quatre sortes de publications que l'instituteur membre d'un comité est obligé de suivre :

1. Les ordonnances et les dispositions de l'autorité insérées dans les journaux officiels, et que nul instituteur ne doit ignorer ;

2. Les rapports annuels et les comptes rendus par le ministre sur la situation de l'instruction primaire en France ;

3. Les ouvrages relatifs au perfectionnement des méthodes d'enseignement et des principes d'éducation ;

4. Les travaux des sociétés qui s'occupent du progrès de l'instruction primaire.

Je n'ajoute pas un mot de recommandation à cet égard ; la chose parle par elle-même : comment l'instituteur membre d'un comité pourrait-il ignorer l'existence d'un ouvrage important, d'un rapport officiel, d'une disposition fondamentale sur l'enseignement et l'éducation qui lui sont confiés ?

Ce n'est pas tout. A côté des dispositions de l'autorité générale, et en exécution des règles qu'elle pose, se trouvent les dispositions de l'autorité locale, et il est indispensable que l'instituteur membre d'un comité se tienne au courant, non seulement des meilleurs établissements du ressort de son arrondissement et de son académie, mais des réglements et des prescriptions qui les gouvernent. Et assurément il étendra quelquefois sa curiosité au delà des limites de ce ressort.

Quand j'ai été appelé au comité, j'ai cru de mon devoir de faire un pas de plus, et j'ai étudié les méthodes, les réglements, les livres, toute la situation de l'instruction primaire dans les pays où elle florissait le plus. J'ai voulu voir et vérifier par moi-même, et j'ai beaucoup appris en comparant beaucoup d'institutions ; aussi ne finirai-je pas mon récit sans vous mettre à même, en résumant ce que j'ai vu, de ne pas avoir trop de regrets d'être dans l'impossibilité d'en faire autant. Aujourd'hui que nous sommes en possession de la meilleure des lois connues sur l'instruction primaire, et d'une organisation parfaitement entendue pour tous les degrés de l'enseignement populaire, des indications sur ce qui se fait ailleurs doivent vous suffire dans la règle. Là où vous toucherez aux pays anciennement classiques de l'instruction primaire, vous pourrez sans doute y jeter un regard; mais partout ailleurs, vous vous trouverez assez riches des seules richesses de la France, et vous vous contenterez d'étudier les ouvrages publiés sur l'état de l'instruction primaire dans les principales contrées de l'Europe.

Sur l'état civil de l'instruction primaire en France : *L'Instituteur* ou *Manuel général de l'instruction primaire.* — *Echo des écoles primaires* pour la propagation des meilleures méthodes d'enseignement. — *Journal de la société pour l'encouragement de l'instruction élémentaire.*— *Guide des écoles primaires*, par un recteur d'Académie.—Kilian, *Manuel législatif et administratif de l'instruction primaire*, — *Annuaire de l'instituteur primaire.* — *Rapport au roi*, par M. Villemain, ministre de l'instruction publique, pour l'année 1841.

Sur l'état de l'instruction primaire à l'étranger : Ruhkopf, *Histoire des écoles et de l'éducation en Allemagne.* — Cousin, *sur l'état de l'instruction publique dans quelques pays de l'Allemagne*, et principalement en Prusse. — Le même, *De l'instruction publique en Hollande.* — Dehaut, *De l'instruction publique en Belgique.* — Van Nerum, *De l'organisation de l'instruction primaire en Belgique.*

FIN.

APPENDICE.

I. PAGE 14.

Matières de l'examen pour l'admission à l'école normale primaire.

Instruction morale et religieuse.
Lecture.
Écriture.
Premières notions de grammaire française.
Premières notions de calcul.

La commission doit émettre son opinion sur chacun des objets ci-après :

Dispositions, caractère, intelligence, aptitude de l'aspirant.

II. PAGE 30.

Programme des connaissances exigées des aspirants au brevet de capacité d'instruction primaire, soit élémentaire, soit supérieur.

ENSEIGNEMENT PRIMAIRE ÉLÉMENTAIRE.

Instruction morale et religieuse. { Catéchisme.
Histoire sainte.. { Ancien Testament. Nouveau Testament.

Lecture. . . . . . . { Imprimés. . . { Français. Latin.
Manuscrits ou cahiers lithographiés.

19

Écriture. . . . . .
{
Bâtarde. . . . .
{
en lettres ordinaires.
en lettres majuscules.
}
Cursive. . . . .
{
en lettres ordinaires.
en lettres majuscules.
}
}

Éléments de la lan-gue française.
{
Grammaire. . .
{
Analyse grammaticale.
Analyse de phrases dictées.
}
Orthographe. . .
{
Théorie.
Pratique.
}
}

Éléments du calcul.
{
Théorie. . . . .
Pratique.. . . .
}
{
Numération, addition, sous-traction, multiplication, division, appliquées aux nombres entiers et aux frac-tions ordinaires et décima-les.
}

Système légal des poids et mesures.
Chant. — D'après le programme arrêté par le conseil royal.
Éléments du dessin linéaire.
Exposition des principes d'éducation.
Méthode d'enseignement.
Composition écrite.
Leçon orale.
Premières notions de la géographie et de l'histoire de France.

ENSEIGNEMENT PRIMAIRE SUPÉRIEUR.

Aux matières ci-dessus on ajoutera pour l'enseignement pri-maire supérieur :

Exposition de la doctrine chrétienne.
Notions plus étendues d'arithmétique, de langue et de littérature françaises.
Éléments de l'histoire et de la géographie en général, et parti-culièrement de l'histoire et de la géographie de la France.
Chant. — Quelques développements.

III. PAGE 45.

LE MINISTRE DE L'INSTRUCTION PUBLIQUE

A chacun des Instituteurs du royaume.

MONSIEUR,

Je vous transmets la loi du 28 juin dernier sur l'instruction primaire, ainsi que l'exposé des motifs qui l'accompagnait lorsque, d'après les ordres du roi, j'ai eu l'honneur de la présenter, le 2 janvier dernier, à la Chambre des députés.

Cette loi, Monsieur, est vraiment la charte de l'instruction primaire; c'est pourquoi je désire qu'elle parvienne directement à la connaissance et demeure en la possession de tout instituteur. Si vous l'étudiez avec soin, si vous méditez attentivement ses dispositions ainsi que les motifs qui en développent l'esprit, vous êtes assuré de bien connaître vos devoirs et vos droits, et la situation nouvelle que vous destinent nos institutions.

Ne vous y trompez pas, Monsieur : bien que la carrière de l'instituteur primaire soit sans éclat, bien que ses soins et ses jours doivent le plus souvent se consumer dans l'enceinte d'une commune, ses travaux intéressent la société tout entière, et sa profession participe de l'importance des fonctions publiques. Ce n'est pas pour la commune seulement, et dans un intérêt purement local, que la loi veut que tous les Français acquièrent, s'il est possible, les connaissances indispensables à la vie sociale, et sans lesquelles l'intelligence languit et quelquefois s'abrutit; c'est aussi pour l'état lui-même, et dans l'intérêt public; c'est parce que la liberté n'est assurée et régulière que chez un peuple assez éclairé pour écouter, en toute circonstance, la voix de la raison. L'instruction primaire universelle est désormais une des garanties de l'ordre et de la stabilité sociale. Comme tout, dans les principes de notre gouvernement, est vrai et raisonnable, développer l'intelligence, préparer les lumières, c'est assurer l'empire et la durée de la monarchie constitutionnelle.

Pénétrez-vous donc, Monsieur, de l'importance de votre mission; que son utilité vous soit toujours présente dans les travaux assidus qu'elle vous impose. Vous le voyez : la législation et le gouvernement se sont efforcés d'améliorer la condition et d'assurer l'avenir des instituteurs. D'abord le libre exercice de leur profession dans tout le royaume leur est garanti, et le droit d'enseigner ne peut être ni refusé, ni retiré à celui qui se montre capable et digne d'une telle mission. Chaque commune doit en outre ouvrir un asile à l'instruction primaire. A chaque école communale un maître est promis. A chaque instituteur communal un traitement fixe est assuré. Une rétribution spéciale et variable vient l'accroître. Un mode de perception, à la fois plus conforme à votre dignité et à vos intérêts, en facilite le recouvrement, sans gêner d'ailleurs la liberté des conventions particulières. Par l'institution des caisses d'épargne, des ressources sont préparées à la vieillesse des maîtres. Dès leur jeunesse, la dispense du service militaire leur prouve la sollicitude qu'ils inspirent à la société. Dans leurs fonctions, ils ne sont soumis qu'à des autorités éclairées et désintéressées. Leur existence est mise à l'abri de l'arbitraire ou de la persécution. Enfin l'approbation de leurs supérieurs légitimes encouragera leur bonne conduite et constatera leurs succès ; et quelquefois même une récompense brillante, à laquelle leur modeste ambition ne prétendait pas, peut venir leur attester que le gouvernement du roi veille sur leurs services et sait les honorer.

Toutefois, Monsieur, je ne l'ignore point : la prévoyance de la loi, les ressources dont le pouvoir dispose ne réussiront jamais à rendre la simple profession d'instituteur communal aussi attrayante qu'elle est utile. La société ne saurait rendre à celui qui s'y consacre tout ce qu'il fait pour elle. Il n'y a point de fortune à faire, il n'y a guère de renommée à acquérir dans les obligations pénibles qu'il accomplit. Destiné à voir sa vie s'écouler dans un travail monotone, quelquefois même à rencontrer autour de lui l'injustice ou l'ingratitude de l'ignorance, il s'attristerait souvent et succomberait peut-être s'il ne puisait sa force et son courage ailleurs que dans les perspectives d'un intérêt immédiat et purement personnel. Il faut qu'un sentiment profond de l'importance morale de ses travaux le soutienne et l'anime ; que l'austère plaisir d'avoir servi les hommes et secrètement contribué au bien public, devienne le digne salaire que lui donne sa conscience seule. C'est sa gloire de ne prétendre à rien au delà de son obscure et laborieuse condition, de s'épuiser en sacrifices à peine comptés de ceux qui en profitent, de travailler enfin pour les hommes et de n'attendre sa récompense que de Dieu.

Aussi voit-on que partout où l'enseignement primaire a prospéré, une pensée religieuse s'est unie dans ceux qui le répandent au goût des lumières et de l'instruction. Puissiez-vous, Monsieur, trouver dans de telles espérances, dans ces croyances dignes d'un esprit sain et d'un cœur pur, une satisfaction et une constance que peut-être la raison seule et le seul patriotisme ne vous donneraient pas !

C'est ainsi que les devoirs nombreux et divers qui vous sont réservés vous paraîtront plus faciles, plus doux, et prendront sur vous plus d'empire. Il doit m'être permis, Monsieur, de vous les rappeler. Désormais, en devenant instituteur communal, vous appartenez à l'instruction publique ; le titre que vous portez, conféré par le ministre, est placé sous sa sauvegarde. L'Université vous réclame ; en même temps qu'elle vous surveille, elle vous protège et vous admet à quelques uns des droits qui font de l'enseignement une sorte de magistrature. Mais le nouveau caractère qui vous est donné m'autorise à vous retracer les engagements que vous contractez en le recevant. Mon droit ne se borne pas à vous rappeler les dispositions des lois et réglements que vous devez scrupuleusement observer ; c'est mon devoir d'établir et de maintenir les principes qui doivent servir de règle morale à la conduite de l'instituteur, et dont la violation compromettrait la dignité même du corps auquel il pourra appartenir désormais. Il ne suffit pas en effet de respecter le texte des lois ; l'intérêt seul y pourrait contraindre, car elles se vengent de celui qui les enfreint ; il faut encore et surtout prouver par sa conduite qu'on a compris la raison morale des lois, qu'on accepte volontairement et de cœur l'ordre qu'elles ont pour but de maintenir, et qu'à défaut de leur autorité on trouverait dans sa conscience une puissance sainte comme les lois, et non moins impérieuse.

Les premiers de vos devoirs, Monsieur, sont envers les enfants confiés à vos soins. L'instituteur est appelé par le père de famille au partage de son autorité naturelle ; il doit l'exercer avec la même vigilance et presque avec la même tendresse. Non seulement la vie et la santé des enfants sont remises à sa garde, mais l'éducation de leur cœur et de leur intelligence dépend de lui presque tout entière. En ce qui concerne l'enseignement proprement dit, rien ne vous manquera de ce qui peut vous guider. Non seulement une école normale vous donnera des leçons et des exemples ; non seulement les comités s'attacheront à vous transmettre des instructions utiles, mais encore l'Université même se maintiendra avec vous en constante communication. Le roi a bien voulu approuver la publication d'un journal spécialement destiné à l'enseignement primaire. Je veillerai à ce que le *Manuel général* répande partout, avec les actes officiels qui vous intéressent, la connaissance des méthodes sûres, des tentatives heureuses, les notions pratiques que réclament les écoles, la comparaison des résultats obtenus en France ou à l'étranger, enfin tout ce qui peut diriger le zèle, faciliter le succès, entretenir l'émulation.

Mais quant à l'éducation morale, c'est en vous surtout, Monsieur, que je me fie. Rien ne peut suppléer en vous la volonté de bien faire. Vous n'ignorez pas que c'est là, sans aucun doute, la plus importante et la plus difficile partie de votre mission. Vous n'ignorez pas qu'en vous confiant un enfant, chaque famille vous demande de lui rendre un honnête homme, et le pays un bon citoyen. Vous le savez : les vertus ne suivent pas toujours les lumières, et les leçons que reçoit l'enfance pourraient lui devenir funestes si elles ne s'adressaient qu'à son intelligence. Que l'instituteur ne craigne donc pas d'entreprendre sur les droits des familles en donnant ses premiers soins à la culture intérieure de l'âme de ses élèves. Autant il doit se garder d'ouvrir son école à l'esprit de secte ou de parti, et de nourrir les enfants dans des doctrines religieuses ou politiques qui les mettent pour ainsi dire en révolte contre l'autorité des conseils domestiques, autant il doit s'élever au dessus des querelles passagères qui agitent la société, pour s'appliquer sans cesse à propager, à affermir ces principes impérissables de morale et de raison sans lesquels l'ordre universel est en péril, et à jeter profondément dans de jeunes cœurs ces semences de vertu et d'honneur que l'âge et les passions n'étoufferont point. La foi dans la Providence, la sainteté du devoir, la soumission à l'autorité paternelle, le respect dû aux lois, au prince, aux droits de tous, tels sont les sentiments qu'il s'attachera à développer. Jamais, par sa conversation ou son exemple, il ne risquera d'ébranler chez les enfants la vénération due au bien ; jamais, par des paroles de haine ou de vengeance, il ne les disposera à ces préventions aveugles qui créent, pour ainsi dire, des nations ennemies au sein de la même nation. La paix et la concorde qu'il maintiendra dans son école doivent, s'il est possible, préparer le calme et l'union des générations à venir.

Les rapports de l'instituteur avec les parents ne peuvent manquer d'être fréquents. La bienveillance y doit présider : s'il ne possédait la bienveillance des familles, son autorité sur les enfants serait compromise, et le fruit de ses leçons serait perdu pour eux. Il ne saurait donc porter trop de soin et de prudence dans cette sorte de relations. Une intimité légèrement contractée pourrait exposer son indépendance, quelquefois même l'engager dans ces dissensions locales qui désolent souvent les petites communes. En se prêtant avec complaisance aux demandes raisonnables des parents, il se gardera bien de sacrifier à leurs capricieuses exigences ses principes d'éducation et la discipline de son école. Une école doit être l'asile de l'égalité, c'est-à-dire de la justice.

Les devoirs de l'instituteur envers l'autorité sont plus clairs encore et non moins importants. Il est lui-même une autorité dans la commune : comment donc donnerait-il l'exemple de l'insubordination? Comment ne respecterait-il pas les magistrats municipaux, l'autorité religieuse, les pouvoirs légaux qui maintiennent la sécurité publique? Quel avenir il préparerait à la population au sein de laquelle il vit, si, par son exemple ou par des discours malveillants, il excitait chez les enfants cette disposition à tout méconnaître, à tout insulter, qui peut devenir dans un autre âge l'instrument de l'immoralité et quelquefois de l'anarchie!

Le maire est le chef de la commune; il est à la tête de la surveillance locale; l'intérêt pressant comme le devoir de l'instituteur est donc de lui témoigner en toute occasion la déférence qui lui est due. Le curé ou le pasteur ont aussi droit au respect, car leur ministère répond à ce qu'il y a de plus élevé dans la nature humaine. S'il arrivait que par quelque fatalité le ministre de la religion refusât à l'instituteur une juste bienveillance, celui-ci ne devrait pas sans doute s'humilier pour la reconquérir; mais il s'appliquerait de plus en plus à la mériter par sa conduite, et il saurait l'attendre. C'est au succès de son école à désarmer des prétentions injustes, c'est à sa prudence à ne donner aucun prétexte à l'intolérance. Il doit éviter l'hypocrisie à l'égal de l'impiété. Rien d'ailleurs n'est plus désirable que l'accord du prêtre et de l'instituteur; tous deux sont revêtus d'une autorité morale; tous deux ont besoin de la confiance des familles; tous deux peuvent s'entendre pour exercer sur les enfants, par des moyens divers, une commune influence. Un tel accord vaut bien qu'on fasse pour l'obtenir quelques sacrifices, et j'attends de vos lumières et de votre sagesse que rien d'honorable ne vous coûtera pour réaliser cette union sans laquelle nos efforts pour l'instruction populaire seraient souvent infructueux.

Enfin, Monsieur, je n'ai pas besoin d'insister sur vos relations avec les autorités spéciales qui veillent sur les écoles, avec l'Université elle-même : vous trouverez là des conseils, une direction nécessaire, souvent un appui contre des difficultés locales et des inimitiés accidentelles. L'administration n'a point d'autres intérêts que ceux de l'instruction primaire, qui au fond sont les vôtres. Elle ne vous demande que de vous pénétrer de plus en plus de l'esprit de votre mission. Tandis que de son côté elle veillera sur vos droits, sur vos intérêts, sur votre avenir, maintenez par une vigilance continuelle la dignité de votre état ; ne l'altérez point par des spéculations inconvenantes, par des occupations incompatibles avec l'enseignement ; ayez les yeux ouverts sur tous les moyens d'améliorer l'instruction que vous dispensez autour de vous. Les secours ne vous manqueront pas : dans la plupart des grandes villes, des cours de perfectionnement sont ouverts ; dans les écoles normales, des places sont ménagées aux instituteurs qui voudraient venir y retremper leur enseignement. Il devient chaque jour plus facile de vous composer à peu de frais une bibliothèque suffisante à vos besoins. Enfin, dans quelques arrondissements, dans quelques cantons, des conférences ont déjà été établies entre les instituteurs : c'est là qu'ils peuvent mettre leur expérience en commun, et s'encourager les uns les autres en s'aidant mutuellement.

Au moment où, sous les auspices d'une législation nouvelle, nous entrons tous dans une nouvelle carrière ; au moment où l'instruction primaire va être l'objet de l'expérience la plus réelle et la plus étendue qui ait encore été tentée dans notre patrie, j'ai dû, Monsieur, vous rappeler les principes qui guident l'administration de l'instruction publique, et les espérances qu'elle fonde sur vous. Je compte sur tous vos efforts pour faire réussir l'œuvre que nous entreprenons en commun : ne doutez jamais de la protection du gouvernement, de sa constante, de son active sollicitude pour les précieux intérêts qui vous sont confiés. L'universalité de l'instruction primaire est à ses yeux l'une des plus grandes et des plus pressantes conséquences de notre charte ; il lui tarde de la réaliser. Sur cette question comme sur toute autre, la France trouvera toujours d'accord l'esprit de la charte et la volonté du roi.

Recevez, Monsieur, l'assurance de ma considération distinguée.

Le ministre secrétaire d'état au
département de l'instruction publique,
GUIZOT.

Paris, le   juillet 1833.

P. S. Je vous invite à m'accuser directement réception de cette lettre. Je tiens à m'assurer ainsi qu'elle vous est parvenue.

LOI

SUR L'INSTRUCTION PRIMAIRE.

LOUIS-PHILIPPE, Roi des Français,
A tous présents et à venir, salut.

Nous avons proposé, les Chambres ont adopté, nous avons ordonné et ordonnons ce qui suit :

TITRE PREMIER.

De l'instruction primaire et de son objet.

Art. 1. L'instruction primaire est élémentaire ou supérieure.

L'instruction primaire élémentaire comprend nécessairement l'instruction morale et religieuse, la lecture, l'écriture, les éléments de la langue française et du calcul, le système légal des poids et mesures.

L'instruction primaire supérieure comprend nécessairement, en outre, les éléments de la géométrie et ses applications usuelles, spécialement le dessin linéaire et l'arpentage, des notions des sciences physiques et de l'histoire naturelle applicables aux usages de la vie ; le chant, les éléments de l'histoire et de la géographie, et surtout de l'histoire et de la géographie de la France.

Selon les besoins et les ressources des localités, l'instruction primaire pourra recevoir les développements qui seront jugés convenables.

Art. 2. Le vœu des pères de famille sera toujours consulté et suivi en ce qui concerne la participation de leurs enfants à l'instruction religieuse.

Art. 3. L'instruction primaire est privée ou publique.

TITRE II.

Des écoles primaires privées.

Art. 4. Tout individu âgé de dix-huit ans accomplis pourra exercer la profession d'instituteur primaire et diriger tout établissement quelconque d'instruction primaire, sans autres conditions que de présenter préalablement au maire de la commune où il voudra tenir école :

1º Un brevet de capacité obtenu, après examen, selon le degré l'école qu'il veut établir ;

2º Un certificat constatant que l'impétrant est digne, par sa moralité, de se livrer à l'enseignement. Ce certificat sera délivré, sur l'attestation de trois conseillers municipaux, par le maire de la commune ou de chacune des communes où il aura résidé depuis trois ans.

Art. 5. Sont incapables de tenir école :

1º Les condamnés à des peines afflictives ou infamantes ;

2º Les condamnés pour vol, escroquerie, banqueroute, abus de confiance ou attentat aux mœurs, et les individus qui auront été privés par jugement de tout ou partie des droits de famille mentionnés aux paragraphes 5 et 6 de l'article 42 du Code pénal ;

3º Les individus interdits en exécution de l'article 7 de la présente loi.

Art. 6. Quiconque aura ouvert une école primaire en contravention à l'article 5, ou sans avoir satisfait aux conditions prescrites par l'article 4 de la présente loi, sera poursuivi devant le tribunal correctionnel du lieu du délit, et condamné à une amende de cinquante à deux cents francs : l'école sera fermée.

En cas de récidive, le délinquant sera condamné à un emprisonnement de quinze à trente jours et à une amende de cent à quatre cents francs.

Art. 7. Tout instituteur privé, sur la demande du comité mentionné dans l'article 19 de la présente loi, ou sur la poursuite d'office du ministère public, pourra être traduit, pour cause d'inconduite ou d'immoralité, devant le tribunal civil de l'arrondissement, et être interdit de l'exercice de sa profession à temps ou à toujours.

Le tribunal entendra les parties, et statuera sommairement en chambre du conseil. Il en sera de même sur l'appel, qui devra être interjeté dans le délai de dix jours, à compter du jour de la notification du jugement, et qui, en aucun cas, ne sera suspensif.

Le tout sans préjudice des poursuites qui pourraient avoir lieu pour crimes, délits ou contraventions prévus par les lois.

TITRE III.

Des écoles primaires publiques.

Art. 8. Les écoles primaires publiques sont celles qu'entretiennent, en tout ou en partie, les communes, les départements ou l'État.

Art. 9. Toute commune est tenue, soit par elle-même, soit en se réunissant à une ou plusieurs communes voisines, d'entretenir au moins une école primaire élémentaire.

Dans le cas où les circonstances locales le permettraient, le ministre de l'instruction publique pourra, après avoir entendu le conseil municipal, autoriser, à titre d'écoles communales, des écoles plus particulièrement affectées à l'un des cultes reconnus par l'État.

Art. 10. Les communes, chefs-lieux de département, et celles dont la population excède six mille âmes, devront avoir en outre une école primaire supérieure.

Art. 11. Tout département sera tenu d'entretenir une école normale primaire, soit par lui-même, soit en se réunissant à un ou plusieurs départements voisins.

Les conseils généraux délibéreront sur les moyens d'assurer l'entretien des écoles normales primaires. Ils délibéreront également sur la réunion de plusieurs départements pour l'entretien d'une seule école normale. Cette réunion devra être autorisée par ordonnance royale.

Art. 12. Il sera fourni à tout instituteur communal :

1° Un local convenablement disposé, tant pour lui servir d'habitation que pour recevoir les élèves ;

2° Un traitement fixe, qui ne pourra être moindre de deux cents francs pour une école primaire élémentaire, et de quatre cents francs pour une école primaire supérieure.

Art. 13. A défaut de fondations, donations ou legs, qui assurent un local et un traitement, conformément à l'article précédent, le conseil municipal délibérera sur les moyens d'y pourvoir.

En cas d'insuffisance des revenus ordinaires pour l'établissement des écoles primaires communales élémentaires et supérieures, il y sera pourvu au moyen d'une imposition spéciale votée par le conseil municipal, ou, à défaut du vote de ce conseil, établie par ordonnance royale. Cette imposition, qui devra être autorisée chaque année par la loi de finances, ne pourra excéder trois centimes additionnels au principal des contributions foncière, personnelle et mobilière.

Lorsque des communes n'auront pu, soit isolément, soit par la réunion de plusieurs d'entre elles, procurer un local et assurer le traitement au moyen de cette contribution de trois centimes, il sera pourvu aux dépenses reconnues nécessaires à l'instruction primaire, et, en cas d'insuffisance des fonds départementaux, par une imposition spéciale, votée par le conseil général du département, ou, à défaut du vote de ce conseil, établie par ordonnance royale. Cette imposition, qui devra être autorisée chaque année par la loi de finances, ne pourra excéder deux centimes additionnels au principal des contributions foncière, personnelle et mobilière.

Si les centimes ainsi imposés aux communes et aux départements ne suffisent pas aux besoins de l'instruction primaire, le ministre de l'instruction publique y pourvoira au moyen d'une subvention prélevée sur le crédit qui sera porté annuellement pour l'instruction primaire au budget de l'État.

Chaque année, il sera annexé à la proposition du budget un rapport détaillé sur l'emploi des fonds alloués pour l'année précédente.

ART. 14. En sus du traitement fixe, l'instituteur communal recevra une rétribution mensuelle dont le taux sera réglé par le conseil municipal, et qui sera perçue dans la même forme et selon les mêmes règles que les contributions publiques directes. Le rôle en sera recouvrable, mois par mois, sur un état des élèves certifié par l'instituteur, visé par le maire, et rendu exécutoire par le sous-préfet.

Le recouvrement de la rétribution ne donnera lieu qu'au remboursement des frais par la commune, sans aucune remise au profit des agents de la perception.

Seront admis gratuitement, dans l'école communale élémentaire, ceux des élèves de la commune, ou des communes réunies, que les conseils municipaux auront désignés comme ne pouvant payer aucune rétribution.

Dans les écoles primaires supérieures, un nombre de places gratuites, déterminé par le conseil municipal, pourra être réservé pour les enfants qui, après concours, auront été désignés par le comité d'instruction primaire, dans les familles qui seront hors d'état de payer la rétribution.

ART. 15. Il sera établi dans chaque département une caisse d'épargne et de prévoyance en faveur des instituteurs primaires communaux.

Les statuts de ces caisses d'épargne seront déterminés par des ordonnances royales.

Cette caisse sera formée par une retenue annuelle d'un vingtième sur le traitement fixe de chaque instituteur communal. Le montant de la retenue sera placé au compte ouvert au trésor royal pour les caisses d'épargne et de prévoyance ; les intérêts de ces fonds seront capitalisés tous les six mois. Le produit total de la retenue exercée sur chaque instituteur lui sera rendu à l'époque où il se retirera, et, en cas de décès dans l'exercice de ses fonctions, à sa veuve ou à ses héritiers.

Dans aucun cas, il ne pourra être ajouté aucune subvention, sur les fonds de l'État, à cette caisse d'épargne et de prévoyance ; mais elle pourra, dans les formes et selon les règles prescrites pour les établissements d'utilité publique, recevoir des dons et legs dont l'emploi, à défaut de dispositions des donateurs ou des testateurs, sera réglé par le conseil général.

ART. 16. Nul ne pourra être nommé instituteur communal, s'il ne remplit les conditions de capacité et de moralité prescrites par l'article 4 de la présente loi, ou s'il se trouve dans un des cas prévus par l'article 5.

TITRE IV.

Des autorités préposées à l'instruction primaire.

ART. 17. Il y aura près de chaque école communale un comité local de surveillance composé du maire ou adjoint, président, du curé ou pasteur, et d'un ou plusieurs habitants notables désignés par le comité d'arrondissement.

Dans les communes dont la population est répartie entre différents cultes reconnus par l'état, le curé, ou le plus ancien des curés, et un des ministres de chacun des autres cultes, désigné par son consistoire, feront partie du comité communal de surveillance.

Plusieurs écoles de la même commune pourront être réunies sous la surveillance du même comité.

Lorsqu'en vertu de l'article 9 plusieurs communes se seront réunies pour entretenir une école, le comité d'arrondissement désignera, dans chaque commune, un ou plusieurs habitants notables pour faire partie du comité. Le maire de chacune des communes fera en outre partie du comité.

Sur le rapport du comité d'arrondissement, le ministre de l'instruction publique pourra dissoudre un comité local de surveillance et le remplacer par un comité spécial, dans lequel personne ne sera compris de droit.

ART. 18. Il sera formé dans chaque arrondissement de sous-préfecture un comité spécialement chargé de surveiller et d'encourager l'instruction primaire.

Le ministre de l'instruction publique pourra, suivant la population et les besoins des localités, établir dans le même arrondissement plusieurs comités dont il déterminera la circonscription par cantons isolés ou agglomérés.

ART. 19. Sont membres des comités d'arrondissement :

Le maire du chef-lieu ou le plus ancien des maires du chef-lieu de la circonscription ;

Le juge de paix ou le plus ancien des juges de paix de la circonscription ;

Le curé ou le plus ancien des curés de la circonscription ;

Un ministre de chacun des autres cultes reconnus par la loi, qui exercera dans la circonscription, et qui aura été désigné comme il est dit au second paragraphe de l'article 17 ;

Un proviseur, principal de collége, professeur, régent, chef d'institution, ou maître de pension, désigné par le ministre de l'instruction publique, lorsqu'il existera des colléges, institutions ou pensions dans la circonscription du comité;

Un instituteur primaire, résidant dans la circonscription du comité, et désigné par le ministre de l'instruction publique ;

Trois membres du conseil d'arrondissement ou habitants notables désignés par ledit conseil ;

Les membres du conseil général du département qui auront leur domicile réel dans la circonscription du comité.

Le préfet préside, de droit, tous les comités du département, et le sous-préfet tous ceux de l'arrondissement ; le procureur du roi est membre, de droit, de tous les comités de l'arrondissement.

Le comité choisit tous les ans son vice-président et son secrétaire ; il peut prendre celui-ci hors de son sein. Le secrétaire, lorsqu'il est choisi hors du comité, en devient membre par sa nomination.

ART. 20. Les comités s'assembleront au moins une fois par mois. Ils pourront être convoqués extraordinairement sur la demande d'un délégué du ministre : ce délégué assistera à la délibération.

Les comités ne pourront délibérer s'il n'y a au moins cinq membres présents pour les comités d'arrondissement, et trois pour les comités communaux ; en cas de partage, le président aura voix prépondérante.

Les fonctions des notables qui font partie des comités dureront trois ans ; ils seront indéfiniment rééligibles.

ART. 21. Le comité communal a inspection sur les écoles publiques ou privées de la commune. Il veille à la salubrité des écoles et au maintien de la discipline, sans préjudice des attributions du maire en matière de police municipale.

Il s'assure qu'il a été pourvu à l'enseignement gratuit des enfants pauvres.

Il arrête un état des enfants qui ne reçoivent l'instruction primaire ni à domicile, ni dans les écoles privées ou publiques.

Il fait connaître au comité d'arrondissement les divers besoins de la commune sous le rapport de l'instruction primaire.

En cas d'urgence, et sur la plainte du comité communal, le maire peut ordonner provisoirement que l'instituteur sera suspendu de ses fonctions, à la charge de rendre compte, dans les vingt-quatre heures, au comité d'arrondissement, de cette suspension et des motifs qui l'ont déterminée.

Le conseil municipal présente au comité d'arrondissement les candidats pour les écoles publiques, après avoir préalablement pris l'avis du comité communal.

ART. 22. Le comité d'arrondissement inspecte, et au besoin fait inspecter, par des délégués pris parmi ses membres ou hors de son sein, toutes les écoles primaires de son ressort. Lorsque les délégués ont été choisis par lui hors de son sein, ils ont droit d'assister à ses séances avec voix délibérative.

Lorsqu'il le juge nécessaire, il réunit plusieurs écoles de la même commune sous la surveillance du même comité, ainsi qu'il a été prescrit à l'article 17.

Il envoie chaque année au préfet et au ministre de l'instruction publique l'état de situation de toutes les écoles primaires du ressort.

Il donne son avis sur les secours et les encouragements à accorder à l'instruction primaire.

Il provoque les réformes et les améliorations nécessaires.

Il nomme les instituteurs communaux sur la présentation du conseil municipal, procède à leur installation, et reçoit leur serment.

Les instituteurs communaux doivent être institués par le ministre de l'instruction publique.

Art. 23. En cas de négligence habituelle, ou de faute grave de l'instituteur communal, le comité d'arrondissement, ou d'office, ou sur la plainte adressée par le comité communal, mande l'instituteur inculpé ; après l'avoir entendu ou dûment appelé, il le réprimande ou le suspend pour un mois avec ou sans privation de traitement, ou même le révoque de ses fonctions.

L'instituteur frappé d'une révocation pourra se pourvoir devant le ministre de l'instruction publique, en conseil royal. Ce pourvoi devra être formé dans le délai d'un mois, à partir de la notification de la décision du comité, de laquelle notification sera dressé procès-verbal par le maire de la commune. Toutefois, la décision du comité est exécutoire par provision.

Pendant la suspension de l'instituteur, son traitement, s'il en est privé, sera laissé à la disposition du conseil municipal, pour être alloué, s'il y a lieu, à un instituteur remplaçant.

Art. 24. Les dispositions de l'article 7 de la présente loi, relatives aux instituteurs privés, sont applicables aux instituteurs communaux.

Art. 25. Il y aura dans chaque département une ou plusieurs commissions d'instruction primaire, chargées d'examiner tous les aspirants aux brevets de capacité, soit pour l'instruction primaire élémentaire, soit pour l'instruction primaire supérieure, et qui délivreront lesdits brevets sous l'autorité du ministre. Ces commissions seront également chargées de faire les examens d'entrée et de sortie des élèves de l'école normale primaire.

Les membres de ces commissions seront nommés par le ministre de l'instruction publique.

Les examens auront lieu publiquement et à des époques déterminées par le ministre de l'instruction publique.

La présente loi discutée, délibérée et adoptée par la chambre des pairs et par celle des députés, et sanctionnée par nous cejourd'hui, sera exécutée comme loi de l'état.

Donnons en mandement à nos cours et tribunaux, préfets, corps admi-
nistratifs et tous autres, que les présentes ils gardent et maintiennent,
fassent garder, observer et maintenir, et, pour les rendre plus notoires à
tous, ils les fassent publier et enregistrer partout où besoin sera; et, afin
que ce soit chose ferme et stable à toujours, nous y avons fait mettre notre
sceau.

Fait à Paris, le 28 juin 1833.

LOUIS-PHILIPPE.

IV. PAGE 52. (*Voir* ci-dessous VII. PAGE 308.)

V. PAGE 69.

ÉCOLE PRIMAIRE SUPÉRIEURE

DE CHALONS.

1: L'école primaire supérieure de Châlons, ouverte peu de temps
après la loi de 1833, est à la fois une école préparatoire à celle des
arts et à l'école primaire normale du département, et une institution
indépendante.

2. Le nombre des maîtres attachés à l'école est de dix.

3. Le pensionnat varie de cinquante à soixante-dix élèves venus
de toutes les parties du département.

4. Les externes sont au nombre de quarante à soixante.

5. La maison où elle est établie renferme deux institutions qui s'ap-
puient mutuellement, l'une l'école supérieure, l'autre l'école élémentaire.

6. La première est communale, la seconde est privée.

7. L'école supérieure se distingue en trois divisions.

8. L'enseignement est fixé ainsi qu'il suit :

Instruction religieuse donnée à tous les élèves réunis; grammaire
française enseignée par divisions: histoire et géographie; sciences
naturelles; sciences mathématiques; dessin linéaire; écriture; tenue
de livres; musique.

9. Un maître spécial est attaché à la maison pour la surveillance
des études.

VI. page 71.

ÉCOLE

PRIMAIRE SUPÉRIEURE COMMUNALE DE NANTES.

1. Conformément au programme soumis à l'approbation du comité d'arrondissement, les cours sont de trois années.

2. L'enseignement se divise en six parties principales, professées chacune par un maître spécial.

3. Il comprend, pour la première année : les cours de langue française, de langue anglaise, de musique vocale, de géographie, d'arithmétique, de dessin artistique et de dessin linéaire, de notions générales d'histoire naturelle, de physique et de chimie.

4. Les cours de deuxième année se composent de la suite des cours de langue française et de langue anglaise; des notions de grammaire générale; de la musique (solfége et chant d'ensemble); de la géographie commerciale et industrielle; des mathématiques appliquées aux arts et aux usages de la vie; de la tenue des livres ; du dessin linéaire, du tracé des machines et appareils, avec cotes rapportées; du dessin artistique, comprenant l'académie, la tête, la bosse, l'ornement et le paysage; de la géométrie descriptive dans ses applications à la coupe des pierres et de la charpente, etc.; de la chimie et de la physique appliquées aux arts, à l'hygiène et à l'économie domestique.

5. La troisième année comprend, outre les cours de langue anglaise et de musique : les leçons d'histoire industrielle, l'instruction morale et religieuse, le droit constitutionnel, civil et criminel; la mécanique industrielle, la géométrie descriptive (perspective, théorie des ombres, lavis, architecture pratique), la chimie et la physique appliquées à la grande fabrication, à l'analyse et aux falsifications des produits commerciaux, bruts et fabriqués.

6. La rétribution est fixée pour chaque élève à 5 francs par mois : on ne reçoit que des externes.

7. Vingt-cinq places gratuites sont mises, chaque année, au concours, du 1er au 8 octobre.

8. Les candidats aux bourses communales, de même que les élè-

ves payants, doivent justifier qu'ils sont âgés de 12 ans ; qu'ils ont eu la petite vérole ou qu'ils ont été vaccinés ; qu'ils ont une bonne conduite ; qu'ils possèdent suffisamment l'instruction élémentaire, c'est-à-dire la lecture, l'écriture, les éléments de la grammaire française et les quatre premières règles d'arithmétique, appliquées aux nombres entiers et aux fractions décimales.

VII. PAGE 71.

Conditions d'admission à l'école industrielle municipale de Strasbourg.

1. Nul ne peut être reçu à l'école s'il n'a subi un examen d'admission.

2. Les jeunes gens qui se présentent au concours ne pourront avoir plus de 16 ans ni moins de 13 ans. Ils feront preuve des connaissances suivantes, savoir :

Lire et écrire correctement en français ; écrire une page sous la dictée dans la même langue ;

En arithmétique, connaître les quatre règles, les fractions ordinaires et décimales, le système métrique et la règle de trois ;

Enfin, les éléments de la géographie et de l'histoire.

3. Les candidats produiront à M. le directeur de l'école avant l'examen :

1° Leur acte de naissance ;

2° Un certificat de vaccine ;

3° Un certificat de bonne conduite du maître public ou privé dont ils ont fréquenté les leçons.

VII. PAGE 71.

DISTRIBUTION DE L'ENSEIGNEMENT PAR HEURES ET PAR SEMAINE DANS LES ÉCOLES PRIMAIRES DE MULHOUSE.

I. *École élémentaire de Garçons.*

MATIÈRES.	VII. A et B	VI. A et B.	V. A et B.	IV. A et B.	III. A et B.	II.	I.
Instruction religieuse.			1	1	1	2	2
Chant.			1	2	2	2	2
Exercices des facultés intellectuelles.	6	2	2				
Exercices de lecture.		6	4	2	1		
Grammaire et orthographe françaises.			6	8	8	7	6
Rédaction française.					1	1	2
Explication de textes fr.				2	2	2	2
Exercices de mémoire.				2	1	2	2
Calcul mental et écrit.	4	4	4	2	2	2	2
Dessin linéaire.					2	2	2
Histoire naturelle.				2	2	2	2
Écriture.	4	8	4	1	1	2	2
Géographie.						2	2

(Heures consacrées à chaque enseignement.)

OBSERVATIONS.

1. Chacune des 5 classes inférieures est divisée en 2 classes parallèles, ayant chacune un maître spécial.

2. On attache une grande importance aux exercices qui ont pour but d'assurer le développement des facultés intellectuelles, en raison même de l'importance qu'on donne à l'enseignement moral et religieux auquel il prépare.

3. En ajoutant aux exercices de grammaire française, d'analyse logique, de style et de composition un certain nombre d'exercices consacrés à l'étude d'une langue étrangère les élèves auront par semaine de 20 à 32 heures de leçons. On en augmentera le nombre suivant l'âge des élèves.

II. *École supérieure de Garçons.*

MATIÈRES.	PREMIÈRE ANNÉE.	SECONDE ANNÉE.	OBSERVATIONS.
Instruction religieuse.	2	2	
Chant.	2	2	
Répétition de la Grammaire française.	1		
Explication de textes français.	3	3	
Rédaction française.	2	2	
Histoire universelle.	4		
Histoire de France.		4	
Géographie.	2		
Cosmographie.		1	
Arithmétique, algèbre.	4	1	
Géométrie, arpentage et mécanique.	2	4	
Sciences physiques.	2		
Histoire naturelle.	2	3	
Dessin de machines, etc.	4	6	
Dessin à main libre.	4	4	
Calligraphie.	2		
Tenue de livres.		2	
Langue anglaise.		2	

(Heures consacrées à chaque enseignement.)

OBSERVATIONS.
1. Le cours est de deux années.
2. Les études de langues se bornent à la langue française et à la langue anglaise.
3. L'instruction morale et religieuse est continuée et plus approfondie.

III. *École élémentaire et supérieure de Filles.*

MATIÈRES.	Classes. {	VIII.	VII.	VI.	V.	IV.	III.	II.	I.
Instruction religieuse.				1	1	1	2	2	2
Chant.				1	2	2	2	2	2
Exercices pour développer les facultés intellectuelles.		6	2	2					
Lecture, Grammaire et orthographe.			6	10	9	7	6	2	2
Rédaction.						1	1	2	2
Explication de textes.					4	3	3	4	2
Histoire de la littérature française.									2
Langue anglaise.									4
Calcul mental et écrit.		4	4	4	2	2	2	2	1
Dessin, peinture.					1	2	4	4	6
Écriture, calligraphie.		4	8	4	1	1	2	2	2
Géographie et cosmographie.						2	2	2	1
Histoire naturelle.					2	2	2	2	
Sciences physiques.									2
Histoire universelle.								4	
Histoire de France.									4
Ouvrages d'aiguille.				2	2	2	2	2	2

(Colonnes VIII. et VII. : Heures consacrées à chaque enseignement.)

OBSERVATIONS.

1. L'instruction religieuse n'est commencée qu'au moment où les exercices pour le développement des facultés intellectuelles ont préparé l'esprit à la recevoir ; mais ces exercices même roulent sur des notions de religion et de morale.

2. L'étude de la grammaire cesse en troisième, mais la rédaction et l'explication de textes continuent cette étude dans les classes supérieures.

3. A l'histoire de la littérature française on joint des indications sur l'histoire de la littérature étrangère.

4. Pour les filles, les études de l'école supérieure se confondent en une seule et même institution avec l'enseignement élémentaire.

VII. PAGE 71.

ORGANISATION

D'UNE ÉCOLE PRIMAIRE SUPÉRIEURE.

———

I. *Organisation générale.*

1. L'école primaire supérieure de Montpellier reçoit   élèves, dont   sont admis gratuitement, et dont   payent, entre les mains du receveur municipal et pour le compte de la commune, la rétribution mensuelle de   fr.

2. Le cours d'études est fixé à trois ans.

Le maire de la ville, sur la proposition du directeur, peut accorder une prolongation aux élèves qui n'ont pas encore atteint leur seizième année après l'expiration du temps prescrit.

3. L'admission des enfants a lieu tous les ans à la rentrée des classes. Huit jours avant cette époque, il est apposé dans la ville une affiche qui indique les conditions qu'ont à remplir les candidats aux places d'élèves gratuits ou payants.

4. Le programme des connaissances que les aspirants doivent posséder pour suivre l'enseignement primaire supérieur est le même pour les deux classes d'élèves gratuits ou payants, mais ceux de la première catégorie doivent être natifs de la ville ou habitants de la commune depuis cinq ans.

Sont exceptés de cette mesure les enfants des militaires ou des employés du gouvernement.

Le programme est celui de l'enseignement primaire élémentaire.

5 Une commission de seize membres, présidée par le maire, surveille la discipline et l'instruction. Ce comité, constitué par un arrêté du ministre, renferme dans son sein des personnes appartenant au conseil général du département, aux facultés de médecine et des sciences, au conseil municipal, au clergé des deux communions chrétiennes.

Il s'assemble tous les premiers lundis de chaque mois dans le local de l'école. Il examine les élèves dans les différentes branches d'instruction, et consigne sur un registre les résultats de son inspection.

Quand le directeur est averti de la visite des délégués de l'université, il prévient le comité, qui assiste à l'examen des jeunes gens.

Le secrétaire prie les personnes étrangères à l'école d'inscrire sur le livre les observations qu'elles auraient à y consigner.

Les élèves sont partagés en trois sections, dont la première, celle des plus avancés, contient   élèves, dont la deuxième en compte   et dont la troisième, formée par les nouveaux, est de

II. *Distribution de l'enseignement.*

La commission de surveillance a réparti de la manière suivante le travail des maîtres :

1. Instruction morale et religieuse des élèves de la division supérieure, une fois par semaine, le lundi, de onze heures à midi.

Instruction religieuse des élèves de la division inférieure, deux fois par semaine, les mercredis et samedis, de cinq à six heures après midi.

2. La géométrie, l'algèbre, les éléments de mécanique et l'histoire sont professés par le directeur de l'école, qui est chargé en même temps de la surveillance générale des études.

3. La géographie, la cosmographie, les éléments de physique, de chimie et d'histoire naturelle sont confiés à un maître-adjoint.

4. La grammaire, les exercices de style et de composition sont enseignés par un second maître adjoint, qui donne aussi quelques leçons élémentaires d'arithmétique.

5. Le dessin, les constructions d'architecture, l'écriture et la tenue des livres de comptabilité commerciale sont démontrés par un maître spécial.

6. Un maître d'études et un professeur de musique sont attachés à l'école.

III. *Emploi du temps. — Division des heures.*

MATIN.

1. A 7 heures 1/2 du matin, entrée en classe.
Appel dans la salle générale.
Préparation à la leçon de dessin.
Avertissements envoyés aux parents des élèves absents.
2. 8 heures moins 1/4 à 9 heures moins 1/4, leçon de dessin.
3. 9 heures moins 1/4, passage des élèves de la salle générale dans les salles désignées à chacune des trois sections.
Classes ordinaires faites par le directeur et les deux principaux maîtres-adjoints.
4. 11 heures à 12 heures 1/2, leçon de musique.
4. 12 heures 1/2, sortie des élèves par sections, à cinq minutes d'intervalle.

SOIR.

1. A 2 heures, entrée en classe, classes ordinaires faites par le directeur et les deux maîtres-adjoints dans leurs sections.
2. 4 heures, leçon d'écriture et de tenue de livres alternativement.
3. 5 heures, étude générale.
4. 6 heures, sortie comme à midi.

Observations.

1. Le directeur et les deux principaux maîtres-adjoints passent tour à tour dans les trois sections de l'école. Ils y font chacun deux classes consécutives, une le soir et une le lendemain matin. Cette méthode leur permet d'interroger sur la leçon donnée la veille, les élèves ayant une soirée d'intervalle entre les deux leçons du même maître.

2. Trois fois par semaine, les lundis, mercredis et vendredis, les dix élèves les plus avancés de la première section se rendent dans une salle où sont suspendus dix tableaux noirs, et font chacun à trois élèves de la deuxième section la répétition de la leçon qui a été donnée dans la classe précédente.

Les deux autres jours, les dix élèves qui occupent le deuxième rang dans la première section donnent une répétition semblable aux élèves de la troisième division.

3. Le directeur ou un des principaux maîtres-adjoints assiste à ces leçons mutuelles afin de guider les répétiteurs, lorsque ceux-ci se trouvent embarrassés.

4. Les cours de dessin et d'écriture sont surveillés par le maître d'étude; le directeur assiste à une partie de ces leçons, et le maître n'ayant pas à s'occuper de l'ordre de la classe peut consacrer tous ses soins aux corrections, aux conseils et aux explications.

IV. *Division des jours.*

LUNDI MATIN. — *I*ʳᵉ *section:* Géométrie expliquée; interrogation sur la leçon d'algèbre ou de mécanique donnée le samedi soir; correction du devoir; récitation de la leçon du soir; devoir pour mercredi soir. — *II*ᵉ *section:* Arithmétique; interrogations sur la leçon précédente; devoir corrigé. (Tous les jours dans chaque section il y a deux problèmes à résoudre.) — *III*ᵉ *section:* Géographie; explications et interrogations sur la carte parlante et la carte muette; récitation de la leçon.

LUNDI SOIR. — *I*ʳᵉ *section:* Grammaire française; correction du thème; exercices d'analyse logique et grammaticale; devoir pour vendredi soir. — *II*ᵉ *section:* Géométrie; explication et interrogation; histoire. — *III*ᵉ *section:* Géographie; interrogations et explications d'après la carte muette et la carte parlante.

MARDI MATIN. — *Ire section :* Arithmétique, avec applications aux théorèmes de géométrie : calcul des surfaces et des solides ; problèmes d'intérêts, de société, d'escompte. — *IIe section :* Géométrie ; interrogation sur la leçon de la veille ; explications des théorèmes pour la classe suivante. — *IIIe section :* Éléments de cosmographie.

MARDI SOIR. — *Ire section :* Éléments de physique ; démonstration mathématique des théorèmes. — *IIe section :* Grammaire française ; analyse grammaticale ; dictée d'un thème ; correction du thème du jour. — *IIIe section :* Géométrie ; constructions graphiques élémentaires.

MERCREDI MATIN. — *Ire section :* Interrogations sur la leçon de physique de la veille ; cosmographie, éléments d'histoire naturelle, ou chimie. — *IIe section :* Arithmétique ; applications ; problèmes. — *IIIe section :* Histoire, exposé, rédaction et interrogation ; géométrie.

MERCREDI SOIR. — *Ire section :* Interrogations en géométrie ; leçon d'algèbre ; problème pour le lendemain ; histoire. — *IIe section :* Langue française. — *IIIe section :* Géographie et cosmographie.

JEUDI. — Leçon de musique ; préparation d'une épure de géométrie à présenter par les trois sections le vendredi matin avec le texte en regard, d'après les leçons de la semaine.

VENDREDI MATIN. — *Ire section :* Géométrie ; interrogations ; correction de devoirs sur l'algèbre donnés le mercredi soir ; explications de théorèmes et problèmes à résoudre pour lundi soir ; histoire. — *IIe section :* Arithmétique, comme le mardi matin. — *IIIe section :* Géographie de la France.

SAMEDI MATIN. — *Ire section :* Arithmétique. — *IIe section :* Géométrie et histoire. — *IIIe section :* Sphère avec calculs sur la longitude et la latitude.

Samedi soir et vendredi soir, composition dans chaque section sur deux parties de l'enseignement.

Ces compositions n'ont lieu que tous les quinze jours.

VIII. PAGE 91.

RÈGLEMENT

CONCERNANT LES ÉCOLES NORMALES PRIMAIRES.

DU 14 DÉCEMBRE 1832.

LE CONSEIL ROYAL DE L'INSTRUCTION PUBLIQUE,

Sur le rapport du conseiller chargé des écoles primaires;

Vu les décrets et ordonnances concernant l'instruction primaire;

Voulant réunir et coordonner les principales dispositions d'après lesquelles les écoles normales primaires actuellement existantes dans les diverses Académies de l'Université ont été successivement organisées, conformément aux vœux des autorités locales et aux propositions des recteurs,

ARRÊTE ce qui suit :

TITRE I.

Des objets de l'enseignement.

ART. 1er. Dans toute école destinée à former des instituteurs primaires, l'enseignement comprend :

L'instruction morale et religieuse; — La lecture; — L'arithmétique, y compris le système légal des poids et mesures; — La grammaire française; — Le dessin linéaire, l'arpentage, et les autres applications de la géométrie pratique; — Des notions des sciences physiques, applicables aux usages de la vie; — La musique et la gymnastique; — Les éléments de la géographie et de l'histoire, et surtout de la géographie et de l'histoire de la France.

L'instruction religieuse est donnée aux élèves-maîtres, suivant la religion qu'ils professent, par les ministres des divers cultes reconnus par la loi.

2. Le cours d'études est partagé en deux années.

Le programme des leçons est arrêté chaque année par le Conseil royal, sur la proposition du recteur.

3. Durant les six derniers mois du cours normal, les élèves-maîtres sont particulièrement exercés à la pratique des meilleures méthodes

d'enseignement dans une ou plusieurs classes primaires annexées à l'école normale.

On les forme également à la rédaction des actes de l'état civil et des procès-verbaux.

On leur enseigne la greffe et la taille des arbres.

4. Une bibliothèque à l'usage des élèves-maîtres est placée dans les bâtiments de l'Ecole normale. Une somme est consacrée tous les ans à l'acquisition des ouvrages que le Conseil royal juge utiles à l'instruction des élèves-maîtres ou en général à l'enseignement primaire.

Chaque année le catalogue des livres est vérifié.

TITRE II.

Du directeur et des maîtres-adjoints.

5. L'Ecole normale et les classes primaires qui y sont annexées sont confiées à un directeur que le ministre de l'instruction publique nomme sur la présentation du préfet du département et du recteur de l'Académie.

Le traitement du directeur est payé, en tout ou en partie, sur les fonds généraux affectés à l'instruction primaire.

6. Le directeur est toujours chargé d'une partie importante du cours d'études.

7. Les maîtres qu'il est nécessaire d'adjoindre au directeur pour diverses parties de l'enseignement sont choisis par le recteur sur le rapport d'une commission spéciale chargée de la surveillance de l'école, et sauf l'approbation du ministre de l'instruction publique.

TITRE III.

De l'admission des élèves-maîtres.

8. Dans les Ecoles normales primaires, des bourses entières ou partielles peuvent être fondées dans les départements, par les communes, par l'Université, par des donateurs particuliers, ou par des associations charitables.

9. Les bourses fondées par l'Université sont toujours données au concours.

Il est facultatif pour les autres fondateurs de déterminer s'ils entendent que les bourses par eux fondées soient données par la voie du concours, ou à la suite d'examens individuels.

10. Les formes et les conditions des examens et des concours sont réglées par le Conseil royal, pour chaque académie, sur le rapport de la commission de surveillance et la proposition du recteur.

11. Nul n'est admis comme élève-maître, soit interne, soit externe, s'il ne remplit les conditions suivantes :

Il doit, 1° être âgé de 16 ans au moins;

2° Produire des certificats attestant sa bonne conduite ; et, en outre, un certificat de médecin constatant qu'il n'est sujet à aucune infirmité incompatible avec les fonctions d'instituteur, et qu'il a été vacciné ou qu'il a eu la petite vérole;

3° Prouver, par le résultat d'un examen ou d'un concours, qu'il sait lire et écrire correctement ; qu'il possède les premières notions de la grammaire française et du calcul; et qu'il a une connaissance suffisante de la religion qu'il professe.

Les examinateurs et les juges ne se bornent pas à constater jusqu'à quel point les candidats possèdent les connaissances exigées; ils s'attachent aussi à connaître les dispositions des candidats, leur caractère, leur degré d'intelligence et d'aptitude.

12. Nul n'est admis comme boursier s'il ne prend l'engagement de servir pendant dix ans au moins dans l'instruction publique comme instituteur communal.

Les boursiers en âge de minorité doivent être autorisés par leur père, leur mère ou leur tuteur à contracter cet engagement décennal.

13. Les boursiers qui renoncent à leurs études avant la fin du cours, ou qui, sortis de l'Ecole, ne remplissent pas l'engagement par eux contracté de servir pendant dix ans comme instituteurs communaux, sont tenus de rembourser le prix de la pension pour le temps de leur séjour à l'école, et considérés comme étrangers au service de l'instruction publique; ce qui les replace sous le droit commun quant à l'obligation du service militaire.

14. Les boursiers qui n'obtiennent que des portions de bourses doivent, outre les pièces exigées de tous les élèves-maîtres, déposer entre les mains du directeur un acte par lequel ils s'obligent, ou, s'ils sont mineurs, leur parents ou tuteurs s'obligent de payer la portion de bourse qui reste à leur charge.

Il en est de même pour la totalité de la pension à l'égard des pensionnaires libres.

15. Tous les élèves internes sont tenus d'apporter le trousseau prescrit par les règlements.

16. Les instituteurs primaires déjà en exercice peuvent être admis,

dans le cours de l'année et particulièrement pendant le temps où vaquent les écoles primaires, à suivre comme externes les cours de l'école normale, afin de se fortifier dans les connaissances qu'ils possèdent, ou d'apprendre à pratiquer les méthodes perfectionnées.

La commission de surveillance examine s'il y a lieu d'accorder à quelques-uns de ces instituteurs des indemnités de séjour pour le temps pour lequel ils auront suivi les cours de l'Ecole normale. Elle adresse à ce sujet un rapport au recteur et au préfet.

Les indemnités peuvent aussi être accordées aux maîtres de l'Ecole normale qui auront donné des leçons extraordinaires aux instituteurs admis à suivre les cours de l'Ecole.

TITRE IV.

De la commission de surveillance.

17. Une commission, nommée par le ministre de l'instruction publique sur la présentation du préfet du département et du recteur de l'Académie, est spécialement chargée de la surveillance de l'Ecole normale primaire, sous tous les rapports d'administration, d'enseignement et de discipline.

18. Le directeur de l'Ecole assiste aux séances de la commission avec voix délibérative, hors le cas où il s'agirait de statuer sur des questions intéressant la personne ou la gestion du directeur.

19. La commission de surveillance prend ou propose, selon les circonstances, les mesures qu'elle juge utiles pour le bien de l'Ecole et pour le progrès des élèves-maîtres.

20. La commission de surveillance détermine chaque année, d'après les besoins présumés de l'instruction primaire dans le département, quel est le nombre des élèves qui doivent être admis à contracter l'engagement décennal et qui seuls peuvent obtenir des bourses entières ou partielles, conformément à l'article 12.

21. Elle examine chaque année le compte et le budget qui lui sont présentés par le directeur de l'Ecole. Elle consigne dans un rapport particulier les observations auxquelles ce compte et ce budget lui paraissent donner lieu. Le tout est soumis à l'examen du Conseil académique et à l'approbation du Conseil royal.

22. Le directeur tient un registre divisé en autant de colonnes qu'il y a d'objets d'enseignement, sur lequel il inscrit les notes relatives au travail des élèves. Il y inscrit aussi les notes sur le caractère et la conduite de chacun d'eux. Le registre est remis tous les mois sous les yeux de la commission de surveillance.

23. La commission fait, au moins une fois par trimestre, la visite de l'Ecole ; elle examine les classes, interroge les élèves sur tous les objets de l'enseignement et tient note de leurs réponses.

Chaque année, elle reçoit du directeur un rapport sur tout ce qui concerne les études et la discipline. Un double de ce rapport, visé par le recteur, qui y joint ses observations, est envoyé au ministre et communiqué au Conseil royal.

24. A la fin de la première année, la commission décide, d'après les rapports et les notes, quels élèves sont admis à passer en seconde année.

Les élèves non admis à suivre les cours de la seconde année ne peuvent plus être boursiers ni élèves internes.

A l'expiration de la seconde année, tous les élèves-maîtres subissent devant la commission un dernier examen, d'après lequel ils sont inscrits par ordre de mérite sur un tableau dont copie est adressée par le recteur de l'Académie au préfet et aux comités du département.

Les examens de sortie comprennent aussi une leçon d'épreuve qui puisse faire juger le degré de capacité des élèves pour l'enseignement.

25. Les élèves-maîtres qui n'ont pas satisfait à ce dernier examen sont rayés du tableau de l'Ecole normale.

Un certificat d'aptitude est délivré par la commission à ceux qui ont répondu d'une manière satisfaisante ; il y est fait mention de la conduite que l'élève a tenue et de la méthode d'enseignement dont il connaît le mieux la théorie et la pratique. Ce certificat est produit par les élèves-maîtres, lorsqu'ils se présentent pour obtenir le brevet de capacité.

26. En cas de faute grave de la part d'un élève-maître, la commission de surveillance peut prononcer la réprimande ou la censure, ou même l'exclusion ou provisoire ou définitive, sauf, dans ce dernier cas, l'approbation du préfet, s'il s'agit d'un boursier communal ou départemental, et l'approbation du recteur, s'il s'agit de tout autre élève-maître.

L'exclusion ne peut être prononcée que l'élève n'ait été entendu ou dûment appelé. Aussitôt que la décision est intervenue, le recteur en donne avis au ministre de l'instruction publique.

EMPLOI DU TEMPS

de l'École normale primaire de l'Académie de Paris établie à Versailles.

	JOURS.	DE 7 H. 1/2 A 8 H.	DE 8 H. A 10 H.	DE 10 H. A 11 H.	DE 11 H. A 12 H. 1/2.	DE 12 H. 1/2 A 1 H. 1/2.	DE 1 H. 1/2 A 3 H. 1/2	DE 3 H. 1/2 A 4 H.	DE 4 H. A 6 H.	DE 6 H. A 7 H.
1re ANNÉE.	Lundi.	Déjeuner.	Hist. Ancienne	Musique.	Écriture.	id.	Inst. relig.	Gymnastique.	Conférences.	id.
	Mardi.	id.	Pédagogie. Confér. d'Hist.	id.	Dessin.	id.	Grammaire.	Récréation.	Géométrie.	id.
	Mercredi.	id.	Histoire.	id.	Écriture.	id.	Étude.	id.	Étude.	id.
	Jeudi.	Messe basse à 7 h.	Grammaire.	Étude.	Dessin.	id.	id.	id.	Arithmétique.	id.
	Vendredi.	id.	Géographie.	Musique.	Écriture.	id.	Inst. relig.	Gymnastique.	Conférences.	id.
	Samedi.	id.	Conférence de grammaire.	id.	id.	id.	Grammaire.	Récréation.	Arithmétique.	id.
2e ANNÉE.	Lundi.	id.	Agriculture.	Musique.	Écriture.	Dîner, récréation.	Étude.	Récréation.	Géométrie.	Souper, Récréation.
	Mardi.	id.	Hist. ancienne Pédag.	id.	Dessin.	id.	Inst. relig.	Gymnastique.	Grammaire.	id.
	Mercredi.	id.	Physique.	id.	Comptabilité.	id.	Étude.	Récréation.	Arithmétique.	id.
	Jeudi.	Messe basse à 7 h.	Géographie.	Étude.	Dessin.	id.	Physique. Administ. municipale.	id.	Grammaire.	id.
	Vendredi.	id.	Agriculture.	Musique.	Écriture.	id.	id.	id.	Géométrie.	id.
	Samedi.	id.	Histoire de France.	id.	Dessin.	id.	Inst. relig.	Gymnastique.	Grammaire.	id.

OBSERVATIONS DU DIRECTEUR. — 1. Moins l'élève est instruit et plus il doit entendre la parole du maître. Le temps consacré aux leçons devra toujours être plus long que le temps destiné au travail solitaire.

2. A mesure que l'élève s'instruit davantage, les leçons du maître doivent diminuer et devenir moins fréquentes, car le travail de la réflexion demande un temps plus considérable.

3. Les élèves de seconde année doivent avoir par conséquent plus d'heures d'étude que ceux de première.

4. Il est à remarquer que très généralement les maîtres de l'École attachés à d'autres établissements d'instruction considèrent toujours celles de leurs fonctions qui les mettent à la tête des futurs instituteurs comme les plus importantes de toutes, et que la distribution des cours ne souffre jamais des exigences que peuvent avoir d'autres établissements, en ce qui concerne l'emploi du temps.

5. Pendant les cinq mois d'hiver, tous les élèves de seconde année sont chargés du service pratique des classes d'adultes. Ces classes durent du 20 octobre au 20 mars, depuis sept heures jusqu'à neuf heures.

6. Pendant toute l'année scolaire, six ou sept élèves de seconde année, à tour de rôle, passent pendant une semaine la matinée dans les classes annexées à l'École normale, soit dans la classe mutuelle, soit dans la classe simultanée, soit dans l'École primaire supérieure.

IX. PAGE 213.

Sujets de compositions pour les élèves-maîtres d'une école normale primaire.

1. Importance des fonctions de l'instituteur.

2. Distinction entre l'instruction et l'éducation ; — Des différents genres d'éducation et d'instruction.

3. — Des différentes méthodes d'enseignement.

4. Du choix des récompenses et des punitions, et de l'influence qu'elles exercent sur les études et sur les mœurs.

5. Des moyens de fixer l'attention des élèves.

6. Des moyens d'exercer la mémoire.

7. Des moyens de former le jugement.

8. Compte rendu d'une leçon faite à l'école pratique élémentaire, et observations qu'elle suggère.

9. Compte rendu d'une visite faite à la salle d'asile.

10. Compte rendu d'une visite faite à l'école d'adultes, et observations sur la composition, l'organisation et les exercices de l'école.

11. Lettre d'un instituteur au directeur de l'école normale pour demander, d'après des motifs pris dans l'état de ses connaissances, son admission aux cours de perfectionnement.

12. Rapport d'un instituteur au président du comité local sur l'état de l'enseignement et de la discipline d'une école élémentaire du mode mutuel.

13. *Idem* pour une école du mode simultané.

14. Lettre d'un instituteur à l'inspecteur des écoles primaires pour lui proposer qu'il soit établi des conférences entre les instituteurs du ressort. — Projet de règlement pour ces conférences.

15. Dialogue entre un instituteur et quelques élèves sur la véracité.

16. *Idem* sur le mensonge.

17. *Idem* sur la charité.

18. *Idem* sur le respect qui est dû aux lois

19. Rédaction d'un sermon entendu par les élèves-maîtres.

20. Tableau général de la composition, de l'organisation et de l'enseignement de l'école normale.

X. PAGE 237.

PROGRAMME DES NOTIONS DE CHIMIE LE PLUS IMMÉDIATEMENT UTILES.

I. *Air atmosphérique.*

1re Leçon. — Principe de l'air, propriétés principales des éléments qu'il contient : l'oxigène, l'azote. — Décomposition et recomposition de l'air.

2e Leçon. — Action de l'oxigène et de l'air sur les corps combustibles, et en particulier sur l'hydrogène, le charbon, le phosphore, le soufre et les principaux métaux. — Formation de la rouille dont se couvre le fer à l'aide de l'humidité. — Moyen de la prévenir. — Danger que présentent les vases en cuivre, zinc, plomb. — Vert-de-gris ; causes de sa production. — Étamage ; son utilité. — Faire voir que l'or et l'argent doivent en partie leur prix à ce qu'ils ne s'oxident pas.

3e Leçon. — Combustion. — Moyens propres à la favoriser. — Construction des cheminées, des fours. — Quantité de chaleur que donnent les cheminées et les poêles.

4e Leçon. — Action de l'air sur le sang. — Principaux phénomènes de la respiration, de la circulation. — Démontrer que l'air est le seul gaz respirable; qu'il agit par l'oxigène qu'il contient, et que tous les autres gaz sont méphitiques ou délétères. — Chaleur animale.

II. *Charbon. — Hydrogène carboné. — Acide carbonique.*

5e Leçon. — Charbon. — Son emploi pour désinfecter les viandes qui commencent à se putréfier. — Filtres à charbon pour purifier les eaux. — Emploi du charbon pour décolorer le vinaigre. — Emploi du charbon pour faire avec le miel un aussi bon sirop qu'avec le sucre.

6e Leçon. — Hydrogène carboné. — Eclairage. — Avantage des lampes d'argent. — Moyen d'augmenter l'éclat des flammes. —

Présence de l'hydrogène carboné dans les mines de houille, et dangers qu'il occasionne. — Lampe de sûreté des mineurs.

7e Leçon. — Acide carbonique. — Son action sur l'économie animale. — Dangers que présentent certaines grottes, les chambres qui contiennent des fruits ou des fleurs, les cuves où se produit le vin. — Présence de l'acide carbonique dans certains puits. — Moyens de purifier les lieux qui renferment de l'acide carbonique. De l'asphyxie par la combustion du charbon ou par l'acide carbonique. — Moyens de la prévenir. — Secours à donner aux asphyxiés.

III. *Soufre. — Acide sulfureux. — Hydrogène sulfureux.*

8e Leçon. — Soufre. — Acide sulfureux. — Son emploi pour blanchir la soie et pour enlever les taches de fruits. — Hydrogène sulfuré. — Son action sur l'économie animale. — Emploi du chlore contre les asphyxiés qui proviennent de l'hydrogène sulfuré. — Météorisation des animaux. — Emploi de l'ammoniaque contre la météorisation.

IV. *Chlore.*

9e Leçon. — Chlore. — Purification de l'air par le chlore, et destruction des miasmes. — Emploi du chlore pour enlever les taches d'encre, de fruits, et en général les taches produites par les matières colorantes végétales et animales. — Emploi du sel d'oseille pour enlever les taches qui proviennent des substances végétales. — Blanchiment des toiles à la rosée et sur le pré. — Procédé plus expéditif par le chlore.

V. *Chaux. — Mortier. — Plâtre.*

10e Leçon. — Pierres à chaux. — Chaux grasse ; chaux hydraulique. — Fabrication de la chaux. — Pourquoi la chaux se délite à l'air et doit être conservée en vases clos. — Emploi de la chaux dans les constructions. — Mortier ordinaire. — Mortier hydraulique. — Ciment romain.

11e Leçon. — Plâtre. — Son emploi dans les constructions. — Son emploi dans l'agriculture. — Fabrication du plâtre.

VI. *Eau.*

12e Leçon. — Des diverses qualités d'eaux. — Eaux potables. — Moyen de connaître les meilleures eaux potables. — Eaux impropres à la cuisson des légumes. — Eaux impropres au savonnage. — Procédé pour rendre les eaux calcaires propres au savonnage.

13e Leçon. — Citernes. — Leur construction. — Irrigation. — Puits artésiens. — Divers terrains où l'on peut les trouver. — Eaux minérales.

VII. *Des substances organiques.*

14e Leçon. — Des divers sucres. — Fabrication du sucre d'amidon. — Fermentation alcoolique. — Manière de faire le vin. — Procédé pour échauffer convenablement le moût et augmenter sa vinosité.

15e Leçon. — Moyen de rendre le vin mousseux. — Collage des vins. — Maladies des vins. — Moyen de les guérir. — Dangers que présentent les boissons alcooliques prises avec excès. — Transformation du vin en vinaigre.

16e Leçon. — Des diverses qualités de farine. — Fécule de pomme de terre. — Fabrication du pain.

17e Leçon. — Des savons. — Fabrication des savons, et en particulier des savons résineux. — Gélatine. — Moyen d'extraire la gélatine des os. — Bouillon. — Procédé pour l'obtenir bon.

18e Leçon. — Putréfaction des substances végétales. — Terreau. — Lignites. — Tourbes. — Houilles. — Anthracite.

19e Leçon. — Putréfaction des substances animales. — Feux follets. — Conservation des substances alimentaires. — Emploi du chlorure de chaux dans l'exhumation des cadavres.

20e Leçon. — Nitrification des terres. — Moyen de se mettre à l'abri de l'humidité des murs. — Utiliser les matières animales et les cendres pour faire du salpêtre.

NOTIONS ÉLÉMENTAIRES DE PHYSIQUE.

I. *De l'air.*

1re Leçon. — Pesanteur de l'air et pression qu'il exerce sur les corps dans tous les sens. — Ascension des liquides dans les tubes lorsqu'on aspire l'air de ces tubes. — Suspension de l'eau dans les éprouvettes renversées sur l'eau — Seringues. — Construction et usage du baromètre.

2e Leçon. — Pompe foulante. — Pompe aspirante et foulante. — Pompe à incendie. — Machine pneumatique. — Diverses expériences faites avec cette machine. — Machines soufflantes. — Trompes. — Ventilateurs à force centrifuge. — Siphon.

II. *Des liquides.*

3e Leçon. — Pression des liquides pesant sur le fond des vases, sur les parois latérales, et de bas en haut. — Rupture d'un tonneau par la pression d'un filet d'eau. — Principe de la presse hydraulique. — Tourniquet hydraulique.

4e Leçon. — Principe d'Archimède. — Équilibre des corps flottants. — Densité des corps. — Usages divers des tables de densité. — Cause de l'élévation des aérostats et des vapeurs.

III. *De la chaleur.*

5e Leçon. — Dilatation et contraction des corps par les variations de température. — Applications diverses de cette propriété. — Tirage des cheminées. — Leur construction. — Construction et usage du thermomètre.

6e Leçon. — Passage des corps par les trois états. — Expansion de l'eau lorsqu'elle gèle. — Pierres gélives. — Effet de la gelée sur les arbres. — Élasticité des vapeurs. — Froid produit par l'évaporation. — Applications diverses.

7e Leçon. — Des divers degrés de l'humidité de l'air.—Brouillard. — Pluie. — Neige. — Verglas. — Serein.

8e Leçon. — Pouvoirs émissifs, absorbants, réflecteurs et conducteurs des corps pour la chaleur. — Usage des fourrures, des couleurs dans les vêtements, des doubles fenêtres. — Vases propres à conserver les liqueurs chaudes. — Procédé pour hâter la fusion de la neige. — Rosée. — Givre. — Lune rousse. — Procédés pour éviter dans certaines circonstances les effets du rayonnement nocturne.

IV. *Du magnétisme.*

9ᵉ Leçon. — Principales propriétés des aimants. — De la boussole et de ses usages.

V. *De l'électricité.*

10ᵉ Leçon. — Principales propriétés des corps électrisés. — Du choc en retour. — De la bouteille de Leyde et des batteries électriques.

11ᵉ Leçon. — De l'électricité atmosphérique. — De la foudre. — Du pouvoir des pointes. — Paratonnerres. — Dangers présentés par les arbres pendant les temps orageux.

NOTIONS ÉLÉMENTAIRES SUR LES MACHINES.

1. *Inertie de la matière.*

1ʳᵉ Leçon. — Application familière du principe de l'inertie. — Effet produit sur les corps transportés par une voiture, lorsqu'elle s'arrête brusquement. — Dangers qu'il y a à s'élancer hors d'une voiture en mouvement. — Comment, en vertu de l'inertie de la matière, on peut, par une série de petits chocs, imprimer à un corps une très grande vitesse. — Effets des percussions. — Impulsions produites par la combustion de la poudre, le débandement d'un arc. — Effet des volants, soit pour produire de grandes percussions, soit pour régulariser l'action d'une machine. — Composition et décomposition des forces, des mouvements, des percussions. — Parallélogramme des forces. — Résultante d'un nombre quelconque de forces agissant sur un seul point d'un corps. — Extension de ces principes aux pressions, aux percussions et aux mouvements.

2ᵉ Leçon. — Applications du principe du parallélogramme des forces et des vitesses. — Natation. — Vol. — Rames. — Moyen de diriger les bateaux en tenant compte de l'action des rames et du courant de la rivière. — Comment la voile d'un vaisseau permet d'utiliser le vent pour aller dans toutes les directions, et même contre le vent en courant des bordées. — Comment on détermine par expérience sa position dans les divers corps. — Applications aux postures et aux mouvements de l'homme et des animaux. — Comment la position du centre de gravité influe sur le degré de stabilité dans l'équilibre des corps. — Application au chargement des voitures.

II. *Du levier.*

3e Leçon. — Principe général du levier. — Des trois espèces de levier. — Instruments relatifs à chacune de ces espèces. — Manière de tenir compte du poids du levier. — Pressions sur les points d'appui. — Balances. — Procédés des doubles pesées. — Romaine. — Peson. — Balance à bascule.

III. *Des Poulies.*

4e Leçon. — Poulie. — Poulie de renvoi. — Poulies mobiles. — Moufles.

IV. *Du treuil et des roues dentées.*

5e Leçon. — Treuil. — Cabestan. — Manivelles. — Roues à augets et à palettes. — Roues à cliquet. — Fusées. — Treuils composés. — Grues. — Chèvres. — Roues dentées. — Cric. — Dents de chasse. — Échappement à balancier. — Mécanisme des montres et des horloges.

V. *Plan incliné. — Coin. — Vis.*

6e Leçon. — Diverses propriétés du plan incliné. — Coin. — Vis. — Vis sans fin. — Vis d'Archimède.

IV. *Transformation du mouvement.*

7e Leçon. — Comment on peut transformer les uns dans les autres les mouvements. — Rectiligne contenu. — Rectiligne alternatif. — Circulaire contenu. — Circulaire alternatif. — Chaîne de Vaucanson. — Levier arqué. — Parallélogramme de Watt. — Régulateur ordinaire. — Régulateur à eau. — Régulateur des machines à vapeur. — Tachomètre.

8ᵉ Leçon. — Du frottement. — De la roideur des cordes. — De la résistance des corps.

9ᵉ Leçon. — Mesure de l'effet utile des machines. — Unité dynamique. — Travail de l'homme pour élever les fardeaux et les transporter sur un terrain horizontal. — Travail du cheval.

XI. PAGE 268.

On trouve un règlement de ce genre dans le *Manuel des Écoles primaires*, moyennes et supérieures, revu par M. Matter, page 238.

FIN DE L'APPENDICE.

TABLE.

APPENDICE.

FIN DE LA TABLE.

Imprimerie de J. BELIN-LEPRIEUR fils, rue de la Monnaie, 11.

www.ingramcontent.com/pod-product-compliance
Lightning Source LLC
LaVergne TN
LVHW050205030726
842520LV00002B/391